HEBEISHENG BAOXIAN JIUFEN
DIANXING ANLI HUIBIAN

河北省保险纠纷典型案例汇编

石家庄铁路运输法院
河北省保险行业协会
/主编
高永飞 赵 毅 付丽萍
/执行主编

中国金融出版社

责任编辑:亓　霞　张清民

责任校对:张志文

责任印制:张也男

图书在版编目(CIP)数据

河北省保险纠纷典型案例汇编(Hebeisheng Baoxian Jiufen Dianxing Anli Huibian)/石家庄铁路运输法院，河北省保险行业协会主编. —北京: 中国金融出版社，2017.12

ISBN 978-7-5049-9326-7

Ⅰ. ①河…　Ⅱ. ①石…②河…　Ⅲ. ①保险—经济纠纷—案例—汇编—河北　Ⅳ. ①D927.222.284.5

中国版本图书馆CIP数据核字（2017）第293178号

出版

发行　中国金融出版社

社址　北京市丰台区益泽路2号

市场开发部　（010）63266347，63805472，63439533（传真）

网 上 书 店　http://www.chinafph.com

　　　　　　（010）63286832，63365686(传真)

读者服务部　（010）66070833，62568380

邮编　100071

经销　新华书店

印刷　北京市松源印刷有限公司

尺寸　169毫米×239毫米

印张　27.25

字数　424千

版次　2017年12月第1版

印次　2017年12月第1次印刷

定价　68.00元

ISBN 978-7-5049-9326-7

如出现印装错误本社负责调换　　联系电话（010）63263947

谨以此书献给保险一线工作者！

编 委 会

序

党的十八大以来，习近平总书记高度重视司法体制改革，并作出一系列重要指示。司法体制改革作为政治体制改革的重要组成部分，对国家治理体系与治理能力现代化建设具有重要意义。司法体制改革对审判人员和审判工作提出了更高的要求和标准，我们只有将思想理念提升、体制机制创新与现代科技应用结合起来，才能更快、更好地适应改革的新要求，为建设公正、高效、权威的社会主义司法制度作出贡献。

近年来，最高人民法院高度关注案例指导对统一裁判尺度及法律适用的重要作用。石家庄铁路运输法院非常重视案例编写工作，致力于通过典型案例的示范作用，获得以点带面、举一反三的成效，通过编写案例实现审判成果的转化，铸就化解"案多人少"矛盾的利刃。石家庄铁路运输法院与河北省保险行业协会共同编写出版的这本案例汇编，既是抓住了改革的契机，也是法院审判工作使然，必将对河北省保险合同纠纷案件的审判起到重要的借鉴作用。

作为石家庄市保险合同纠纷案件的指定管辖法院，石家庄铁路运输法院自2013年起至今受理保险合同纠纷案件4000余件，积累了丰富的审判实践经验，也培养了一批高素质的审判专家，他们创设的"法官联系人制度""诉调对接机制""实时视频调解平台"等，为高效化解保险合同纠纷，促进河北省保险行业的健康发展作出了贡献。《河北省保险纠纷典型案例汇编》一书出自一线审判法官和保险从业人员之手，对于法院同行和保险从业者，必将具有切实的指导意义。

　　法律的生命在于实施，只有将理论与实践完美结合，才能激活法律的生命力。借此机会，我代表河北省高级人民法院向河北保监局和河北省保险行业协会对石家庄铁路运输法院的支持表示感谢，对法院同行、律师、学者、保险公司从业人员给予本书出版的鼎力协助和编委会成员的辛勤付出表示谢意。我们满怀信心地展望未来，希望大家通过不懈努力，逐步完善，真正探索出一条编辑案例书籍的新路子，更好地服务于广大司法裁判者、法律爱好者以及法律从业人员，更好地服务于司法改革，为国家的法治建设作出新的贡献。

河北省高级人民法院党组副书记、常务副院长

2017 年 11 月 9 日

目录

1
寿险案例

2

财险案例

2 财险案例

寿险 案例

投保人恶意投保构成欺诈，
保险人之合同解除权与撤销权可竞合适用

一、裁判要旨

保险合同是射幸合同，保险责任承担的前提是保险事故的发生，根据《保险法》第二条的规定，保险事故的发生应当具有"偶然性"，即"可能发生的事故"，对投保之前已经确定将要发生或已经发生的事故不应归属于保险事故范围，保险人不负赔偿责任。

保险合同是最大的诚信合同，在被保险人带病投保且主观故意明显，保险合同成立超过两年，保险人依据《保险法》第十六条无法行使合同解除权的情况下，应当允许其选择行使《合同法》规定的撤销权。

二、基本案情

（一）原告诉称

2010年9月17日，原告胡××与被告××人寿保险公司订立人身保险合同。2010年9月至2012年9月17日，胡××共住院27次，合计1515天。根据合同约定，××人寿保险公司应给付胡××智盈重疾保险金额100000万元，住院日额保险10份，住院1515天，保险金15500元；健享人生两份，住院27次，每次6000元，保险金162000元，两种保险金共计277500元，并承担本案诉讼费用。

（二）被告辩称

胡××在订立人身保险合同时存在明显的欺诈行为，保险公司在本案诉讼中才得知欺诈行为的存在。本案涉及投保的人身保险合同应当依法撤销。胡××在起诉前并没有向保险公司申请理赔，其直接向法院起诉超过了法律规定的诉讼时效。胡××的诉讼请求不能成立，且该诉讼请求没有合法的证据支持，依法应予驳回。

庭审过程中，被告××人寿保险公司对本案原告胡××提起反诉。

（三）反诉人诉称

被反诉人胡××分别于2010年9月16日至11月5日、2010年11月1日至10月5日以祁××的虚假名字在河北医科大学××医院住院治疗。经查阅河北医科大学××医院祁××的病例记载，被反诉人胡××2010年9月16日上午9时，因"左乳侵润性导管癌"住院治疗，胡××在住院前8个月即发现了"左乳肿物"。至此，反诉人才得知，被反诉人在投保时就明知已经身患癌症，并正在住院治疗。被反诉人在投保时故意隐瞒其患有癌症并以虚假名字住院的行为，构成欺诈，双方签订的保险合同违背了反诉人的真实意思表示，损害了反诉人的合法权益，应依法予以撤销。

（四）被反诉人辩称

被反诉人胡××辩称，其在投保时没有欺诈，保单由反诉人的业务员填写，而且在询问被保险人身体健康状况时都是在反诉人业务员的授意下，由业务员对健康告知栏勾画的，投保人不理解其内容的意思，所以不存在欺诈或者隐瞒病情。保险合同成立超过两年，根据《保险法》第十六条的规定，保险人已不能撤销该合同。因此，请求法院驳回反诉人的反诉请求。

（五）法院经公开审理查明

2010年9月17日，胡××在××人寿保险公司投保的保险产品包括：主险：智盈人生（810）终身保险，保险金限额25万元；附加长险：智盈重疾（811）终身保险，保险金限额10万元；附加1年期短险：无忧意外（523）保险，保险金限额10万元，以及无忧医疗A（529）保险，保险金限额1万元，住院日额07（516）保险10份260元，健享人生A（521）两份含可选390元（保险合同号码为P240000004944985）。2010年9月17日，胡××与××人寿保险公司签订了合同，交纳首期保险费6650元，该合同于2010年9月17日成立并生效。2011年11月8日，××人寿保险公司通过银行扣划了胡××2012年保险费6650元。

投保过程中，胡××在接受健康告知询问时对健康告知询问事项的第3项："您目前或过去一年内是否去医院进行过门诊的检查、服药、手术或其他治疗？"第4项："您过去三年内是否曾有医学检查（包括健康体检）结果异常？"第5项："您过去五年内是否曾住院检查或治疗（包括入住疗养院、康复医院等医疗机构）？"以及第7项："您是否目前患有或过去曾经患过下列症候、疾病或手术史？以上未提及肿瘤包括肉瘤、癌、良性肿瘤、息肉、囊肿。"项目栏中均填写的是"否"。胡××在投保人、被保险人声明一栏手写承诺意见"本人已阅保险条款、产品说明书，了解本产品的特点和保单利益的不确定性"。投保人及被保险人胡××与××人寿保险公司的业务员底××在投保单上签名。××人寿保险公司通过与胡××签发保险单上的人身保险投保提示书告知了胡××作为投保人涉及其权利与义务方面应当注意的事项，胡××在投保提示书的"投保人声明"一栏签名，表示"××人寿保险公司及其代理人已提供本人所投产品条款，并对条款进行了说明，尤其是对保险人责任条款、合同解除条款进行了明确说明。本人对所投保产品条款及产品说明书已认真阅读并理解。"投保人胡××及××人寿保险公司的代理人底××分别在投保提示书上签名。

2010年9月16日至10月8日、2010年11月1日至5日，胡××因"左乳侵润性导管癌"以其外甥女祁××的名字在河北省医科大学××医院住院治疗，根据病历记载，胡××在投保前8个月已发现"左乳肿物"。胡××于2010年9月16日至2012年9月17日住院26次，合计149天。胡××没有向××人寿保险公司提交任何书面报案和理赔申请。

本案主要的争议焦点是原告（反诉被告）胡××能否依据保险合同要求被告（反诉原告）××人寿保险公司给付保险赔偿金。

三、裁判理由

法院裁判认为：

1. 双方在签订保险合同时，被告（反诉原告）对原告（反诉被告）进行了健康询问，原告（反诉被告）未对被告（反诉原告）的相关询问进行如实告知，违反了《保险法》的规定。

（1）原告（反诉被告）主张保单及健康告知均是被告业务员填写，但其承认人身保险投保书及人身保险投保提示书中的签名为其本人所签。投保人声明栏中注明"本人在投保书中的健康状况及其他告知内容均属实，与本投保书有关的问卷、体检报告及对体检医生的各项陈述均准确无误，如有不实告知，××人寿保险公司有权依法解除保险合同，并对合同解除前发生的保险事故不承担保险责任"。本院认为，胡××在人身保险投保书及保险投保提示书中签名的行为应当认定为人身保险投保书中所注明的健康告知内容是其真实意思表示。

（2）根据《保险法》第十六条的规定：订立保险合同，保险人就被保险人的有关情况提出询问的，投保人应当如实告知。原告、被告双方在签订本案所涉及的保险合同过程中，胡××作为投保人及被保险人在接受××人寿保险公司的健康询问时，对"是否去医院进行过门诊检查、治疗，是否住院检查或治疗及是否目前患有肉瘤、癌、良性肿瘤"等多项询问中均勾选了"否"。但实际情况却是胡××在投保前8个月即发现了"左乳肿物",并因"左乳侵润性导管癌"住院治疗。胡××未将上述情形向××人寿保险公司进行如实告知。由此可见,双方在签订保险合同时,被告对原告进行了健康询问,原告未对被告的相关询问进行如实告知,违反了《保险法》的规定。

2. 胡××带病投保的行为应当认定为欺诈,××人寿保险公司可依据《合同法》第五十四条的规定依法行使撤销权。

（1）胡××明知自己身患癌症并在其住院治疗期间向××人寿保险公司申请投保,足以说明其未履行如实告知义务是故意行为,且胡××还假借其外甥女祁××之名住院治疗,则更进一步表明其隐瞒病情、带病投保的主观恶意明显,胡××隐瞒真实病情,诱使××人寿保险公司作出同意承保的错误意思表示,根据《最高人民法院关于贯彻执行〈民法通则〉若干问题的意见（试行）》第六十八条的规定,其行为应认定为欺诈行为。

（2）保险合同是最大的诚信合同,双方应本着诚信原则签订并履行。而投保人的如实告知义务是保险合同最大诚信原则的具体体现。如果投保人是以欺诈的形式违反如实告知义务的,保险人除了可以根据《保险法》的规定解除合同外,也可以根据民法意思表示瑕疵制度,即《合同法》第五十四条的规定撤销合同。法律之所以规定唯有在欺诈情形发生时才赋予保险人此种选择权,目的是平衡保险人与投保人双方的利益关系:一方面,体现了对投保人欺诈行为的惩罚,有利于维护诚信的保险市场环境;另一方面,保险人也不得任意寻求民法意思表示瑕疵制度的规定,逃避《保险法》中保险人解除权的限制。本案中,原告隐瞒病情、假借他人之名住院治疗并违反如实告知义务带病投保,具有明显的主观恶意。此种行为不应得到支持与鼓励。如果在此情形下原告的诉求仍能得到支持并获得保险赔偿,则无异于是在鼓励欺诈、鼓励带病投保，诚实信用原则将受到冲击与破坏，法律也无法发挥其防范道德风险的作用。

（3）由于原告（反诉被告）无合法有效证据证明其自保险合同签订后向被告申请过理赔，也没有合法有效证据证明被告知道或应当知道原告（反诉被告）患病的事实，原告于2015年9月17日直接向本院提起诉讼，要求被告（反诉原告）承担给付保险金的责任，被告（反诉原告）才知原告（反诉被告）患病的事实。故被告（反诉原告）知道撤销事由的期限并未超过1年。

3. 保险合同是射幸合同，保险事故的发生应当具有"偶然性"，对投保之前已经确定将要发生或已经发生的事故不应归属于保险事故范围，保险人不负赔偿责任。

根据《保险法》第二条的规定："本法所称保险，是指投保人根据合同约定，向保险人支付保险费，保险人对于合同约定的可能发生的事故因其发生所造成的财产损失承担赔偿保险金责任，或者当被保险人死亡、伤残、疾病或者达到合同约定的年龄、期限等条件时承担给付保险金责任的商业保险行为。"既然保险合同约定的是"可能发生的事故"，保险合同成立前所发生的事故自然就不属于"保险事故"。因原告（反诉被告）胡××在保险合同成立前已经患有癌症，所以被告（反诉原告）××人寿保险公司对此不应承担给付保险金的责任。综上所述，原告在投保时未履行如实告知义务并构成了欺诈，被告依据《合同法》第五十四条的规定要求撤销该保险合同的反诉请求符合法律规定，本院应予支持；原告（反诉被告）要求被告（反诉原告）给付保险金的诉讼请求则因事故发生在保险合同签订之前及保险合同被撤销而缺乏合同依据，本院对此不予支持。

四、裁判结果

（一）一审法院裁判结果

一审法院依照《合同法》第五十四条、第五十六条、《保险法》第二条、第十六条的规定，判决如下：

1. 撤销原告（反诉被告）胡××与被告（反诉原告）××人寿保险公司签订的保险合同（保险合同号码为P24000000494××××）。

2. 驳回原告（反诉被告）胡××的诉讼请求。

宣判后，原告胡××提出上诉。

（二）二审法院裁判结果

二审法院经审理后裁定撤诉结案，判决已发生法律效力。

五、案例评析

本案主要涉及在保险合同成立两年之后，保险人能否突破《保险法》第十六条的规定，依据《合同法》第五十四条、第五十五条行使撤销权的问题。《保险法》第十六条规定："前款规定的合同解除权，自保险人知道有解除事由之日起，超过三十日不行使而消灭。自合同成立之日起超过二年的，保险人不得解除合同。"《保险法》第十六条规定，保险人合同解除权设置的两年期限均为不可抗辩期间，其目的是一方面约束投保人的恶意骗保行为，另一方面督促保险公司严格审核，避免粗放式承保。《保险法》第十六条规定的保险人合同解除权与《合同法》第五十四条规定的合同撤销权能否竞合适用，在司法实务界争议很大。一种意见认为，保险解除权与合同撤销权在立法目的、构成要件及法律效果等方面实质上是一致的，《保险法》《合同法》是同一位阶的法律，而《保险法》相对于《合同法》而言是特别法、后来法，依据后法优于前法、特别法优于普通法的原则，既然《保险法》第十六条已经赋予了保险人对被保险人不履行告知义务承保情形下的救济权利，那么就应该排除适用《合同法》第五十四条的规定。如果同时赋予保险人这两种权利，将导致保险公司粗放式承保，不利于保险市场的健康发展，同时保险人在怠于行使解除权的情形下能够继续行使撤销权，将架空《保险法》第十六条两年期不可抗辩条款的规定。另一种意见认为《合同法》的撤销权与《保险法》的解除权在权利行使时效及法律效果上并不相同，如果机械地套用两年期限，则会产生较大的道德风险，导致投保人恶意投保，或者发生保险事故后恶意隐瞒直至两年后再进行理赔，与"任何人不能从自己的违法行为中获利"原则相悖。

本案中，原告（反诉被告）胡××明知自己身患癌症并在其住院治疗期间向××人寿保险公司申请投保，并在接受保险公司健康询问的各相关项中均予以否定，足以说明其未履行如实告知义务是故意行为，且胡××还假借其外甥女祁××之名住院治疗，则更进一步表明其隐瞒病情、带病投保的主观恶意明显，胡××隐瞒真实病情，诱使××人寿保险公司作出同意承保的错误意思表示，后依法索赔。原告（反诉被告）的行为符合欺诈行为的构成要件，因此法院支持了被告（反诉人）根据《合同法》第五十四条的规定行使撤销权的主张，判决驳回原告（被反诉人）的诉讼请求。该案例从立法本意及维护保险市场的规范运行出发，与一般情形下对保险合同倾向于保护被保险人的处理方法不同，本案承办法官在保险人丧失合同解除权的情形下，支持其以欺诈为由行使撤销权，很好地维护了保险人的合法权益，对于防范道德风险，促进我国保险市场的规范诚信发展意义重大。

（一）保险法中"保险事故"的认定

《保险法》第二条规定："本法所称保险，是指投保人根据合同约定，向保险人支付保险费，保险人对于合同约定的可能发生的事故因其发生所造成的财产损失承担赔偿保险金责任，或者当被保险人死亡、伤残、疾病或者达到合同约定的年龄、期限等条件时承担给付保险金责任的商业保险行为。"从立法本意探究，保险事故的偶发性是保险合同作为射幸合同最重要的体现，同时也与"保险分摊意外事故损失，作为社会经济保障机制和风险管理办法"的定位相符。在能够认定被保险人故意带病投保的情形下，保险事故的发生已然具有了"确定性"与"必然性"，因此，无论是从立法本意还是从商事交易的正常运行考虑，都应该将此行为依法排除在保险事故范围之外，保险人对此不负赔偿责任。

（二）保险人合同解除权"二年"不可抗辩期的理解

《保险法》第十六条规定，因投保人故意或重大过失未履行如实告知义务，保险人享有合同解除权。保险人解除合同期限受到两个方面的限制：一是保险人知道有解除事由之日起30日内；二是保险合同成立之日起两年内。应当明确，该条文中所规定的两年期是不可抗辩期间。由于保险合同的解除会导致投保人与被保险人完全丧失保险保障，加之保险合同作为典型的格式合同，为了督促保险公司严格审核，避免粗放式承保，塑造诚信和谐的保险市场，各国在立法上都对保险人的解除权进行了一定限制，其普遍的做法就是规定保险合同解除权应当在保险合同订立的一定时间内行使。①但如果机械地套用两年期限，则会产生较大的道德风险，导致投保人恶意投保，或者发生保险事故后恶意隐瞒直至两年后再进行理赔，与"任何人不能从自己的违法行为中获利"原则相悖。

（三）关于《保险法》的合同解除权与《合同法》的合同撤销权的关系

《保险法》的合同解除权与《合同法》的合同撤销权能否竞合适用的

---

① 韩国规定为3年，德国和日本均为5年，德国法中同时规定如果投保人故意或以欺诈形式违反告知义务的，解除权期限为10年。

问题，在理论与司法实务界历来有争议。作者认为，两者在立法目的、构成要件及法律效果方面均有不同，是独立的请求权，适用时应根据具体案情而定，不宜简单以"特别法优于普通法、后法优于前法"的法律规则径行排除保险人行使撤销权的权利。

1. 立法目的的比较。保险合同解除权是对投保人未履行告知义务的惩罚，撤销权是对瑕疵意思表示的救济。

2. 构成要件分析。《保险法》中解除权的构成要件：（1）投保人就保险人询问事项未尽如实告知义务；（2）投保人主观上有过错：故意或者过失；（3）投保人未履行如实告知义务与保险人基于错误认识的承保行为具有因果关系；（4）保险人主观上不具有可归责性；（5）如果保险人明知或应知投保人未履行如实告知义务而承保，则保险人不享有合同解除权。

《合同法》中撤销权的构成要件：（1）具有欺诈行为；（2）主观上有欺诈故意；（3）撤销权人基于对方欺诈陷入错误认识而作出意思表示；（4）欺诈行为与撤销权人的意思表示存在因果关系。

3. 法律效果分析。依据《保险法》第十六条的规定，保险人基于被保险人故意未履行如实告知义务的情形行使解除权后，不承担赔偿责任，同时不负有返还保费的义务；而依据《合同法》关于合同撤销后的法律效果：被保险人需要返还保险费。

（四）本案例参照适用中应注意的问题

本案例裁判的主旨在于遏制投保人的恶意投保行为，规范保障保险市场的诚信、健康运行。鉴于保险合同作为典型格式合同的存在，双方当事人所处的地位并不平等，因此，参照本案例适用，允许保险人行使撤销权的前提应该严格限定在投保人主观恶意明显，构成欺诈的情形。这主要是因为：首先，司法实务中对于当事人主观方面的认定需要多重证据印证锁定，证明难度较大。如果证据认定不扎实，而盲目套用本案例的裁判思路，则可能适得其反，不能达到预期的法律效果与社会效果；其次，鉴于保险合同中双方当事人地位并不平等，加之我国目前保险市场投保准入门槛较低，业务人员构成复杂，承保过程较为粗放，因此，在投保人主观恶意不明显或只是重大过失的情形下，不易随意扩大被保险人的救济权利，否则将不利于被保险人利益的保护及保险市场的规范运行；最后，在投保人仅是重大过失违反如实告知义务的情形下，依据《保险法》第十六条的规定行使合同解除权与依据《合同法》第五十四条的规定行使撤销权产生的法律效果是一致的，并行选择适用将会产生法律规范上看似自相矛盾的效果，综上所述，作者认为，只有在证据充实，能够证明投保人主观恶意明显构成欺诈的情形下，才能参照本案的裁判方法。

案例供稿及评析人： 石家庄铁路运输法院　康占伟

重大疾病保险被保险人在等待期内出险，保险人的责任认定

一、裁判要旨

在健康保险中，等待期条款是健康保险的通用条款，是被保险人在发生重大疾病时保险人开始承担保险责任的时间约定。由于保险人对被保险人的健康状况在短时间内难以准确判断，故约定等待期具有一定的合理性，并且保险合同约定等待期的目的是防止投保人进行逆向选择。

二、基本案情

（一）原告诉称

原告曹××与被告××人寿保险公司签订了 2015 年 1 月 1 日生效的保险合同，其中，包括主险、附加长期保险和附加 1 年期短期保险。合同主险为终身人寿保险，附加长期保险为重大疾病保险、长期意外保险和豁免重大疾病保险合同，附加 1 年期短期保险为意外医疗保险和住院费用保险，原告交纳了当年的保费 5766.12 元。原告在保险期内于 2015 年 5 月 28 日因患甲状腺左叶低回声结节在××医院治疗，后在该院手术后被确诊为甲状腺乳头状癌。原告主张所患疾病符合保险条款附加险的重大疾病保险、豁免重大疾病保险、住院费用保险的保险责任，被告应给付原告保费 150000 元并确定原告重大疾病的豁免权，享受报销医疗费的待遇。而

被告仅为原告报销了医疗费，并于2015年8月10日出具理赔决定通知书，通知因等待期的相关规定，不给付原告曹××重大疾病保险的150000元保险赔偿金，无法给予原告享受豁免保险费的待遇，终止两项合同，退还原告部分保险费。原告对被告的理赔决定不能认可，其认为，原告、被告之间的保险合同已订立并履行，当原告出现保险合同约定的理赔事项时，被告应按照合同履行，而被告以"等待期的相关约定"为由，不给付原告保险费的赔偿并终止合同的行为，严重损害了原告的保险利益，也不符合相关的法律规定，为此，特向法院提起诉讼，请求依法判决被告继续履行合同，给付原告保险赔偿款150000元，确定原告依据保险合同豁免重大疾病费用，并享受该重大疾病豁免权，以及诉请继续履行原告与被告签订的保险合同，包括主险及附加险。

（二）被告辩称

原告曹××是在等待期内发生重大疾病，被告不承担保险责任，理由如下：

1. 投保人及被保险人曹××的疾病确诊过程。被告对原告曹××在被告处为自己投保的险种无异议，本案涉诉险种为2015年1月1日生效的重大疾病保险。2015年5月28日，原告曹××作为被保险人以甲状腺乳头状癌入住首都医科大学附属××医院。2015年3月11日，被保险人曹××曾于石家庄市第一医院进行门诊CT检查，检查结果为甲状腺双叶异常。基于以上事实，可以证明被保险人曹××在合同生效后的第72天进行过与原告申请重大疾病相关的疾病就诊。

2. 被告不应承担保险责任的法律依据。根据××人寿保险公司《提前给付重大疾病保险（2014）合同条款》第2.2保险责任中等待期条款约定："从本附加险合同生效之日起90天内，被保险人因疾病发生下列情形之一的：（一）重大疾病或特定轻度重疾；（二）因导致重大疾病或特定轻度重疾的相关疾病就诊，我们不承担保险责任，退回本附加险合同的现金价值，本附加险合同终止。合同约定的90日时间为等待期，被保险人因意外伤害发生上述两项情形之一的，无等待期"。根据该条款的约定，被保险人曹××在90日的等待期内发生重大疾病，保险人不应承担保险责任。

3. 由于疾病具有一定的潜伏期，为了避免发生逆向选择和道德风险，健康保险中均有等待期的约定，从而保护广大客户和保险公司的合法利益。根据2006年6月12日中国保监会颁布的《健康保险管理办法》第二十七条（三）保险责任等待期，足以说明保险合同设立健康保险责任等待期的合法性及合理性。

4. 关于保险条款的明确说明。依据《最高人民法院关于适用〈中华人民共和国保险法〉若干问题的解释（二）》第十三条的规定，保险人对其履行了明确说明义务负举证责任。投保人对保险人履行了符合本解释第十一条第二款要求的明确说明义务在相关文书上签字、盖章或者以其他形式予以确认的，应当认定保险人履行了该项义务，但另有证据证明保险人未履行明确说明义务的除外。本案中原告均在合同相关文书中签字确认被保险人履行了明确说明义务，如原告认为保险公司未履行该义务，那么应由原告对此进行举证。综上所述，原告的诉请没有事实和法律依据，请求人民法院驳回原告的诉讼请求。

（三）法院经公开审理查明

1. 2014年12月23日，原告曹××作为投保人为自己在被告处分别投保了主险、附加长期保险和附加1年期短期保险。主险为终身人寿保险，保险期为终身，基本保险金额200000元。附加长期保险：重大疾病保险，保险期为终身，基本保险金额150000元；长期意外险，保险期为35年，基本保险金额200000元；豁免重大疾病保险，保险期为30年。附加

1年期短期保险为意外医疗保险和住院费用保险。生存保险金受益人为原告曹××本人。2014年12月23日，原告曹××在××人寿保险公司人身保险投保提示书及××人寿保险公司电子投保申请确认书上签字，指定上述保险合同自2015年1月1日零时开始生效，并亲笔书写如下内容，"本人已阅读保险条款、产品说明书和投保提示书，了解本产品的特点和保单利益的不确定性"。原告曹××依约交纳了首期保费5766.12元，保险合同于2015年1月1日零时起生效。保险合同中所附提前给付重大疾病保险（2014）条款第2.2保险责任中等待期约定为，从本附加合同生效（或最后复效）之日起90日内，被保险人因疾病发生下列情形之一的：（一）重大疾病或特定轻度重疾；（二）因导致重大疾病或特定轻度重疾的相关疾病就诊，我们不承担保险责任，退还本附加险合同的现金价值，本附加险合同终止。合同约定的90日时间为等待期，被保险人因意外伤害发生上述两项情形之一的，无等待期。附加豁免保险费重大疾病保险条款第2.1保险责任中等待期约定为，从本附加险合同生效（或最后复效）之日起90日内，被保险人因疾病发生下列情形之一的：（一）重大疾病；（二）因导致重大疾病的相关疾病就诊，我们不承担保险责任，退还本附加险合同的现金价值，本附加险合同终止。合同约定的90日时间为等待期，被保险人因意外伤害发生上述两项情形之一的，无等待期。2015年1月6日，原告曹××在保单回执上签字确认其已收到被告送达的人身保险保险单及人身保险保险费发票各1份。

2. 原告曹××于2015年3月11日在石家庄市××医院进行甲状腺静态显像检查，SPECT检查报告单上显示申请科室为头颈外科门诊，临床诊断为甲状腺肿物（性质待查），诊断意见为甲状腺双叶摄锝功能减低，请结合临床。2015年5月28日至2015年6月8日，原告曹××在首都医科大学附属××医院进行住院治疗。入院记录记载主诉：发现颈前肿物1月余。

现病史：1个月前检查时发现颈前肿物，考虑来源于甲状腺。无明显疼痛，无呼吸困难、吞咽哽噎、声音嘶哑等压迫症状，伴烦躁、多汗症状1年，无明显失眠，多食但体重下降、双手颤抖等症状。外院B超提示甲状腺左叶低回声结节（建议手术），甲状腺右叶囊性结节（考虑良性），现为求进一步诊治而来我院，经门诊收入院。2015年6月3日，原告曹××在首都医科大学附属××医院进行左侧甲状腺切除术、右侧甲状腺下叶切除和颈淋巴结节清扫术，术前诊断为甲状腺肿物，术后诊断为甲状腺乳头状癌。

3. 2015年8月10日，被告为原告出具理赔决定通知书，理赔结果如下：（1）按附加险重大疾病保险等待期的相关约定，不予给付保险金，终止重大疾病保险合同，退还149.25元。（2）按附加险豁免重大疾病保险等待期的相关约定，不予给付保险金，终止豁免重大疾病保险合同，退还60.83元。（3）按住院费用条款计算给付非器官移植手术费3000元，给付住院费用保险金6000元。该保险单合计给付9000元，退还210.08元，本次理赔被告予以给付利息1.85元，总赔付金额9211.93元。现被告已将总赔付金额打入原告曹××的账户。原告对被告终止附加险重大疾病保险及附加险豁免重大疾病保险，未给付被告曹××重大疾病保险金150000元及未让原告享有重大疾病豁免权有异议，形成本诉讼。

三、裁判理由

审理本案的法院认为，本案的争议所涉及的保险合同有效。以此为基础，本案的争议焦点在于：曹××在××医院进行甲状腺检查是否属于保险合同的等待期？等待期引发的重大疾病是否意味着被保险人丧失保险金的请求权？

（一）关于等待期条款的效力

××人寿保险公司对重大疾病保险、豁免重大疾病保险条款等待期的约定进行颜色相异的标识，对重大疾病、特定轻度重疾、意外伤害字体进行加粗加黑提示，并对等待期作出具体说明，且原告亲笔确认"本人已阅读保险条款、产品说明书和投保提示书，了解本产品的特点和保单利益的不确定性"，法院确认被告已对原告履行了明确说明义务，重大疾病保险、豁免重大疾病保险条款关于等待期的约定依法具有法律效力。

（二）关于是否属于等待期内"重大疾病"相关疾病就诊的认定

由于原告曹××于等待期内在石家庄市××医院头颈外科门诊对甲状腺进行过诊断，且检查甲状腺静态显像提示甲状腺双叶摄锝功能减低，后原告于首都医科大学附属××医院术后诊断为甲状腺乳头状癌，发病位置均在甲状腺，可以认定原告在等待期内进行过因导致"重大疾病"的相关疾病就诊，被告有权依据等待期条款不承担给付保险金的责任，终止重大疾病保险、豁免重大疾病保险合同。

四、裁判结果

××人民法院依照《保险法》第十三条、第十四条以及《合同法》第六十条第一款的规定，对本案判决如下：

驳回原告曹××的诉讼请求。

五、案件评析

重大疾病保险也称为重大疾病险或重疾险，于1983年在南非问世，是由外科医生马里优斯·巴纳德最先提出的产品创意。他的哥哥克里斯汀·巴纳德是世界上首位成功实施了心脏移植手术的医生。马里优斯医生发现，在实施了心脏移植手术后，部分患者及其家庭的财务状况已经陷入困境，无法维持后续康复治疗。为了缓解被保险人一旦患上重大疾病或实施重大手术后所承受的经济压力，他与南非一家保险公司合作开发了重大疾病保险。1986年后，重大疾病保险被陆续引入英国、加拿大、澳大利亚、东南亚等国家和地区，并得到了迅速发展。1995年，我国内地市场引入了重大疾病保险，现已发展成为人身保险市场上重要的保障型产品。重大疾病保险在发展过程中，保障范围逐渐扩大，保障功能日趋完善，但该类产品的设计理念一直延续至今。重大疾病保险给付的保险金主要有两个方面的用途：一是为被保险人支付因疾病、疾病状态或手术治疗所花费的高额医疗费用；二是为被保险人患病后提供经济保障，尽可能地避免被保险人的家庭在经济上陷入困境。

据所了解，目前我国各保险公司销售的重大疾病保险各有差异，具体体现在：保险责任范围不同，承保的险种有40种、60种等，等待期有90天、180天、1年等，保险费有多有少。

本案中，从原告的诉讼理由，到被告的答辩，再到法院庭审调查判决结果基本上是正确的。本案中法庭抓住两个关键点：一是保险合同的约定，即保险合同中所附提前给付重大疾病保险条款第2.2保险责任中等待期约定为从本附加合同生效（或最后复效）之日起90日内，被保险人因疾病发生下列情形之一的：（一）重大疾病或特定轻度重疾；（二）因导致重大疾病或特定轻度重疾的相关疾病就诊，保险公司不承担保险责任，退还本附加险合同的现金价值，本附加险合同终止。但多数重大疾病保险条款没有约定观察期内因导致重大疾病或特定轻度重疾的相关疾病就诊，保险公司不承担责任，而是约定在观察期内确诊保险合同约定的重大疾病，保险公司不承担责任。这样或许更符合投保人的合理期待。二是法庭审理并认定保险人履行了说明义务也是本案判决的要点。目前在人寿保险合同纠纷案件中，不少的案件虽然合同约定都比较清楚，但由于保险公司业务人员自身素质问题，没有对保险条款的免责事项真正履行明确说明义务，而被法院或仲裁委员会判定保险公司败诉。

案例供稿人：中国平安人寿保险股份有限公司河北分公司　王彦武
评　析　人：福建省泉州市仲裁委员会、泉州市保险行业协会仲裁员　李毅文

被保险人的职业类别对意外伤害保险事故的影响

一、裁判要旨

短期意外伤害保险，多以1年期的形式出现。意外风险是一项特定风险，风险的发生是不确定的，被保险人的职业性质对这种风险影响重大。虽然保费相同，但是因为职业风险不同而获取的保障（保额）会有差异。本案中，被保险人出险时的职业风险较高，从而保额相应降低，保险人按照条款赔付被保险人事故发生时的职业类别（三类）所对应的比例（50%）给付保险金。而受益人请求按照保险金额的100%获取赔付。一审法院对其诉讼请求不予支持，原告不服上诉至中级人民法院，二审法院维持了原判。

二、基本案情

（一）原告诉称

2012年4月6日，被保险人在××人寿保险公司购买了1份1年期意外伤害保险，意外伤害身故保险金额为10万元（条款规定具体赔付按被保险人事故发生时的职业类别所对应的比例给付保险金，以下简称职业赔付比例），指定原告为身故受益人。2012年9月20日被保险人乘车发生交通事故，导致被保险人死亡，保险人接到报案后即刻查勘了现场。原告索赔时，对于保险人按照职业赔付比例50%不认同。原告认为，被保险人是因意外伤害死亡，被告应按照合同全额给付身故保险金，双方多次协商未果。据此，原告向法院提起诉讼，请求法院判令被告给付意外伤害保险金10万元。

（二）被告辩称

投保双方签订的保险合同真实有效，表达了双方真实意愿，被保险人因意外伤害事故导致死亡属于保险责任，但事故发生时被保险人乘坐营运大货车（肇事车辆）发生交通事故导致死亡，是跟车工人，属于职业类别中的三类职业，应按照保险合同以及条款规定（职业赔付比例）赔付，故原告的诉求不应该得到法院的支持，请求法院驳回原告的诉讼请求。

（三）一审法院、二审法院经公开审理查明

一审法院查明，被保险人于2012年4月6日在被告处为自己投保了168安顺卡简易人身意外伤害保险1份，一次性交费168元，保险期间为1年，身故受益人为原告，身故保险金额为10万元（具体赔付按被保险人事故发生时的职业类别所对应的比例给付保险金。一类职业按保险金额的100%给付；二类职业按保险金额的80%给付；三类职业按保险金额的50%给付；四类职业按保险金额的30%给付）。2012年9月20日，被保险人是跟车工人，乘坐重型货车发生交通事故导致死亡，事故发生时其职业类别为三类职业。接报案后，被保险人即刻派出勘察人员核实情况，并告知理赔所需资料等事项。

一审法院认为，被保险人和被告之间签订的168安顺卡简易人身意外伤害保险合同，当事人双方意思表示真实，其内容不违反法律法规的禁止性规定，应为合法有效。保险合同订立时，被告人在保险凭证上注明，身故保险金额为10万元（具体赔付按被保险人事故发生时的职业类别所对应的比例给付保险金），履行了提示和明确说明义务。对此原告在诉状中也认可，被保险人事故发生时的职业类别为三类职业，故被告人应按被保险人事故发生时的职业类别所对应的比例50%（即5万元）向受益人给付保险金。按照《保险法》第四十二条、《继承法》第十三条第二款的规定，一审法院判决被告人给付原告10万元保险金的50%，即5万元。

原告上诉称，被保险人生前住在廊坊市××村，平时在家务农，其工作性质应是保险职业分类中的农民，属于一类职业，请求二审法院查明事实，依法改判。

被上诉人的委托代理人在二审中辩称，被保险人在发生交通事故时是跟车工人；保险公司对上诉人的亲属即本案上诉人委托代理人调查询问笔录中记载，被保险人平时的职业为搬运工；处理该事故的交警部门出具的责任认定书也证明被保险人是该车搬运工，保险人按照条款规定给付保险金属于履行保险合同约定。故上诉人的上诉请求没有事实依据和法律证据，依法应予以驳回。

二审法院审理查明的事实与一审法院判决认定的事实相一致，本院予以确认。

二审法院认为，被保险人和被上诉人之间签订的168安顺卡简易人身意外伤害保险合同合法有效。被保险人因交通事故导致死亡发生在保险期内，依据合同约定被上诉人应予以理赔。关于理赔时所对应的被保险人的职业类别，根据保险公司在出险时对上诉人的亲属即本案委托代理人调查询问笔录记载和保险受益人在庭审中的陈述以及事故车辆重型货车车主所出具的证明，结合交警部门出具的道路交通责任认定书，能够确认被保险人在事故发生时的职业为搬运工（跟车工人），应以保险合同中所对应的三类职业赔付标准进行理赔。一审法院判决被告人按照事故发生时被保险人的职业类别所对应的比例50%（5万元）向保险受益人赔付保险金并无不当。综上所述，上诉人主张××人寿保险公司应按一类职业的对应比例进行保险赔付的证据不足，二审法院不予支持。

三、裁判理由

一审法院认为，被保险人和被告人之间签订的168安顺卡简易人身意外伤害保险合同，当事人双方意思表示真实，其内容不违反法律法规的禁止性规定，应为合法有效。保险合同订立时，被告人在保险凭证上注明，身故保险金额10万元（具体赔付按照被保险人事故发生时的职业类别所对应的比例给付保险金），履行了提示和明确说明义务，对此原告在诉状中也认可，被保险人事故发生时的职业类别为三类职业，故被告人应按照事故发生时被保险人的职业类别所对应的比例50%（5万元）向受益人给付保险金。

被保险人和被上诉人之间签订的168安顺卡简易人身意外伤害保险合同合法有效。被保险人因交通事故导致死亡发生在保险期内，依据合同约定被上诉人应予以理赔。关于理赔时所对应被保险人的职业类别，根据保险公司在出险时对上诉人的亲属即本案委托代理人调查询问笔录记载和保险受益人在庭审中的陈述以及事故车辆重型货车车主所出具的证明，结合交警部门出具的道路交通责任认定书，能够确认在事故发生时被保险人的职业为搬运工（跟车工人），应以保险合同中所对应的三类职业赔付标准进行理赔。一审法院判决被告人按照事故发生时被保险人的职业类别所对应的比例50%（5万元）向保险受益人赔付保险金并无不当。

上诉人在二审中仍未提供新的证据证实其诉讼主张，故上诉人的上诉理由均不能成立，其上诉请求二审法院不予支持。

四、裁判结果

二审法院按照《民事诉讼法》第一百七十条第一款第（一）项和第（二）项、第一百七十五条、《保险法》第四十二条以及《继承法》第十三条第二款的规定，判决如下：

驳回上诉，维持原判。本判决为终审判决。

五、案例评析

本案是典型的因被保险人的职业类别对意外伤害保险事故理赔产生影响的案件。所谓被保险人的职业类别对意外伤害保险事故理赔产生影响，是指被保险人的职业风险与意外伤害保险费率与保险金额的计算直接相关。意外伤害保险费率（以下简称意外险费率）与被保险人职业的危险程是相度对应的，不同职业的风险系数对应不同的费率等级。职业危险程度越高，需要交纳的保费就越多。在实际理赔过程中，保险人也会根据被保险人的职业类型确定一定比例的免赔率。

职业类别对意外险费率产生影响的案件在理赔过程中需要满足以下几个条件：第一，保险合同真实有效，即保险合同当事人完成要约和承诺行为，是基于双方的真实意思表示，就保险合同的内容协商达成一致，这是意外伤害保险事故理赔的前提。第二，保险合同双方均应履行诚实告知义务。一方面，保险人对于职业类别对保险费率产生的影响应对被保险人进行提示和说明；另一方面，被保险人也应对其职业类别等个人信息如实告知。此外，针对被保险人在被保险期间发生职业变更的情况，一般意外险保险条款都规定了被保险人在变更其职业或工种时，投保人或被保险人应于10日内以书面形式通知保险公司，以便确定被保险人新职业对应的职业类别引起的保额变化。实践中，被保险人变更职业或工种经常不会或没有意识到将这一信息通知保险公司。基于此，一些保险公司将职业类别对保险费率产生影响的提示条款直接在保险合同中告知为"具体赔付按照被保险人事故发生时的职业类别所对应的比例给付保险金"这一"事故发生时"职业类别认定方法。第三，准确确定被保险人的职业类别。被保险人职业类别的确认目前属于保险立法的模糊地带，在具体认定过程中除参考保险合同中投保人提供的被保险人职业类别信息外，还应该综合出险时相关方的调查和陈述（如交警部门的认定、保险公司出险时的相关调查、当事人和相关人陈述等），遵循客观实际。应当注意，对于被保险人职业类别的确认问题，在实践中双方经常发生争议，特别是被保险人变更职业、工种或临时性地从事其他种类工作。

本案中，被保险人和保险人之间签订的人身意外伤害保险合同合法有效，被保险人因交通事故导致死亡的事件发生在保险期内，满足了理赔的基础性条件。保险合同订立时，保险人在保险凭证上注明了"具体赔付按被保险人事故发生时的职业类别所对应的比例给付保险金"的条款，保险人履行了职业类别对保险费率产生影响和职业类别确认的提示和明确说明义务，保险人提示和明确说明义务的履行也得到了原告方的认可。双方争议焦点围绕在被保险人的职业类别认定问题上：原告认为被保险人平时在家务农，职业应为农民；被告则认为被保险人在发生交通事故时是跟车工人。法院判决采取了综合相关方的调查和陈述（处理该事故的交警部门出具的责任认定书的相关内容、保险公司对被保险人亲属的调查询问笔录中的有关自认）的方式，以客观标准确定了被保险人的职业类别为出险车辆的搬运工，即跟车工人。这一职业类别确认方式符合被保险人真实职业类别的客观实际，也是对被保险人实际职业风险与意外险费率存在正向关系这一法理的肯定。

此外，需要注意的是，在实践中存在着相当数量的被保险人是农民或农民工的职业类别认定案件。农民或农民工的就业流动性强，职业跨度大，职业变更频繁。其职业的变化，必然带来危险程度的变化。对于类似案件中职业类别的认定，一方面应当充分考虑被保险人实际职业的相对稳定程度，根据其实际职业判定职业类别及对应的保险费率；另一方面，也要对属于一次性或临时性的工种变更引起的理赔争议中保险公司对免责条款的解释进行限制，不应扩大。目前在司法实践中，重庆市××中级人民法院民事判决书（2011）渝××法民终字第445号对于意外伤害保险事故理赔案件中被保险人的一次性或临时性的工作行为是否属于职业类别变更进行了司法限定，并判定类似行为中产生的风险不属于保险公司免责条款涵盖的范围。

案例供稿人：中国太平洋人寿保险股份有限公司廊坊市分公司　胡津平
评　析　人：河北农业大学人文学院法学系　甘文霄

关于被保险人出险赔付金额的认定

一、裁判要旨

意外伤害是人身保险理赔中的常见形式，在多数情况下，由保险人赔付的只是其中一部分。因此，被保险人或者受益人在请求保险赔付时，应当明确所投险种的保险金额。保险金额是指保险人承担赔偿或者给付保险金责任的最高限额。本案中，受益人对于超出保险金额之外部分的诉讼请求，法院不予支持。

二、基本案情

（一）原告诉称

投保人张××，于2012年4月25日在××人寿保险公司投保"全家福"卡单，被保险人为张××及其家人等共5人，身故受益人为被保险人身故时生存的配偶、父母、子女，一般意外伤害或全残保障保险金额共计6万元，保单有效期间为2012年4月25日零时至2013年4月24日24时。2012年5月30日，张××在工厂工作时意外摔伤死亡。张××妻子来到保险公司申请理赔，公司理赔员王××告知理赔申请应由张××的所有继承人达成继承协议后申请，此后张××妻子与张××父母就申请理赔事宜没有达成协议。2014年5月10日张××妻子、张××长子和张××次子共3人作为原告起诉××人寿保险公司，另外提请张××父母作为第三人参加诉讼。其诉讼请求为：赔偿6万元保险金。

（二）被告辩称

××人寿保险公司答辩称，张××的保单保额为6万元，但被保险人是5人，保单保额应为5人平分。所以，张××妻子的最大受益金额为保额的20%，应为1.2万元。因此不同意张××妻子的诉讼请求。

（三）法院经公开审理查明

2012年4月25日，张××作为投保人，以其本人、其妻、其父母以及长子共5人为被保险人向××人寿保险公司投保，××人寿保险公司同意承保并签发了保险单，保险单以及激活卡单封皮载明以下内容：

（1）被保险人为张××、张××妻子、张××父母、张××长子，共5人；

（2）投保险种、保险金额以及各自份额等基本信息；

（3）投保须知、保险计划、责任免除条款以及激活流程等；

（4）保险期间为自2012年4月25日零时起至2013年4月24日24时止。

2012年5月30日，张××在工厂工作时意外摔伤死亡。张××妻子来到保险公司申请理赔，公司理赔员告知理赔申请应由张××的所有继承人达成继承协议后申请，此后张××妻子与张××父母就申请理赔事宜没有达成协议，保险公司未进行赔偿。

上述事实有下列证据证明：

（1）保险抄单一份，证实投保情况；

（2）张××与张××妻子结婚证、张××长子以及次子出生证明，证明受益人身份；

（3）仲裁裁决书一份，证实张××意外身故的事实，以及3名原告与张××的关系；

（4）张××投保电子保险单以及激活卡单封皮，列明证实被保险人、投保险种、保险金额、各自份额、投保须知、保险计划、责任免除条款以及激活流程等；保险期间为自2012年4月25日零时起至2013年4月24日24时止。

三、裁判理由

审理本案的法院认为，本案的争议所涉及的保险合同有效。以此为基础，本案的争议焦点在于：××人寿保险公司应该给付原告以及第三人等受益人的出险保险金额是多少。

《保险法》第二条规定："本法所称保险，是指投保人根据合同约定，向保险人支付保险费，保险人对于合同约定的可能发生的事故因其发生所造成的财产损失承担赔偿保险金责任，或者当被保险人死亡、伤残、疾病或者达到合同约定的年龄、期限等条件时承担给付保险金责任的商业保险行为。"另外，第十八条有相关规定："保险金额是指保险人承担赔偿或者给付保险金责任的最高限额。"

本案争议所涉及的保险险种为"全家福卡"。按照《保险法》第二条的规定，××人寿保险公司在合同项下的义务在于，承担与被保险人有关的"约定范围之内的危险"造成的意外伤害，并且按照合同的"约定"，对于特定事件造成的被保险人的意外伤害承担赔偿保险金的义务。由此，"合同的约定"是××人寿保险公司承担危险以及赔偿意外伤害造成损失的基本依据，××人寿保险公司所承担的赔偿金额，以合同约定的最高保险金额为限。如果并非是基于合同约定范围的保险金额，××人寿保险公司也无须承担赔偿保险金的责任。

××人寿保险公司在本案审理过程中，出示证据证明了保险卡配套的保险封套上投保须知已载明，"每位被保险人的人均基本保险金额=本保单载明的基本保险金额/参加本保险的家庭成员人数"。该保险合同的基本保险金额为6万元，投保人为上述包含自己在内的5人投保，则每个被保险人的基本保险金额应该为 1.2 万元。不仅如此，张××妻子等人提交的保险抄单也明确显示每一位被保险人保险份额为 1/5，基本保险金额也应为 1.2 万元。不能将××人寿保险公司的保险责任解读为"一位被保险人出险，对所有被保险人均进行赔偿"。

张××妻子等 3 名原告诉请的金额为 6 万元，因超过合同约定的金额数量，未获得××人寿保险公司的认可。此外张××妻子等人未向法院提交其他证据证明其主张的事实的合理性，因此法院对超出保险金额之外的请求不予支持。

五、裁判结果

法院依据《保险法》第二条、第十九条的规定，对本案进行一审判决、二审判决。

终审判决如下：××人身保险公司自判决书生效之日起 10 日内赔付原告张××妻子等 5 人各 2400 元。

六、案例评析

这个案件中，保险公司的很多业务操作行为存在一些缺陷，结果导致了很多人不理解。

单纯从字面意义上说，所谓保险金额 6 万元，可能会存在以下三种情形：

（1）每一个被保险人的保险金额均为 6 万元，可计算 5 次；

（2）每一个被保险人的保险金额均为 6 万元，但是只能计算一次，谁先出险算谁的，出险理赔完毕，保险合同终止；

（3）整个保险单的保险金额 6 万元，每一个被保险人等额分配。

裁判要旨中称"保险金额是指保险人承担赔偿或者给付保险金责任

的最高限额。本案中，受益人对于超出保险金额之外部分的诉讼请求，法院不予支持"，这种说法对前述第一种情形适用，因为在第一种情形下，保险单载明的保险金额实质上成了30万元，这显然不合理。

但是前述第二种情形、第三种情形，实际上保险金额都是6万元，因此这个裁判要旨并没有说到问题关键。

我国《保险法》第十三条规定："投保人提出保险要求，经保险人同意承保，保险合同成立。保险人应当及时向投保人签发保险单或者其他保险凭证。保险单或者其他保险凭证应当载明当事人双方约定的合同内容。当事人也可以约定采用其他书面形式载明合同内容。依法成立的保险合同，自成立时生效。投保人和保险人可以对合同的效力约定附条件或者附期限。"

第十七条规定："订立保险合同，采用保险人提供的格式条款的，保险人向投保人提供的投保单应当附格式条款，保险人应当向投保人说明合同的内容。对保险合同中免除保险人责任的条款，保险人在订立合同时应当在投保单、保险单或者其他保险凭证上作出足以引起投保人注意的提示，并对该条款的内容以书面或者口头形式向投保人作出明确说明；未作提示或者明确说明的，该条款不产生效力。"

第十八条规定："保险合同应当包括下列事项：（一）保险人的名称和住所；（二）投保人、被保险人的姓名或者名称、住所，以及人身保险的受益人的姓名或者名称、住所；（三）保险标的；（四）保险责任和责任免除；（五）保险期间和保险责任开始时间；（六）保险金额；（七）保险费以及支付办法；（八）保险金赔偿或者给付办法；（九）违约责任和争议处理；（十）订立合同的年、月、日。"

从法律规定，我们可以推论出如下几个规则：

（1）保险金额及支付办法，是保险合同的基本内容和基本条款，必须在保险合同中体现，即必须在保险合同中载明；

（2）如果使用格式条款，则保险人在投保阶段就存在说明义务，因此保险金额及支付方式，必须在投保阶段就应该在保险合同中体现，而不能在投保完成后才体现出来。

（3）保险金额及支付方式，作为保险合同的重要条款，必须存在双方约定、协商、接受的过程，才能成立，得以在保险单中体现。

（4）如果仅在保险单中体现保险金额及支付方式，却没有投保人与保险人协商的过程，也没有对保险合同进行说明的证据，则保险金额及支付方式实际上等同于没有约定。一旦对该内容产生争议，则必须要本着有利于投保人、被保险人、受益人的原则进行理解与处理。本案中，这个"全家福"保险，各个被保险人实际上是互为被保险人、互为受益人。本案法院审理中认为"××人寿保险公司所承担的赔偿金额，以合同约定的最高保险金额为限"，这个认识是对的。然而，合同约定的最高保险金额是6万元没错，可是支付方式呢？到底是每个被保险人均为6万元，第一个人出险后就终止合同？还是每个人1.2万元保险金额呢？这就迷惑了。

裁判的依据是两个：一是保险卡配套的保险封套上投保须知已载明；二是张××妻子等人提交的保险抄单。

由此，可以推断，在保险合同条款、投保单、保险单上均没有关于保险金额或者保险金额支付方式的规定，甚至保险公司可能根本就没有将保险合同条款交给过投保人，投保人也可能根本没有填写过投保单。即双方缺乏对保险合同进行议定的过程，如何理解保险金额以及支付方式？这就成了一个问题。

从案件情况看，所谓"保险卡配套的保险封套"，其实就是"激活卡单封皮"，也就是保险合同成立后，激活保险合同，实质上是附期限使保险合同生效的一种意思表示，这个时候，保险合同已经成立，投保过程已经完结，不可能在这个时候再来约定保险合同内容了。即保险金额及支付方式，不可能也不应该在这个资料中体现出来。这些所谓的规定、载明等，均无法律效力。

而所谓"保险抄单"，实际上是保险公司内部的电子数据，通常仅记录保险单的一些基本数据，并不显示投保过程及保险合同条款内容，不显示具体权利与义务的关系。这是保险公司的单方面记录，对受益人不具备法律约束力。

所以本案中，虽然对于保险金额可以确定，然而保险金额的支付方式却是没有约定、缺乏依据的。

因此，得出本案判决的结论是比较牵强的。

案例供稿人：中国人民人寿保险股份有限公司河北省分公司　刘慧策
评　析　人：北京格丰律师事务所律师　郭玉涛

当事人单方委托伤残鉴定的法律后果

一、裁判要旨

投保人、保险人签订的保险合同，意思真实，合法有效，双方均应依合同约定，主张权利，履行义务。本案中，原告在被告人员未参与的情况下，单方委托鉴定机构适用合同约定之外的伤残评定标准作出了伤残等级鉴定，鉴定不具有合法性和关联性，因此法院对其诉讼请求不予支持。

二、基本案情

（一）原告诉称

2015年2月14日，在××人寿保险公司投保保险一份，投保人和被保险人均为原告赵××，险种为××人寿相随交通工具意外伤害保险，保险期间为2015年2月15日零时起至2016年2月14日24时止，其中自驾汽车意外伤害保险责任的保险金额为50万元。2015年3月25日21时，原告驾驶小型汽车沿褚河港村至陈家堡村由南向北行驶至事故地点时，因采取措施不当造成与公路东侧树木相撞，造成车辆受损、原告受伤的交通事故，2016年6月21日原告在××红十字骨伤科医院司法医学鉴定中心关于此次事故引起的伤情做了伤残鉴定，司法鉴定意见评定为七级伤残。原告及时通知了保险公司理赔，但××人寿保险公司只赔付了5万元，其他拒绝理赔，且未提供充分的证据和理由，据此，原告赵××起诉至法院，其诉讼请求为：（1）判令××人寿保险公司承担保险责任，向原告支付残疾保险金 15 万元；（2）本案诉讼费用由被告承担。

（二）被告辩称

2015 年 3 月 25 日，原告自驾车发生交通事故，××人寿保险公司按照合同条款约定，同意原告在××红十字骨伤科医院司法医学鉴定中心做了伤残程度评定的司法鉴定，并依据司法鉴定意见书向原告支付理赔款 5 万元，合同终止。

2016 年 6 月 21 日，原告自行在××红十字骨伤科医院司法鉴定中心再次作出司法鉴定，根据《道路交通事故受伤人员伤残评定》的规定，评定为七级伤残，原告要求按照此次伤残鉴定进行赔付，按照合同条款约定的赔付比例，要求赔付伤残金 20 万元，由于已经赔付 5 万元，所以本次诉求 15 万元，原告诉讼请求没有事实与法律依据，应予以驳回。本案所涉保险合同××人寿相随交通交通工具意外伤害保险条款第三条保险责任明确规定："对被保险人该意外发生之日起 180 日内的身体情况进行伤残鉴定，并据此向意外伤残保险金受益人给付意外伤残保险金"。本案中，原告于 2015 年 9 月 30 日经鉴定，伤残等级为十级，公司已经根据保险合同约定赔付了原告 5 万元，原告当时对鉴定及理赔结论并无任何异议，接收了理赔款项，依据合同条款 1.6 第二条，保险合同终止。时隔 1 年后再反悔，其主张不符合本案所涉及的保险合同约定，没有事实及法律依据，请求人民法院依法驳回其诉讼请求。

被告对原告于 2016 年 6 月 21 日自行进行的伤残鉴定不予认可。此鉴定结论属于对原告在投保前后的伤残情况的累计评价，原告所受的旧伤不属于本案所涉及的保险合同承保的赔偿范围，并且该鉴定报告中所适用的鉴定标准不是保险合同约定的《人身保险伤残评定标准》，对被告没有约束力。

原告所购买的保险为网络销售产品，是投保人主动购买的，《投保须知》中明确有阅读条款：投保前请您认真阅读本保险计划的适用条款，了解保险责任及责任免除。

××人寿保险公司提交以下证据：

（1）保险单1份，××人寿相随交通工具意外伤害保险条款第二条、第三条保险责任和意外伤害保险金，证明保险合同约定：保险公司仅对被保险人构成本附加合同所附《人身保险伤残评定标准》中所列伤残项目之一承担保险责任，应按被保险人所受意外伤害发生之日起180日内的身体情况进行伤残鉴定。

（2）2015年9月30日××红十字骨伤科医院司法医学鉴定中心出具的司法鉴定意见书1份，证明原告于2015年3月25日因交通事故受伤，已经由鉴定机构鉴定为十级伤残。

（3）人身保险提示书1份，证明××人寿保险公司已经按照监管规定提示客户。

（4）投保须知1份，证明该款网络销售产品已经提示客户阅读保险条款。

（5）理赔批单等手续1组，证明××人寿保险公司已经按照保险合同条款约定履行了赔付责任，原告已经认可，合同已经终止。

（三）法院经公开审理查明

2015年2月14日，赵××在××人寿保险公司投保保险1份，保费为196元，投保人与被保险人均为赵××，保险期间：2015年2月15日零时起至2016年2月14日24时止，其中自驾汽车意外伤害保险责任的保险金额为50万元，保险条款2.3约定：

（1）保险公司仅对被保险人构成本附加合同所附《人身保险伤残评定标准》中所列伤残项目之一承担保险责任。

（2）应按被保险人所受意外伤害发生之日起180日内的身体情况进行伤残鉴定。

2015年10月5日，经××人寿保险公司委托，××红十字骨伤科医院司法医学鉴定中心作出××鉴定中心〔2015〕伤鉴第××号司法鉴定意见书，根据《人身保险伤残评定标准》第7.5的规定，原告评定为十级伤残。2015年10月12日，××人寿保险公司给予原告5万元赔偿，原告同意并接受了赔偿。2016年6月24日，经××市安次区洞沽港法律服务所委托，××红十字骨伤科医院医学鉴定中心作出××鉴定中心〔2016〕伤鉴字第××号司法鉴定意见书，根据《道路交通事故受伤人员伤残评定》第4.7.1F和第4.9.1F的规定，原告评定为七级伤残。

三、裁判理由

法院认为：原告、被告之间签订的保险合同，意思真实，合法有效，双方均应依照合同约定，主张权利，履行义务。原告在保险期间发生交通事故，双方依照约定进行了伤残鉴定，并给予了赔偿，原告于2016年6月24日，在××人寿保险公司人员未参与的情况下，单方委托鉴定机构适用合同约定之外的《道路交通事故受伤人员伤残评定》标准作出了伤残等级鉴定，该证据不具有合法性和关联性，原告据此主张赔偿，证据不足，应予驳回。

四、裁判结果

法院依照《民法通则》第一百一十一条、《合同法》第六十条、《保险法》第二十二条的规定，判决如下：

1. 驳回原告诉讼请求。

2. 案件受理费1650元，由原告自行承担。

五、案例评析

民事证据在民事诉讼中具有举足轻重的作用，它既是诉讼开始的基础，也是诉讼继续进行的推进器，还是引导诉讼走向终结的决定性元素。《最高人民法院关于民事诉讼证据的若干规定》第五十条规定，质证时，当事人应当围绕证据的真实性、关联性和合法性，针对证据证明力有无以及证明力大小，进行质疑、说明或辩驳。在法庭上对证据质证主要是围绕上述"三性"进行，最终，法官也通过对证据的"三性"进行审查判断而确认证据的可采性及证据证明力的大小或强弱，并据此作出裁判的标准。

证据合法性是指证据形式及证据收集主体、方法和程序应当符合法律规定，对证据的采信必须经过法定审查程序。证据的合法性必须以法律规定为前提，证据合法性主要解决证据的法庭准入资格，即证据能力问题。本案的关键和焦点证据是伤残程度"司法鉴定意见书"。司法鉴定是指在诉讼活动中鉴定人运用科学技术或者专门知识对诉讼涉及的专门性问题进行鉴别和判断，并提供鉴定意见的活动。鉴定意见实质是一种言词证据。由于鉴定意见是一种专业性的意见，鉴定意见具有客观性、公正性和科学性，相较于其他言词证据其证明力更强，因而对鉴定意见合法性的质证和审查更为严格。鉴定意见合法性主要是指鉴定是否具备合法的形式，是否有合法的来源。

鉴定意见是否符合具备合法的形式，相关法律法规有明确规定，证据必须属于刑事诉讼法所确立的法定证据种类之一，否则，就不具有证据能力，而应被排除于法庭之外。《民事诉讼法》第六十三条规定，证据包括：（一）当事人的陈述；（二）书证；（三）物证；（四）视听资料；（五）电子数据；（六）证人证言；（七）鉴定意见；（八）勘验笔录。显然，鉴定意见属于民事诉讼所规定的证据种类之一，该证据符合证据的法定形式。

鉴定意见是否有合法的来源主要是指出具证据的主体是否适格，取证程序是否合法等。《民事诉讼法》第七十六条规定：当事人可以就查明事实的专门性问题向人民法院申请鉴定。当事人申请鉴定的，由双方当事人协商确定具备资格的鉴定人；协商不成的，由人民法院指定。《最高人民法院关于民事诉讼证据的若干规定》第二十六条规定，当事人申请鉴定经人民法院同意后，由双方当事人协商确定有鉴定资格的鉴定机构、鉴定人员，协商不成的，由人民法院指定。《司法鉴定程序通则》第十一条规定，司法鉴定机构应当统一受理办案机关的司法鉴定委托。

依据程序审查优先原则，在诉讼过程中程序审查具有优先性，证据能力是证据法中的程序问题，证明力是证据法中的实体问题。鉴定机构受理和出具鉴定意见不是随意为之的，鉴定过程包括当事人申请、办案机关委托、鉴定机构依据鉴定规则和程序作出的鉴定意见在每一个环节都有相应的法律法规或部门规章的约束。在民事诉讼中，本着公平、诚信原则，对于专门性问题需要鉴定时，应当是当事人申请，双方当事人协商确定有鉴定资格的鉴定机构、鉴定人员；协商不成的，由人民法院指定。显然，赵××在保险合同履行后，单方委托进行伤残鉴定的程序与现行的法律法规或部门规章相违背，其鉴定意见的合法性遭到质疑，庭审结果是其鉴定不具备合法性，鉴定意见不具证据能力。

从本案来看，投保人和保险人签订的合同真实有效，双方依据约定进行了理赔。一年后，投保人自行到鉴定机构进行伤残鉴定，《最高人民法院关于民事诉讼证据的若干规定》第二十五条规定，当事人申请鉴定，应当在举证期限内提出。投保人当时对伤残鉴定意见也没有提出异议，合同履行后自行鉴定显然程序违法。即使是对于同一伤残再次鉴定，也属于重新鉴定范畴。《最高人民法院关于民事诉讼证据的若干规定》第二十七条规定，当事人对人民法院委托的鉴定部门作出的鉴定结论有异议申请重新鉴定，提出证据证明存在下列情形之一的，人民法院应予准许：（一）鉴定机构或者鉴定人员不具备相关的鉴定资格的；（二）鉴定程序严重违法的；（三）鉴定结论明显依据不足的；（四）经过质证认定不能作为证据使用的其他情形。对有缺陷的鉴定结论，可以通过补充鉴定、重新质证或者补充质证等方法解决的，不予重新鉴定。从本案来看，初始鉴定程序和实体合法客观，合同按约定已经履行，因此也不符合重新鉴定的条件。

证据的关联性是指作为证据内容的事实与案件事实之间存在某种联系，关联性是实质性和证明性的结合。本案依据保险合同的约定，保险公司仅对被保险人构成本附加合同所附《人身保险伤残评定标准》所列伤残项目之一承担保险责任，也就是说被保险人伤残评定标准已经明确。显然，依据非合同约定的《道路交通事故受伤人员伤残评定标准》再次进行伤残评定，属于标准适用错误，其鉴定意见与本案不具有关联性。

综上所述，一份证据的立足点主要是证据内容的客观真实性，但是其合法性和关联性是前提。该"鉴定意见书"既不具备合法性，也不具备关联性，所以就不具有实质性。本案被保险人败诉的主要原因在于原告提供的证据缺乏证据的合法性和关联性，所以法院无法核实并确认。

案例供稿人：新华人寿保险股份有限公司河北分公司　张　明

评　析　人：河北省高级人民检察院主任法医师　医学博士　谷建平

突破条款，探寻当事人投保意思表示，从而认定合同效力

一、裁判要旨

投保人意于取得保险利益，但因自身不符合作为被保险人的条件，而以他人作为被保险人进行投保，合同到期后因未就受益人进行明确约定而产生纠纷。法院在认定合同效力时，不能仅限于审查合同本身，更应当着力探究合同双方订立合同时的真实意思表示。

二、基本案情

（一）原告诉称

原告王××1一生未婚且无子女，王××2为其亲侄子，两人同为正定县××村村民。2010年原告年龄已高达66岁，苦其一生积攒养老钱10万余元。张××是××人寿保险公司保险营销员，也是原告的同村乡亲，对原告的家庭状况十分了解。2009年底，为了达到骗取原告钱财的目的，原告的侄子王××2串通张××，多次找到原告，谎称保险公司有一种保险，投保10万元，五年后给10.65万元，五年之后还有近万元的分红，比存在银行的利息高多了，同时告诉原告受益人为原告本人。由于两人多次给原告做工作，看到收益较好，原告最终同意投保。2010年1月1日，在张××的一手操作下，王××2、张××在保单正页"被保险人"处写上了"王××2"，

在"指定身故保险金受益人信息"栏中，填写了"王××1"字样，谎称合同受益人是王××1。原告在"人身保险简易投保单"上签字。由于原告一生既无文化，也无子女，加上王××2又是其亲侄子，保险营销员张××又是同村乡亲，原告对此投保的真实性和此保单的保险利益坚信不疑。但事实上，该投保单却是王××2为达到骗取原告钱财，串通张××用欺诈的手段，使原告在违背真实意思的情况下订立的合同，依法属于因重大误解订立的合同，也是在订立合同时显失公平的合同。第一，其两人在该保单上填写的原告与王××2的关系为父子关系，即是王××2、张××欺诈行为的第一证明，用意是取得投保人对被保险人具有保险利益的投保资格。第二，两人在"指定身故保险金受益人信息"栏中，填写了"王××1"字样，欺骗原告称合同受益人是王××1，是在偷换概念，用意在于误导原告，使原告相信受益人就是原告本人。事实上，该栏中的受益人指的是被保险人王××2在五年保险期内若身故，王××1是保险的受益人，而并非保单保险金的受益人。而保单保险金的受益人依据保险条款为被保险人王××2。此两人正是用此偷换概念的办法，骗取了原告对该投保行为的认可。第三，原告一生未婚，也无子女，老无所依，苦其一生积蓄10万余元养老钱。尽管王××2是其亲侄子，但毕竟不是原告的亲生儿子，也没有和原告签订赡养协议。如果原告知道自己被两人欺骗，自己的养老钱五年之后悉数归侄子所有，原告是不可能同意投保和签字的。

2015年1月2日保单到期后，王××2从原告处骗取了原告的身份证，谎称替原告支取已到期的保险金及分红。随后，原告多次向侄子王××2催要保险金及分红，王××2总是以还没有办好为由搪塞原告。再后来，原告不放心，让弟弟去保险公司询问，才得知王××2已从被告处全部支取已到期的保险金10.65万元及分红8775.83元。

原告认为，被告的保险营销员张××伙同王××2，用欺诈的手段使原告在违背真实意思的情况下订立保险合同，依法属于《合同法》第五十四条、第五十六条规定的因重大误解订立的合同和订立合同时显失公平的合同，受损害一方有权请求人民法院或仲裁机构变更或者撤销。为了维护原告的合法权益，特诉至法院。请求依法判令：

（1）撤销原告、被告2010年1月1日签订的编号为130006××××07008的××寿险富贵两全保险（分红型）保险合同；

（2）被告向原告退还保险费10万元及利息（利息按同期银行贷款利率，自2010年1月1日起至保险合同到期之日止，按五年期同期银行贷款利率计算）；

（3）被告承担全部诉讼费用。

原告王××1向法院提交以下证据予以证明：

（1）××村村委会出具的介绍信，证明原告王××1是该村村民，且从未婚配，未领养任何子女，孤身一人；

（2）简易投保单，证明张××明知原告与第三人是叔侄关系，却在保单上填写两人为父子关系，用意在于使王××2取得合法的保险利益，顺利通过保险公司上级审核，达到骗取原告钱财的目的；

（3）××寿险富贵两全保险（分红型）条款，证明条款中受益人条款约定不明显，不易找到；

（4）保险批注单（两份），证明王××2领取了满期金10.65万元，并支取了红利8775.83元。

（二）被告辩称

原告和被告之间签订的合同既不属于因重大误解而订立的合同，也不属于因显失公平而订立的合同。原告在诉状中所述情况与事实不符，事实上是原告与王××2于2015年1月3日亲自到被告柜台处办理了保险金及红利的支取手续，有生存保险金服务申请书为证，所以并非如原告所述的对保单有误解。本案所涉及的合同已履行完毕，依法不属于《合同法》第五十四条规定的情形，请求人民法院依法驳回原告的诉讼请求。

被告××人寿保险公司向法院提交以下证据予以证明：

（1）人身简易投保单、保险条款、产品说明书、投保提示、原告王××1回访光盘，证明保险合同签订时，被告已经履行了明确说明义务，将保险条款内容向原告解释清楚，不存在重大误解。

（2）生存保险金服务申请书、保险批注单、网银支付证明、王××1及王××2的身份证及银行卡复印件、证人史××、张××的证言，证明原告与第三人共同到保险柜台办理了保险金和红利的支付手续，被告已经依照保险合同约定及投保人和被保险人的授权，将保险金支付给了原告及第三人，合同已履行完毕。在诉讼过程中，原告向法院提出申请，请求追加王××2为本案第三人参加诉讼，法院依法准许。

第三人王××2述称，认同被告的答辩意见，本案所涉及的合同已经履行完毕，不存在可撤销的内容。而且在签订合同时，保险公司的经办人已经向原告解释清楚了合同的内容，并无欺诈内容与事实，第三人王××2向法院提交了2014年7月10日签订遗赠抚养协议书，证明王××2与原告王××1的关系较好，王××1自愿以王××2为被保险人购买保险。

本案在审理期间，被告××人寿保险公司向法院提交申请书，请求对生存保险金服务申请书中"王××1"的签字是否为本人签署进行笔迹鉴定。××公安警察职业学院司法鉴定中心接受法院委托进行了鉴定，并作出司法鉴定意见书。

（三）法院经过庭审质证

被告和第三人对原告提交的证据2、证据3、证据4的真实性、合法性和关联性无异议，法院对上述证据予以确认。被告和第三人对原告提交的证据1的真实性和合法性没有异议，对证明内容有异议，认为该证明并没有明确排除原告与第三人王××2的父子关系，且村委会作为机关不具有个人感知能力，依法不能作证。法院认为，××村村委会出具的介绍信内容实质上是就原告王××1现有婚姻及家庭成员状况的说明，该村委会作为一级基层自治组织，更加了解其本村村民的基本生活情况，其出具的证明能够客观地反映王××1的家庭情况，故法院对该证据予以确认。

原告对被告提交的证据1中的简易投保单、产品说明书、投保提示及王××1回访光盘的真实性、合法性及关联性均无异议，法院对上述证据予以确认。原告对被告提交的证据1中的保险条款有异议，因为被告提交的条款内容与原告提交的字体有明显不一致，应当以原告提交的为准。法院认为，原告和被告提交的保险条款，无论是格式设置还是字体存在明显差异，而被告对原告持有的保险条款又未提出异议，故应当以原告持有的条款为准，对于被告提交的保险条款法院不予采信。原告对被告提交的证据2中的生存保险金服务申请书、保险批注单、网银支付证明、王××2的身份证及银行卡复印件、证人史××和张××的证言的真实性、合法性及关联性均无异议，法院对上述证据予以确认。原告对被告提交的王××1身份证及银行卡复印件有异议，认为上面非"王××1"本人签字。法院认为，原告虽对上述证据提出异议，但对于是否为"王××1"本人签字，其既未提出笔迹鉴定申请，也未提出足以推翻的相反证据，应当承担举证不能的法律后果，故法院对该证据予以确认。第三人对被告提交的证据1、证据2的真实性、合法性及关联性均无异议。

原告对第三人提交的遗赠抚养协议书的真实性有异议，认为遗赠抚养协议书上"王××1"的签字非其本人所书写。法院认为，通过法院对原告本人的询问，其认可与王××2达成过口头遗赠抚养协议，原告所述约定内容与遗赠抚养协议书约定内容基本相符。现在原告虽对遗赠抚养协议书中的签字真实性提出异议，但是他既未提出笔迹鉴定申请，也未能提供足以推翻的相关证据，因此，法院对上述《遗赠抚养协议书》予以确认。被告对第三人提交的证据不发表质证意见。

原告、被告及第三人对于××公安警察职业学院司法鉴定中心出具的《司法鉴定意见书》的真实性、合法性及关联性均无异议，法院予以确认。

（四）法院经审理查明

王××1通过保险营销员张××介绍了解到××人寿保险公司正在发售一款理财产品——××寿险富贵两全保险（分红型），并提出投保意向。张××告知王××1其已超过65周岁，不符合投保条件，但可以指定其他人作为被保险人进行投保。2010年1月1日，王××1以其侄子王××2为被保险人在××人寿保险公司投保××寿险富贵两全保险（分红型）一份。投保单载明：投保人王××1，被保险人是王××2，双方关系为父子，基本保险金为10.65万元，保险期间为5年，指定身故保险金受益人为王××1。王××1通过银行转账一次性支付保险费10万元。2015年1月3日，王××1、王××2一同前往××人寿保险公司办理满期支付手续，保险公司工作人员依照王××1、王××2出示的本人身份证件及银行卡填写《生存保险金服务申请书》信息，并同时告知红利8775.83元通过银行汇至王××1的银行账户，保险金10.65万元通过银行汇至王××2的银行账户，王××1、王××2分别在《生存保险金服务申请书》上签字确认。事后，王××2作为投保人另行购买××寿险富贵两全保险（分红型）1份，被保险人为王××2本人，受益人为其妻子。2015年1月4日，××人寿保险公司通过银行转账支付王××1红利8775.83元。2015年1月5日，××人寿保险公司通过银行转账支付王××2保险金6500元。同日，××人寿保险公司将另外的保险金10万元通过网银冲销了王××2投保的××寿险富贵两全保险（分红型）保险费。

另查明，××寿险富贵两全保险（分红型）条款第2.4条约定："本合同有效期内，我们承担如下保险责任：被保险人在保险期间届满时生存，我们按基本保险金额给付满期保险金，本合同终止。"第5.1条约定："……除本合同另有指定外，满期保险金和全残保险金受益人为被保险人本人。"

又查明，2014年7月10日，王××1与王××2签订《遗赠抚养协议书》，约定王××1患大病或不能自理时，由王××2照顾，所产生的一切费用由王××2承担，王××1因病或意外身故后，所产生的丧葬费也由王××2承担。王××1所留下的钱财、房屋及其承包集体的耕地均归王××2所有。2015年4月以后，王××1被送至养老院居住，王××2未支付相关费用。

再查明，庭审中，张××认可王××1曾找其表达想自己作为被保险人进行投保并获得保险收益的意向，后因年龄受限而指定其侄子王××2为被保险人。同时认可保险单上除投保人和被保险人签字外，其他内容均为保险公司工作人员填写。并且在投保时，其告知了王××1为指定身故受益人，而未告知王××1合同到期后钱是王××2的。王××2认可王××1向其说的，因为王××1年纪大了无法投保，所以以王××2为被保险人投保。

上述事实，有双方当事人提交的证据材料及当庭陈述在案佐证。

三、裁判理由

法院认为，王××1在征得其侄子王××2同意的情况下，以其侄子为被保险人在××人寿保险公司投保××寿险富贵两全保险（分红型），并交纳了保险费，××人寿保险公司出具了保险单，王××1与××人寿保险公司已形成人身保险合同关系。而对于上述合同是否存在可撤销的情形，是本案争议的焦点问题。本案中，王××1通过保险营销员张××的宣传，有意向××人寿保险公司投保分红型保险，但基于其当时年龄超限而不能作为被保险人，遂指定其侄子王××2为被保险人进行投保。同时，王××1明确告知王××2因为自己年龄大了无法投保，而指定其为被保险人。对此，张××也明知。在此情形下，张××代王××1填写投保单内容，并填写"指定身故受益人为王××1"，未对满期保险金进行约定。而依据保险条款第5.1条"除另有指定外，满期保险金和全残保险金受益人为被保险人本人"。结合上述内容，本案保险合同满期保险金受益人直接指向了被保险人王××2，而对该法律后果，保险合同上并没有直接显示，张××也没有向王××1进行说明。结合"指定身故受益人""满期保险金受益人""全残保险金受益人"等字眼的专业性，作为仅有普通阅读能力的常人，王××1是不可能自行了解其真实含义的，故可以认定王××1认可的合同内容仅限于保险代理人的解说范围，王××1订立的涉及保险合同的意思表示是基于对合同内容的误解所作出的，该保险合同并不能实现王××1想自己获得保险利益的真实目的，属于重大误解，王××1有权要求撤销该保险合同，并有权要求返还其支付的保险费，故对其请求撤销原告、被告之间签订的保险合同，并要求返还保险费的诉讼请求，法院予以支持。鉴于××人寿保险公司已将相关费用支付给了被保险人王××2，故由王××2直接向王××1返还。同时，因保险营销员张××在明知投保人真实投保意图的情形下擅自填写与其意思相悖的保险事项，且未尽到说明义务，因此造成合同被撤销，其本身存在过错，鉴于张××与保险人之间的代理关系，被告应当对此承担相应的法律后果，即赔偿王××1因此而受到的利息损失。

四、裁判结果

法院依照《合同法》第四条、第九条、第五十四条第一款第（一）项、第五十八条的规定，判决如下：

1. 撤销原告王××1与被告××人寿保险公司之间签订的

130006××××07008号××寿险富贵两全保险（分红型）保险合同。

2. 第三人王××2于本判决生效后10日内返还原告王××1保险费10万元，退还被告××人寿保险公司保险金6500元。

3. 被告××人寿保险公司于本判决生效后10日内赔偿原告王××1的利息损失（利息以10万元为本金，自2010年1月1日起至2015年1月2日止，按照中国人民银行同期存款利率计算）。

4. 原告王××1于本判决生效后10日内退还被告××人寿保险公司红利8775.83元。

五、案例评析

人类社会在运作过程中充满了风险，从原始的自然风险到现代的自然风险与制度风险并存，但在风险面前，人类并不是无动于衷、无能无力的，而是经由智慧的运用创造出各种制度体系、行为模式等，以此来对冲风险可能带来的伤害和损害。保险就是一种风险对冲机制，随着现代市场经济的深入发展，保险的功能也在逐渐扩展，从最初仅具有对冲财产损失、人身损害的功能，逐渐扩展至财产增值等功能。现代社会中的保险，从经济的角度看，可将其视为意外损害分摊的财务制度安排；从社会角度看，可将其视为社会生产、生活的稳定器；从法律角度看，可将其视为一种合同安排，具备合同的基本特征，受《民法总则》《合同法》等法律的调整。

合同作为一种规范和调整平等民事主体之间权利与义务的约定，其要符合法律规定并能够发挥效力，应具备五个基本要素：一是原则上合同的当事人应是具有完全民事行为能力的主体。二是合同是当事人真实意思的表达。三是合同是当事人共同承诺的结果。四是具有文字的、口头的或数据的条款。五是合同的内容应符合相应的法律规定。保险合同作为合同的一种类型，自然应具备合同的基本构成要素。当事人的行为能力、合同条款及是否符合法律规定，都可通过外在的形式加以检测，但意思表示却是当事人内在的主观的认识和看法，故合同的形式能否真实而充分地反映当事人的主观认识就成为一个棘手的问题。就此问题形成了两种基本观点：第一种基本观点是主张坚持严格的条文主义，即只要是当事人所签订的合同，原则上应推定合同是当事人真实合意的产物，不主张探究当事人签订合同时的所思所想；第二种基本观点是主观上应重视探究当事人签订合同时的意图，即不能仅从合同的条款来判定合同是否有效，应注重当事人的意图与合同约定之间是否存在背离。两种主张各有合理性，就第一种观点而言，在现代快速流动的社会中，探究意图变得很难，恪守条文则简单便捷，符合经济效率要求；就第二种基本观点而言，合同本身应是当事人主观意图的体现，仅遵从条文而不注重意图，则可能导致意图与合同南辕北辙的结果，不符合当事人及社会的效用原则。其实，就意图与条款两者的关系而言，意图应是条款的基础，条款则是意图的凝固。从这个角度看，判定合同是否真实有效，应在条款与意图之间来回穿梭。也是为了推动意图与条款之间的隼合，防止两者之间出现背离，法律设定了诸如重大误解、显失公平等情况下的合同可撤销等制度。

在原告王××1诉被告××人寿保险公司及第三人王××2的案件中，法官在审理案件过程中，没有拘泥于合同形式本身的合法性和完备性等，而是将原告王××1购买保险的真实意图、实际想法与保险购买的后果结合起来予以整体性考虑，从而确定已生效并履行完毕的保险合同并非是原告真实意图的表现，是原告的真实目的存在重大误解的情况下的产物，故而作出撤销原告、被告之间保险合同的判决。通过对该案件判决过程的重构与分析，结合《民法总则》《合同法》等法律以及法治的基本精神，有以下三点感受：

一是法官在案件审理过程中，要不停地穿梭于意图和条款之间，既不能过分恪守条款，也不能放大主观意图。以该案件为例，要是恪守条款，该保险合同就会产生与当事人意图不符合的结果，与法治的公平正义精神不符合。但是，注重探究当事人真实意图及其是否在合同条款中得以体现，也不应是法官主观意志的产物，而应有相应的证据作为支撑，否则合同就完全成为没有拘束力的约定。

二是案件审理过程中，不能仅重视直接证据，还应重视间接证据的使用。直接证据对案件事实的证明作用固然很大，如该案件中保险公司所提供的保险条款、产品说明、投保提示及原告王××1回访光盘等，它们都能直接用来证明保险合同的真实有效。但是，当结合××村村委会出具的介绍信等时，则会发现借助于间接证据而建构的法律事实与直接证据所建构的法律事实相互间有抵牾，此时法官可利用自身的职业素养、道德良知等对该抵牾进行判断后，则能建构一个更加符合当事人意图的法律事实。

三是案件的审理不能就案件看案件、就案件谈案件，而应将案件嵌入整体的社会关系中进行理解。如果将该案件仅视为一个简单而纯粹的保险合同纠纷，后果则是很难洞穿该案争议及其生成原因的实质所在。只有将案件嵌入原告、被告及第三人所构成的整体的社会关系中，才能真正理解合同误解是如何发生的，才能更有效地对合同的性质进行定夺。

案例供稿人：石家庄市铁路运输法院　李丽梅

评　析　人：常州大学史良法学院副教授、院长助理，中国政法大学法学院博士后　张　建

有证据证明投保人知情的合同效力认定

一、裁判要旨

人身保险合同中，长辈以子女名义为未成年孙子、孙女投保并代为签字、交纳保险费，合同载明的投保人以其不知情为由主张合同无效。法院在认定时应当综合审查证据以探究投保人的内心真意，在有证据证明投保人知情并同意的情况下，依法认定合同效力。

二、基本案情

（一）原告诉称

张××于2013年10月18日与被告签订了保险合同，保险合同（组）号为2013-131000-×××-01537064-9，该保险合同是张××以原告姜××1的名义，为被保险人姜××2投保的××福禄双喜两全保险（分红型）。该保险合同的生效日期为2013年10月19日。张××根据该保险合同约定，向被告支付了保险费300000元。该合同上载明的投保人对上述保险合同不知情，且该保险合同包含以被保险人死亡为保险金给付条件的条款，被保险人姜××2为未成年人，其监护人对上述保险合同不知情。保险单中投保人、被保险人签字处均为张××代签，且张××未得到原告姜××1的授权，属于无权代理。根据《保险法》第三十四条、《最高人民法院关于适用〈中华人民共和国保险法〉若干问题的解释（三）》第一条、第三条以及《合同法》第五十八条的规定，张××以姜××1名义投保的，以姜××2为被保险人的保险合同无效。综上所述，为了维护原告的合法权益，特诉至法院。请求依法判令：（1）确认保险合同（组）号为2013-131000-×××-01537064-9的保险合同无效；（2）被告返还保险费300000元，并支付相应利息38952.74元（自2013年10月18日起计算至起诉之日止，按照银行同期贷款利率计算）；（3）被告承担本案诉讼费。在诉讼过程中，原告增加诉讼请求，请求确认上述保险合同项下的2013-131008-×××-00001213-0号××金账户年金保险（万能型）保险合同无效。

原告姜××1向法院提交了保险合同两份及交费发票，以证明张××于2013年10月18日以原告姜××1为投保人，以姜××2为被保险人，与被告签订了保险合同，并由张××向被告支付保费300000元。该保险合同中包含以死亡为保险金给付条件的条款，对此姜××1并不知情，合同应属无效。

（二）被告辩称

原告所诉事实与客观事实不相符，对于原告所诉事实不认可，原告是在知情的情况下投保的该保险，因此原告的主张没有法律依据，请求依法驳回。保险合同单号为2013-131008-×××-00001213-0的保险合同是分红险保险合同项下附属的账号，不具有保险合同的功效，且是赠送的，没有产生金额，原告没有就该保险合同交过保费，因此对于原告起诉确认无效并且要求返还保险费的请求不予认可。

（三）法院经公开审理查明

被告××人寿保险公司向法院提交以下证据予以证明：

（1）手机短信截图记录，证明姜××1于2013年10月17日通过1370000××××手机短信的方式将姜××2的身份证号码发送至保险合同中记载的业务人员的销售电话1823269××××；

（2）证人证言（张××2），证明张××将以姜××1的名义投保一事向姜××1进行了说明并向其索要身份证信息。

在诉讼过程中，××人寿保险公司向法院提出申请，请求追加张××为本案第三人参加诉讼，法院依法准许。

第三人张××述称，被告方认为合同无效，将相关的诉讼请求所确定的费用返还到相关的账户。请求法院支持原告的诉讼请求。

第三人张××未向法院提交证据。

本案在审理期间，原告姜××1向法院提交申请书，请求对电子投保单中的投保人签名、被保险人签名、右白边共计三处"姜××1"的签字笔迹是否为姜××1本人或张××所书写进行鉴定。河北××司法鉴定中心接受法院委托进行了鉴定并作出司法鉴定意见书。

法院经庭审质证，被告和第三人对原告提交的证据的真实性、合法性及关联性均无异议，法院予以确认。原告和第三人对被告提交的证据1的真实性无异议，认可信息为姜××1本人通过自己的手机号码发送，但其发送短信是受张××的安排，被告的业务人员也未告知其姜××2身份证信息的用途，所以姜××1发送姜××2身份证信息的行为不能够被当然认定为对保单的认可。法院认为，双方对于短信发送、接收以及短信内容均无异议，法院对该证据予以确认。原告和第三人对被告提交的证据2不予认可，认为证人张××2与张××仅见过一次面且见面时间与现在已有3年之久，双方关系比较陌生，按正常情况下其不可能清楚地记得当时见面的诸多细节，所以认为其证言不具有可信度。法院认为，对于证人张××2的身份问题，其表示为被告的保险客户，其与张××在一次老客户答谢会上认识。对此，法院认为，是否召开答谢会、答谢会的时间以及张××、张××2是否共同参加仅有证人的单方陈述，而无其他证据相佐证，故无法认定张××2的证言内容与本案具有关联性，法院对上述证据不予采信。

原告和第三人对于河北××司法鉴定中心出具的司法鉴定意见书的真

实性、合法性及关联性均无异议。被告对上述司法鉴定意见书不予认可，认为鉴定机构的选择未经原告和被告共同协商，结论不具有合法性。同时，涉案合同是 2013~2014 年形成的，鉴定应当以同时期形成的签字作为检材进行比对，而本案鉴定结论是依据鉴定人当场书写笔迹作为检材，所以上述鉴定结论不具有客观性。法院认为，在本案审理过程中，原告向法院申请笔迹鉴定，法院依据《最高人民法院关于民事诉讼证据的若干规定》第二十六条的规定，召集双方当事人协商确定鉴定机构，但被告不同意该笔迹鉴定，故法院依法指定了鉴定机构。本案司法鉴定意见书是法院依法委托具有鉴定资质的专业鉴定机构出具的，其程序合法、内容客观真实，且与本案直接相关，故法院对该证据予以确认。

经审理查明，2013 年 10 月 17 日，张××以姜××1 的名义为姜××1 之女姜××2（未成年）向××人寿保险公司投保××福禄双喜两全保险（分红型）一份（以下简称主险），同时开立××金账户年金保险（万能型）账户（以下简称万能金账户）一个，××人寿保险公司出具两份保险单，保险合同（组）号为 2013-131000-×××-01537064-9。主险保单载明：投保人姜××1，被保险人姜××2，交费方式为年交，保险金为 1038150 元，保险期间为 63 年，交费期满日为 2023 年 10 月 18 日，标准保费 300000 元。特别约定：本合同生存金、满期金作为保险费自动转入投保人姜××1 在 2013-131008-×××-00001213-0 合同项下的万能金账户。万能金账户保单载明：投保人姜××1，被保险人姜××2，交费方式为不定期，保险期间为终身，保费零元。两份保单均附有同一份电子投保确认单，该确认单投保人以及被保险人/法定监护人签名以及右白边处分别签署有"姜××1"字样。同日，姜××1 通过手机号码（1370000××××）将姜××2 的身份证信息（23010720001030××××）发送给保单载明的销售人员刘××（手机号码为1823269××××）。2013 年 10 月 19 日，张××通过自己的银行卡交纳保费

300000元。在案件审理过程中，经姜××1申请，法院依法委托河北××司法鉴定中心对保险合同电子投保确认单投保人、被保险人/法定监护人签名以及右旁白处的"姜××1"笔迹进行了鉴定。该机构出具司法鉴定意见书，鉴定意见为：（1）2013年10月17日的××人寿保险公司电子投保确认单中投保人、被保险人签名共计两处"姜××1"签名笔迹与张××样本材料是同一人所写。（2）2013年10月17日的××人寿保险公司电子投保确认单中右白边处"姜××1"签名笔迹与姜××1、张××两人样本材料均不是同一人所写。姜××1支付鉴定费3000元。

另查明，××福禄双喜两全保险（分红型）利益条款第五条保险责任：在本合同保险期间内，本公司承担以下保险责任：（1）生存保险金……（2）身故保险金，被保险人在保险期内身故，本公司按身故保险金额给付身故保险金，本合同终止。（3）满期保险金……第七条红利事项：在本合同保险期内，在符合保险监管机构规定的前提下，本公司每年根据上一会计年度分红保险业务的实际经营状况确定红利分配方案。如果本公司确定本合同有红利分配，则该红利将分配给投保人。

××金账户年金保险（万能型）利益条款第五条保险责任：在本合同保险期内，本公司承担以下保险责任：（1）年金。若本合同生效年满3个保单年度，且被保险人生存，年金受益人可向本公司申请年金。自年金受益人提出申请后的首个年生效对应日起，若被保险人生存至本合同的年生效对应日，本公司每年在本合同的年生效对应日按当时个人账户价值的10%给付年金；（2）身故保险金。被保险人在保险期内身故，本合同终止，本公司按被保险人身故时本合同的个人账户价值给付身故保险金，但须扣除被保险人身后投保人累计申请部分领取的金额。

再查明，涉案合同产生一期分红，未支付给姜××1。

上述事实，有双方当事人提交的证据材料及当庭陈述在案佐证。

三、裁判理由

法院认为，张××以姜××1为投保人为姜××1之女姜××2投保保险，××人寿保险公司出具保险单，形式上双方已经形成了保险合同关系。但对于合同的订立及履行，姜××1是否知情并同意，成为合同双方争议的焦点问题。法院认为，所谓的保险合同，是投保人与保险人约定保险权利与义务关系的协议，应当严格遵循当事人意思自治原则。而本案中，姜××1作为保险合同的投保人虽未在投保单上签字，但其通过手机短信的方式将被保险人姜××2的身份证信息发送给保单载明的业务人员，对此事实双方均表示认可，同时结合双方在此前并无业务往来以及在被告处没有以姜××2为被保险人的保险合同存在的事实，可以认定姜××1发送的姜××2身份证信息是直接用于涉案合同投保的，综合上述事实，依照《民法通则》第六十六条的规定，可以认定姜××1发送信息的行为是对张××代投保行为的追认。同时，依据《保险法》第三十一条、第三十三条的规定，姜××1依法对其女姜××2具有保险利益且能够为其投保以死亡为给付保险金条件的人身保险。综上所述，涉案合同是双方当事人的真实意思表示，内容不违反法律、行政法规的强制性规定，合法有效，双方当事人依据合同约定享有权利、承担义务。原告姜××1主张保险合同无效、返还保险金及利息的诉讼请求于法无据，法院不予支持。

四、裁判结果

法院依照《民法通则》第六十六条、《合同法》第四条、《保险法》第十条、第三十一条、第三十三条的规定，判决如下：

驳回原告姜××1的诉讼请求。

五、案例评析

本案的焦点问题在于他人为未成年人投保死亡保险的条件，以及对被保险人或未成年人父母同意的司法认定标准。

（一）投保人对被保险人应具有保险利益

《保险法》第三十一条第四款规定："订立合同时，投保人对被保险人不具有保险利益的，合同无效"。根据这一规定，为他人投保人身保险的，要求投保人对被保险人应当具有保险利益。《保险法》第十二条规定："保险利益是指投保人或者被保险人对保险标的具有的法律上承认的利益。"与财产保险的保险利益不同，人身保险的保险利益不具有财产价值，以定额给付作为保险金的给付方式，保险金通常数额巨大，容易诱发道德危险，尤其是以死亡为给付保险金条件的人寿保险最为典型。人身保险的保险利益涉及人与人之间的身份关系，为尽可能地避免道德危险的发生，立法者对享有保险利益的主体范围给予一定的限制。根据《保险法》第三十一条的规定："投保人对下列人员具有保险利益：（一）本人；（二）配偶、子女、父母；（三）前项以外与投保人有抚养、赡养或者扶养关系的家庭其他成员、近亲属；（四）与投保人有劳动关系的劳动者。除前款规定外，被保险人同意投保人为其订立合同的，视为投保人对被保险人具有保险利益。"由此可见，在我国法律上认定人身保险中的保险利益主要采取利益原则与同意原则相结合的标准。就本案来说，合同保险的投保人为姜××1，其是被保险人姜××2的父母，故在投保时对姜××2具有保险利益。

（二）为未成年人投保以死亡为给付保险金条件的保险的要件

1. 被保险人或未成年人的父母同意。

即便投保人对被保险人具有保险利益，由于巨额保险金的诱惑，难免不发生谋财害命的情况，尤其是以死亡为给付保险金条件的人寿保险。为避免此种道德危险的发生，对于此类保险合同的订立，投保险人除应具有保险利益外，还应取得被保险人的同意。对此《保险法》第三十四条规定："以死亡为给付保险金条件的合同，未经被保险人同意并认可保险金额的，合同无效。按照以死亡为给付保险金条件的合同所签发的保险单，未经被保险人书面同意，不得转让或者质押。父母为其未成年子女投保的人身保险，不受本条第一款规定限制。"被保险人同意权的设立，是一种事前有效防范道德危险的防御措施。[①]

2. 被保险人或未成年人的父母同意的法律性质。

为他们投保的行为属于民法上的为他人利益的保险合同，对此《合同法》第六十四条规定："当事人约定由债务人向第三人履行债务的，债务人未向第三人履行债务或者履行债务不符合约定，应当向债权人承担违约责任。"当然，就保险合同而言，被保险人可能是受益人，也可能不是。对于被保险人不是受益人的情形，由于受益人获得保险金是以被保险人发生保险事故为前提，在一定程度上会给被保险人的人身安全带来风险。故立法上赋予被保险人对该保险合同效力的同意权，旨在过滤可能的道德危险。

关于同意的方式，《最高人民法院关于适用〈中华人民共和国保险法〉若干问题的解释（三）》第一条规定："被保险人同意并认可保险金额可以采取书面形式、口头形式或者其他形式；可以在合同订立时作出，也可以在合同订立后追认。有下列情形之一的，应认定为被保险人同意投保人为其订立保险合同并认可保险金额：（一）被保险人明知他人代其签名同意而未表示异议的；（二）被保险人同意投保人指定的受益人

---

① 贾林青主编. 法院审理保险案件观点集成[M]. 北京：中国法制出版社，2016：197.

的；（三）有证据足以认定被保险人同意投保人为其投保的其他情形"。

被保险人的同意权，是被保险人单方的意思表示即具有使法律关系产生的法律效果，属于民法上形成权的一种，与被代理人对他人无权代理行为的同意相似。由于无民事行为人的认知能力有限，往往不能辨认自己行为的性质，缺乏自我保护的能力，容易诱发他人的道德危险，[①]故《保险法》第三十三条规定："投保人不得为无民事行为能力人投保以死亡为给付保险金条件的人身保险，保险人也不得承保。父母为其未成年子女投保的人身保险，不受前款规定限制。但是，因被保险人死亡给付的保险金总和不得超过国务院保险监督管理机构规定的限额。"在本案中，投保人为姜××1，如投保行为有效，则保险合同的效力将不因第三十三条而受影响。

3. 张某代投保行为的法律性质。

投保人除亲自订立保险合同外，尚可以授权代理人代为投保，为此代理人应取得投保人的代理权。关于代理权授予的方式，一般认为，只要能够清楚表达授权意思，授权人应可自由选择授权方式，而不必拘泥于常规程式。[②]在本案中，姜××1通过手机短信的方式将被保险人姜××2的身份证信息发送给保单载明的业务人员并用于合同投保，可知其已经授予了张××投保代理权，故保险合同有效。

案例供稿人： 石家庄市铁路运输法院　李丽梅

评　析　人： 上海对外经贸大学法学院讲师，德国科隆大学法学博士　沈小军

[①]　温世扬主编. 保险法［M］. 北京：法律出版社，2016：183.

[②]　朱庆育：民法总论［M］. 北京：北京大学出版社，2013：331.

人身保险合同中意外身故的认定

一、裁判要旨

现实中，被保险人意外身故时往往没有见证人在场，当被保险人被发现时，往往已经身故，所以该类案件中能够证实被保险人属意外身故的直接原始证据通常没有或较难取得。本案中，村卫生所出具的《门诊记录》能够与《居民死亡医学证明（推断）书》的结论相佐证以及与保险条款中关于意外伤害事故是"遭受外来的、突发的、非本意的、非疾病的使身体受到伤害的客观事件"的描述相印证，且保险人无其他证据证实被保险人非因意外身故。故法院认定本案被保险人是意外身故。

二、基本案情

（一）原告诉称

2014年10月2日晚，王××在公司下班回家途中不幸发生意外事故。2014年10月13日，经井陉县医院抢救无效后死亡。死者王××由河北××化工有限公司向××人寿保险公司投保意外伤害保险，被保险人为王××，保险单号码为28210143××。三名原告是死者王××的法定继承人，依据保险合同的约定，被告应依约向原告支付相应的保险金。事故发生后，虽经原告多次向被告索赔，却遭到被告拒付。为及时维护原告合法权益及法律尊严，特依据保险合同的约定及《保险法》第十四条的规定向法院提起诉讼。原告郝××、王A、王B向法院提出如下诉讼请求：（1）判令被告给付三名原告身故保险金 20 万元及利息 16030 元。（2）判令被告承担本案诉讼费。

（二）被告辩称

××人寿保险公司答辩称，原告主张被保险人因意外身故，证据并不充分，公司不应承担意外保险责任。

（三）法院经公开审理查明

2014 年 7 月 16 日，河北××化工有限公司在××人寿保险公司为王××等 11 人投保生命永泰团体意外伤害保险，保险金额为 2200000 元，约定身故保险金受益人均为法定继承人，保险合同号码：G861300201400001××××，保险期间自 2014 年 7 月 22 日零时起至 2015 年 7 月 21 日 24 时止。王××对该保险享有的保险金为 200000 元。郝××是王××配偶，王 B 是王××长子，王 A 是王××长女。

2014 年 10 月 2 日 22 时 30 分，王××从河北××化工有限公司下班。2014 年 10 月 3 日零时许，王××被家属发现躺在半坡地堾侧下面的玉米地里，尚有气息，不能完全讲话。2014 年 10 月 3 日 2 时 30 分，井陉县××村卫生所医生仇××对王××进行检查诊断，出具门诊记录：王××，男，汉族，60 岁。河北××化工有限公司职工。主因，意识不清 2 小时就诊，缘于 2 小时前，患者从工厂回家途中，不慎踩空摔倒在地。意识随即不清，无肢体抽搐、尿血及便血等症状，既往体健，否认有高血压、糖尿病、冠心病等慢性病史，否认有肝炎、结核等传染病史，否认有手术及外伤史。查：体温 35.8℃，脉搏未触及，呼吸成叹示样，血压 40/30，面色苍白。呼之不应，双侧颈动脉可触及搏动。左侧瞳孔散大，对光反射迟钝，左侧聂顶部有 2 厘米×3 厘米皮下血肿。右上肢关节屈伸不利，可见散在瘀斑，听心音弱，生理反射存在，左侧巴氏症阳性。根据以上病史、症状及体征，故诊断为：（1）头部软组织挫裂伤？（2）左侧颅内血肿？（3）右上肢软组织挫裂伤。诊疗计划：（1）向家属交代病情，立即开始人工呼吸，心肺复苏。（2）向家属建议，拨打120急救电话，同时开展院前急救。2014年10月3日3时40分，医生仇××开始对王××进行胸外按压，家属许××进行口对口人工呼吸，边观察边抢救。2014年10月3日4时15分，井陉县医院120急救中心人员到达王××家中，对王××进行生命体征监测，发现王××停止了心跳，确定死亡。井陉县××村卫生所和井陉县公安局××派出所共同出具《居民死亡医学证明（推断）书》，载明王××死亡原因为意外死亡。

生命永泰团体意外伤害保险条款第二条保险责任关于意外身故保险金给付约定："若被保险人自意外伤害事故发生之日起180天内因该意外伤害事故致成身故，则本公司将给付等值于保险金额的意外身故保险金，……"第十条保险金的申请约定："受益人申请领取意外身故保险金时，应提供下列证明文件和资料：……公安部门、医院或依法有权的机构出具的被保险人死亡证明文件。……"第二十条关于"意外伤害事故"释义：是指遭受外来的、突发的、非本意的、非疾病的使身体受到伤害的客观事件。

三、裁判理由

审理本案的法院认为，河北××化工有限公司与××人寿保险公司所签订的保险合同是双方当事人的真实意思表示，不违反法律、行政法规的强制性规定，合法有效。保险单及保险条款所约定的内容均为保险合同内容，双方当事人均应当依据该保险合同的约定享有权利和承担义务。在保险期限内，被保险人自意外伤害事故发生之日起180天内因该意外伤害事故导致身故，属于双方约定的意外身故保险金给付的责任范围。针对原告、被告双方的诉辩意见，本案主要的争议焦点为被保险人王××是否属于意外身故。第一，原告提供的由井陉县××村卫生所和井陉县公安局××派出所共同出具的《居民死亡医学证明（推断）书》已经证实王××的死亡原因为意外死亡，且该证据形式也符合保险合同约定的意外身故保险金申请应提供的证明文件和资料形式。第二，井陉县××村卫生所出具的门诊记录详述了被保险人王××死亡前的病史、症状和体征及抢救过程。井陉县××村卫生所属于合法的医疗卫生机构，其出具的门诊记录具有法定的证明效力，其对王××"右上肢关节屈伸不利，可见散在瘀斑，左侧巴氏症阳性"的症状描述和"（1）头部软组织挫裂伤？（2）左侧颅内血肿？（3）右上肢软组织挫裂伤。"的诊断与王××家属凌晨发现王××躺在半坡地堰侧下面的玉米地里的情形能够相互印证，证实王××下班途中不慎摔倒在玉米地里，受到意外伤害导致身故的事实。第三，王××受到意外伤害的情形也符合保险条款第二十条关于意外伤害事故是"遭受外来的、突发的、非本意的及非疾病的使身体受到伤害的客观事件"的描述。第四，被告并无证据证实被保险人王××非因意外身故。因此，法院认为，本案现有证据能够形成完整的证据链条，足以证实被保险人王××属于保险合同约定的自意外伤害事故发生之日起180天内因该意外伤害事故导致的身故，本案符合保险合同约定的意外身故保险金给付责任赔偿范围。关于原告要求被告给付利息16030元的诉讼请求，因其未提供相关证据且无合同依据，法院对此不予支持。综上所述，原告郝××、王A、王B作为被保险人王××的法定继承人，要求被告赔偿王××意外身故保险金200000元的诉讼请求符合法律规定和合同约定，法院予以支持。

四、裁判结果

（一）一审法院裁判结果

一审法院依照《保险法》第二条、第十四条的规定，判决如下：

1. 被告××人寿保险公司于本判决生效之日起 10 日内给付原告郝××、王 A、王 B 保险赔偿金 200000 元。

2. 驳回原告郝××、王 A、王 B 的其他诉讼请求。

一审宣判后，原告提出上诉。

（二）二审法院裁判结果

二审法院予以维持，判决已发生法律效力。

五、案例评析

本案的审判要点在于，被保险人是否属于意外身故？原告的证据能否达到证明被保险人意外身故的程度？

（一）举证责任的含义及理论基础

1. 相关法条。《民事诉讼法》第九十条规定，当事人对自己提出的诉讼请求所依据的事实或者反驳对方诉讼请求所依据的事实，应当提供证据加以证明，但法律另有规定的除外。在作出判决前，当事人未能提供证据或者证据不足以证明其事实主张的，由负有举证证明责任的当事人承担不利的后果。

2. 理论来源。一般而言，裁判的作出是以法律规范为大前提，以具体的事实为小前提，进而得出结论的三段论的过程。抽象的法律规范在适用中必然以具体的事实为对象，而事实的认定是以证据为基础，在事实不能认定时，就会产生由谁承担不利后果的问题，也由此引起举证责任的问题。对法院的审判职能而言，除了审理当事人所提出的事实主张以及评估有关证据的证明价值外，法院还兼有对诉讼效果的裁判功能。所谓诉讼效果，既包括在诉讼过程中当事人的证明行为，也包括法官依据实际情况或在当事人证明行为基础上的查明行为所产生的诉讼效果。在待证事实真伪不明时，势必加重法院调查收集证据的负担，不利于保护法院的中立立场，实现当事人诉讼利益的平等保护。为此，《民事诉讼证据规定》以市场经济对民事诉讼制度的要求为导向，通过明示举证责任的含义，强化当事人的举证责任。

3. 条文目的。尽管尚缺乏举证责任分配的一般规则的明确规定，但举证证明责任规范的目的在于强调：（1）明确当事人在民事诉讼中负有提供证据的行为意义的举证责任，只要当事人在诉讼中提出于己有利的事实主张的，就应当提供证据；（2）当事人提供证据的行为意义的举证责任，应当围绕其诉讼请求所依据的事实或反驳对方诉讼请求所依据的事实进行；（3）当事人在诉讼中提供证据，应当达到证明待证事实的程度，如果不能使事实得到证明，则当事人应当承担相应的不利后果。在具体内容上，举证证明责任与举证责任、证明责任内容一致。

（二）保险合同中举证责任的主体及义务

1. 条文基础。《保险法》第二十二条明确规定：保险事故发生后，按照保险合同请求保险人赔偿或者给付保险金时，投保人、被保险人或者受益人应当向保险人提供其所能提供的与确认保险事故的性质、原因、损失程度等有关的证明和资料。保险人按照合同的约定，认为有关证明和资料不完整的，应当及时一次性通知投保人、被保险人或者受益人补充提供。

2. 投保人、被保险人或受益人的证明义务。依据上述规定，投保人、被保险人和受益人在保险事故发生后，根据保险合同的约定，要求保险人履行保险赔偿义务时，应证明其与保险人之间存在保险合同关系且保险合同约定的保险事故已经发生。投保人、被保险人和受益人在主张保险赔偿时应向保险人提供与确认保险事故的性质、原因和损失程度等有关的证明和资料。主要是指：（1）保险单或者保险凭证；（2）已支付保险费的凭证；（3）被保险人的身份证明材料；（4）确认保险事故的性质、原因和损失程度等的证明和资料，如调查检验报告、出险证明、损失（损害）鉴定、被保险人死亡证明、被保险人伤残等级鉴定及责任案件的结论性意见等；（5）索赔清单等。

3. 投保人、被保险人或受益人证明义务的限度。保险人要求投保人方提供证明和资料不应超出投保人、被保险人或受益人的能力范围。虽然投保人在保险事故发生的信息占有方面具有优势，保险法赋予其提供保险事故的证明义务，但保险人也不能滥用其权利，以投保人提供的资料不全为借口拒绝赔付，故投保人证明资料的提供应以其能力范围为限，对于其难以获得的证明材料，不能强加或苛求其提供。

（三）人身保险合同中"意外身故"的证明程度及证明标准

1. 证据的来源及判别难题。通常情况下，证明被保险人"意外身故"的证据多为间接证据。例如，在监控设施尚不完备的广大农村以及一些私密性空间内发生的被保险人的身故，当被保险人被发现时已然身故，除非有明显的直接证据证明被保险人是自杀、他杀或意外身故，否则，在没有直接证据的前提下，如何判断被保险人是意外身故？现有的间接证据能否足以证明被保险人是意外身故？上述疑问成为审判实践中的一个判别难题。

2. 案件中的事实信息能否形成一个完整的事实链，并能逻辑自洽。若现有事实证据之间能够形成和恢复一个完整的事实链并能实现逻辑自洽，法官则能由此获得心证，进而对事实作出认定。例如，在本案中，一方面被保险人被发现的时间信息"零时许"与其被发现的地点"半坡地堎侧下面的玉米地"以及其发现时的体征"左侧聂顶部有2厘米×3厘米皮下血肿""右上肢关节屈伸不利，可见散在瘀斑""左侧巴氏症阳性"等信息皆暗合了被保险人有下班途中意外摔倒的可能，并且上述信息能够互相暗合且逻辑上通顺；另一方面，被保险人经过诊查发现"无肢体抽搐，尿血及便血等症状，既往体健，否认有高血压、糖尿病及冠心病等慢性病史，否认有肝炎及结核等传染病史，否认有手术及外伤史。"上述信息能够反映被保险人非因疾病原因而使身体遭受伤害，与保险合同条款中关于意外伤害事故的情形"遭受外来的、突发的、非本意的、非疾病的使身体受到伤害的客观事件"相符合。由此，综合上述事实细节，被保险人是因夜间下班途中不慎摔倒，意外受伤而身故的事实基本得以明晰。

3. 案件中的现有证据能否相互印证且与现有的事实信息相符以及与保险合同条款相符。

首先，本案中原告提供的由井陉县××村卫生所和井陉县公安局××派出所共同出具的《居民死亡医学证明（推断）书》已经证实王××的死亡原因为意外死亡，且该证据形式符合保险合同约定的意外身故保险金申请应提供的证明文件和资料形式。

其次，井陉县××村卫生所出具的门诊记录详述了被保险人王××死亡前的病史、症状和体征及抢救过程。井陉县××村卫生所属于合法的医疗卫生机构，其出具的门诊记录具有法定的证明效力，其对被保险人王××的诊断与王××家属凌晨发现王××躺在半坡地堵侧下面的玉米地里的情形能够相互印证，证实王××下班途中不慎摔倒在玉米地里，受到意外伤害导致身故的事实。

最后，王××受到意外伤害的情形符合保险条款第二十条关于意外伤害事故是"遭受外来的、突发的、非本意的及非疾病的使身体受到伤害的客观事件"的描述。

4. 保险人是否有足以证实被保险人不属于意外身故的证据。若保险人没有足以推翻现有证据的证据证明被保险人不属于意外身故，则应认定被保险人属于意外身故。

（四）案件解读

人身保险合同中判定被保险人是否属于意外身故，需将案件中的事实细节进行综合判断，需将案件中的现有证据进行综合判断，需将案件事实、现有证据结合保险合同条款一并综合判断，在现有事实能够推定出一个符合逻辑常理的事实，以及现有证据能够形成一个完整的证据链，并指向一个逻辑自洽的事实且没有相反证据足有推翻现有证据的情况下，方可认定该事故是否属于意外事故。

案例供稿及评析人： 石家庄铁路运输法院　　张璐璐

保险公司就免责条款尽到提示及明确说明义务的认定标准

一、裁判要旨

本案争议焦点主要在于被告是否就合同中的免责条款履行了提示及明确说明义务。《保险法》第十七条规定：保险人在订立保险合同时应附格式条款，并对所有格式条款承担一般说明义务，对免除保险人责任条款承担提示和明确说明义务。这些义务是保险人主动履行的，而不是基于投保人请求才被动产生的。本案的网络投保程序中，投保人只有主动点击才会出现保险格式条款，且即使不打开免责条款也照样可以进行下一步的投保流程。这实际上类似于保险人根据投保人的请求提供格式条款，所以不符合《保险法》第十七条的规定。因此，法院认为保险人未提供保险条款，对其中的免责条款未尽到提示及明确说明义务，该条款对于投保人不产生效力，所以对原告的诉讼请求依法应予支持。

二、基本案情

（一）原告诉称

2015年7月20日，任××为其子顾××在网上购买被告××人寿保险公司的"i健康"定期重大疾病保险一份（保单号为A320115100××××），在线支付首期保费300元，保险合同生效日期为2015年7月20日，保费300

元/年，交费期间30年，续保交费时间为每年的7月21日，保险金25万元。投保人任××已交纳2016~2017年的保费。2016年7月11日，原告顾××被复旦大学附属儿科医院确诊为"二型房间隔缺损（多发筛孔型）"，并于7月11日至7月22日在该院心外科住院治疗，于7月14日进行了手术。原告患病后，任××及时向被告申请理赔。被告于2016年10月14日作出免责理赔决定通知书，拒绝赔付保险金。投保人与被告订立的合同合法有效，投保人依约履行了交纳保费的义务，原告所患疾病属于保险责任，被告应当赔付。被告以免责为由拒赔，不符合《保险法》第十七条的规定，按照该规定，被告应当就免责事由进行明确说明和提示，被告既没有提示也没有明确说明，该免责事由不成立。故诉请法院依法判决被告赔偿原告顾××保险金25万元，并承担本案的诉讼费用。

（二）被告辩称

被告承认原告投保的事实，同时，被告了解到对方是在网上投保的。在网上投保时保险公司的网页和流程都是通过中国保监会认证的流程进行的，其中在投保流程中设有提示保险条款、投保提示书、投保须知、投保声明等内容，其中保险条款第六条第一款第7点有明确说明，约定被保险人所患疾病是双方共同签署的保险合同中的责任免除情形，所以被告不应承担理赔责任。

（三）法院经公开审理查明

2015年7月20日，任××为其子顾××从网上购买了××人寿保险公司的"i健康"定期重大疾病保险一份（保单号A320115100××××），在线支付首期保费300元，保险合同成立时间为2015年7月20日，合同生效日期为2015年7月21日，保险金25万元，保险期间为2015年7月21日零时起至2045年7月20日24时止，保险费为每年300元，续期保险费交费时间为每年的7月21日，交费期间30年。投保人任××已交纳2016~2017年的保费。2016年7月11日，顾××被复旦大学附属儿科医院确诊为：（1）二型房间隔缺损（多发筛孔型）；（2）三尖瓣回流（反流）；（3）心脏疾病相关性肺动脉高压。顾××于7月11日至7月22日在该院心外科住院治疗，该院于7月14日对其进行了房间隔缺损的假体修补手术及三尖瓣成形手术。顾××患病后，投保人任××向××人寿保险公司申请理赔，××人寿保险公司于2016年10月14日作出9001183××××号理赔决定通知书，结论为：整案拒付，免除责任。××人寿保险公司"i健康"定期重大疾病保险条款2.3.1保险责任中重大疾病保险金部分第二条约定：被保险人于本合同生效（或合同效力恢复）之日起180日后因疾病，由本公司认可医院的专科医生确诊初次发生本合同所指的重大疾病，本公司给付重大疾病保险金，本合同终止。该保险合同6.6约定本合同所指的重大疾病，是指下列疾病、疾病状态或手术：……6.6.16心脏瓣膜手术（指为治疗心脏瓣膜疾病，实际实施了开胸进行的心脏瓣膜置换或修复的手术）。合同条款6.11部分对先天性畸形、变形或染色体异常的解释为：被保险人出生时就具有的畸形、变形或染色体异常。先天性畸形、变形和染色体异常依照世界卫生组织《疾病和有关健康问题的国际统计分类》（ICD-10）确定。合同条款责任免除部分2.4.1重大疾病保险责任免除中载明：被保险人因下列1~8项情形之一发生本合同所指的重大疾病的，本公司不承担保险责任：……7. 遗传性疾病（详见释义），先天性畸形、变形或染色体异常（详见释义）；……

　　另查明，本案是网络投保，××人寿保险公司所提供的网络投保程序中，并未主动向保险人出示保险条款及相关免责条款，保险公司的免责条款处于隐蔽状态，不点击阅读照样能进行下一步的交费投保。

三、裁判理由

法院认为，本案的争议所涉及的保险合同有效。以此为基础本案的争议焦点在于：如何判断网络投保的保险人对免责条款是否已尽到提示及明确说明义务？

（一）××人寿保险公司的保险责任

《保险法》第二条规定："本法所称保险，是指投保人根据合同约定，向保险人支付保险费，保险人对于合同约定的可能发生的事故因其发生所造成的财产损失承担赔偿保险金责任，或者当被保险人死亡、伤残、疾病或者达到合同约定的年龄、期限等条件时承担给付保险金责任的商业保险行为。"

本案争议所涉及的保险险种为"i健康"定期重大疾病保险。按照《保险法》第二条的规定，××人寿保险公司在合同项下的义务在于，当被保险人死亡、伤残、疾病或者达到合同约定的年龄、期限等条件时承担给付保险金的义务。由此，"合同约定"是××人寿保险公司承担危险以及赔偿损失的基本依据，××人寿保险公司所承担的危险，以合同约定的保险责任范围为限。某一危险，如果并非基于合同约定由××人寿险保险公司承担，即应由被保险人自行承担，该危险所造成被保险人的损失，××人寿保险公司无须承担赔偿保险金的责任。

（二）××人寿保险公司是否就格式条款中的免责条款尽到了提示及明确说明义务

涉及本案的保险合同是网络保险，它与传统保险合同的订立存在较大差别。在普通保险合同订立中，保险展业人员与投保人是面对面进行交易的，投保人当面向保险人履行如实告知义务，保险人直接向投保人履行提示及明确说明义务，双方订立的合同载体是纸质凭证，如涉及需被保险人同意的事项可直接询问被保险人。但在网络保险与电话保险中，保险展业人员与投保人并不见面，投保人不填写纸质投保单，保险人也不签发纸质保险单，故会带来一些法律问题，其中就包括保险人的提示和明确说明义务如何履行？根据《保险法》第十七条的规定："订立保险合同，采用保险人提供的格式条款的，保险人向投保人提供的投保单应当附格式条款，保险人应当向投保人说明合同的内容。对保险合同中免除保险人责任的条款，保险人在订立合同时应当在投保单、保险单或者其他保险凭证上作出足以引起投保人注意的提示，并对该条款的内容以书面或者口头形式向投保人作出明确说明；未作提示或者明确说明的，该条款不产生效力。"根据《保险法》第十七条的规定，保险人履行提示及明确说明义务，可以采取书面形式和口头形式，故应当允许保险人以网页、音频、视频等形式进行提示和明确说明。在网络销售中，保险公司通常是以网页的形式提供保险格式条款，并通过投保人的点击来确认其履行提示及明确说明义务。一般来说，保险人在其网站上设定有保险条款的说明程序，通常在投保声明页面中有这样的提示："本人认可并接受网上投保方式，愿以此种方式与保险公司签订保险合同；本人已详细阅读投保须知和保险条款，对各项保险责任和除外责任均已了解并同意"，在提示内容下方，还设有"同意"或"不同意"的按钮，只有在点击"同意"并"确定"后，才能进入后续的程序。因保险人的提示及明确说明有确定的载体，实践中只要严格根据《保险法》第十七条进行判断即可。本案涉及的网络保险合同也属于格式合同，本案中，投保人通过网络投保，保险公司应以网页方式履行提示及明确说明义务，这些义务是保险公司应当主动履行的义务，而不是基于投保人请求才被动产生的。本案的网络投保程序中，投保人只有主动点击才会出现保险格式条款，且即使不打开免责条款也照样可以进行下一步的投保流程，这实际上类似于保险人根据投保人的请求提供格式条款，故不符合《保险法》第十七条的规定。因此，法院认为保险公司对合同中的免责条款未尽到提示及明确说明义务，该条款中免除保险人责任的规定不产生效力。故对被告以免责条款作为拒赔理由的抗辩意见，法院不予采纳。

四、裁判结果

法院依照《保险法》第二条、第十四条、第十七条的规定，对本案判决如下：

1. ××人寿保险公司于本判决书生效后 10 日内给付原告顾××保险金 250000 元。

2. 投保人任××与××人寿保险公司订立的"i健康"定期重大疾病保险合同终止。案件受理费 5050 元，减半收取计 2525 元，由××人寿保险公司负担。

五、案例评析

本案的审判要点在于，如何判断××人寿保险公司是否就网络格式条款中的免责条款尽到了提示及明确说明义务以及该免责条款对原告是否生效？

（一）网络销售中提示及明确说明义务的履行

以网络方式订立的保险合同中，保险人通常是通过电脑网页的操作程序来完成其提示及明确说明义务的，投保人拟通过网络投保的，必须按照保险人的指示，按顺序阅读网页，并点击"同意"予以确认。《最高人民法院关于适用〈中华人民共和国保险法〉若干问题的解释（二）》虽认可保险人以网页形式履行提示及明确说明义务，但其提示及明确说明义务的履行必须符合《最高人民法院关于适用〈中华人民共和国保险法〉若干问题的解释（二）》第十一条的相关规定，如其提示和明确说明不符合《最高人民法院关于适用〈中华人民共和国保险法〉若干问题的解释（二）》第十一条规定的标准，则相关免除保险人责任的条款不产生效力。实践中，有些保险公司所设计的投保程序，在投保人如实填写相关信息，履行如实告知义务，点击下一步后，并不是主动弹出保险合同条款的页面，而是直接出现载有"1. 本人认可并接受网上投保方式，愿以此种方式与保险公司签订保险合同；2. 本人已详细阅读投保须知和保险条款，对各项保险责任和除外责任均已了解并同意"内容的投保声明页，引导投保人直接点击同意进入下一步。保险人如要阅读保险条款，需要点击该页面链接的保险条款。应当说，以这种方式来履行提示及明确说明义务并不符合要求。《保险法》第十七条规定：保险人在订立合同时应附格式条款，并对所有格式条款承担一般说明义务，对免除保险人责任的条款承担提示和明确说明义务。这些义务是保险人应主动履行的义务，而不是基于投保人主动请求才被动产生的。投保人只有主动点击才会出现保险格式条款，实际上类似于保险人根据投保人的请求提供格式条款，这不符合《保险法》第十七条的规定。此外，还有些保险公司所设计的网页虽会主动弹出保险格式条款，供保险人阅读，只有投保人点击网页底部的投保声明页的"同意"时，才可以进入下一步，但其网页所载的格式条款的所有内容在形式上完全一致，并未采用特殊字体、颜色或者符号等特别标识对免除保险人责任条款进行提示，这种情况下应认为保险人未尽到提示义务，相关免除保险人责任的条款不产生效力是保险相对人的证明义务。

（二）本案中涉案的保险合同中的免责条款对投保人不发生效力

本案中的电子保单属于格式合同，任××投保时是通过网络投保，保险公司所设计的网络中并未主动提供保险条款，故应认为其未向投保人提供保险条款，也未向投保人履行提示及明确说明义务，该条款中的免责条款部分不产生效力。

（三）本案解读

本案争议所涉及的保险业务为定期重大疾病保险合同，焦点在于法院如何认定保险公司就网络投保格式条款的内容履行了提示及明确说明义务。《最高人民法院关于适用〈中华人民共和国保险法〉若干问题的解释（二）》第十二条规定："通过网络、电话等方式订立的保险合同，保险人以网页、音频、视频等形式对免除保险人责任条款予以提示及明确说明的，人民法院可以认定其履行了提示及明确说明义务。"关于保险人的提示及明确说明义务，根据《保险法》第十七条的规定，订立保险合同，采用保险人提供的格式条款的，保险人向投保人提供的投保单应当附格式条款，保险人应当向投保人说明合同的内容。对保险合同中免除保险人责任的条款，保险人在订立合同时应当在保险单或者其他保险凭证上作出足以引起投保人注意的提示，并对该条款的内容以书面或者口头形式向投保人作出提示及明确说明；未作提示及明确说明的，该条款不产生效力。该规定适用于所有保险合同，不管该合同是通过纸质载体订立的，还是通过网络、电话等方式订立的。因此，保险人通过网络、电话等方式订立的保险合同，仍需按照《保险法》第十七条的规定履行提示及明确说明义务。本案中的电子保单属于格式合同，任××投保时是通过网络投保，保险公司所设计的网页中并未主动提供保险条款，故应认为其未向投保人提供保险条款，也未向投保人履行提示及明确说明义务，该条款中的免责条款部分不产生效力，法院据此判决保险公司败诉。

案例供稿及评析人： 石家庄铁路运输法院　杨敬忠

被保险人于合同成立两年后自杀，
保险公司应当赔偿

一、裁判要旨

保险合同为典型的格式合同，在《保险法》及相关法律未对保险合同成立两年后被保险人自杀身亡的情形应予如何处理作出规定的情形下，按照格式合同的解释原则，应作出有利于格式合同相对方即被保险人的解释，人民法院应当依法认定该保险合同合法有效，保险人应按合同约定承担相应的赔偿责任。

二、基本案情

（一）原告诉称

2010年2月25日原告李××的配偶景××为自己在被告××人寿保险公司处投保国寿鸿丰两全保险（分红型）。保险金212200元，保险期间5年，保险费200000元，保险生效日期为2010年2月26日。保险合同约定：如景××在保险期间因意外伤害身故，被告应给付保险金3倍的身故保险金。2012年3月20日景××自杀身亡，依照我国《保险法》及保险合同的约定，因景××未指定受益人，故被告应向其继承人（3名原告）给付保险金。保险事故发生后，原告多次要求被告理赔，但其至今未足额理赔，依法应按银行逾期贷款利率的标准赔偿原告迟延给付保险金期间的利息损失。请求法院判令被告给付原告保险金426600元及从2012年7月19日至实际给付保险金之日止按银行逾期贷款利率给付利息损失。

（二）被告辩称

被保险人景××是自杀身故，不属于意外伤害，不应按照国寿鸿丰两全保险（分红型）利益条款第四条保险责任第三项的规定而享受3倍身故保险金的权利。针对保险条款内容保险公司已经向投保人履行了说明义务，对于意外伤害的概念也已经作出了解释，保险条款具有法律效力，对投保人及保险人具有约束力。针对双方所诉争的保险合同，保险公司已经按照基本保险金分别向被保险人的受益人（也即本案的3名原告）每人支付了70733.33元，加上该保险合同的红利共计支付身故保险金217389.1元，即便本合同按3倍基本保险金给付身故保险金，剩余部分应为419210.9元，也不是原告诉求的426600元。因本案是保险合同纠纷，不涉及利息损失，因此原告的诉讼请求没有事实和法律依据，请求法院依法驳回原告的诉讼请求。

（三）法院公开审理查明

2010年2月25日，投保人景××以自己为被保险人在被告处投保国寿鸿丰两全保险（分红型），其中在投保人/被保险人声明与授权一栏内用黑体字载明："贵公司已对保险条款尤其是责任免除条款履行了明确说明义务，我们对产品说明书及分红保险声明书均已了解，所填投保单各项内容均属事实。"景××在投保人和被投保险人处签名。同日，被告向景××出具人身保险投保提示书，该提示书对投保人详细了解保险合同的条款内容等事项进行了提示，在该提示书最后部分载明："本人已详细阅读并理解保险条款、产品说明书及以上事项。"投保人景××在该处签名，被告向景××签发保险单。该保险单载明：合同生效日期为2010年2月26日，交费方式为趸交，保险金额212200元，保险期间5年，标准保费200000

元。景××没有指定受益人。

××人寿保险公司国寿鸿丰两全保险（分红型）利益条款第一条约定："国寿鸿丰两全保险（分红型）合同由保险单及所附国寿鸿丰两全保险（分红型）利益条款、个人保险基本条款、现金价值表、声明、批注、批单以及与本合同有关的投保单、复效申请书、健康声明书和其他书面协议共同构成。"第四条约定："在本合同保险期间，本公司承担以下保险责任：1. 被保险人生存至保险期间届满的年生效对应日，本公司按基本保险金给付满期保险金，本合同终止。2. 被保险人于本合同生效之日起1年内因疾病身故，本公司按所交保险费（不计利息）给付身故保险金，本合同终止；被保险人于本合同生效之日起1年后因疾病身故，本公司按基本保险金给付身故保险金，本合同终止。3. 被保险人因意外伤害身故，本公司按基本保险金的3倍给付身故保险金，本合同终止。"第十条第二款约定："意外伤害是指遭受外来的、突发的、非本意的、非疾病的客观事件直接致使身体受到的伤害。"

另查明，2012年3月20日，被保险人景××自缢身亡，被告按因疾病身故向3名原告支付保险金217389.1元。

三、裁判理由

1. 景××向被告投保，并按照约定支付保险费，被告向景××签发国寿鸿丰两全保险（分红型）保险单后，双方人身保险合同成立。该合同是双方当事人的真实意思表示，内容符合法律规定，合同合法有效。双方应当以诚实信用为原则，按照合同约定全面履行各自的权利与义务。

2. 本案中，景××是在保险合同成立之日起两年后自杀身亡，且双方当事人在保险合同中对于合同成立之日起两年后自杀身亡的情形未作出明确约定。从被保险人自杀时的主观意识看，虽然该保险事故是由被保险人故意制造，但由于该保险事故发生在保险合同成立之日起两年后，对于被保险人签订保险合同时而言，应当将自杀事故的发生视为一起相对于保险合同成立时的"特殊意外事件"，保险人依法应当向被保险人承担保险金赔付责任。《保险法》第四十四条规定："以被保险人死亡为给付保险金条件的合同，自合同成立或者合同效力恢复之日起二年内，被保险人自杀的，保险人不承担给付保险金的责任"，该规定是为了降低道德风险和防止被保险人以自杀手段不恰当地获得保险金，且将道德风险的控制时间限定在两年内。本案双方当事人约定了保险合同生效之日起1年后因疾病身故，按基本保险金额给付身故保险金；被保险人因意外伤害身故，按基本保险金额的3倍给付身故保险金。被保险人景××投保两年后自杀，并非保险合同约定的疾病身故或者意外事件。对被保险人在保险合同成立之日起两年后自杀身故的情形，保险合同并未就赔付标准作出约定，可以作出依照疾病或者意外身故等两种以上标准进行赔付的解释。

3. 由于保险合同是被告××人寿保险公司提供的格式合同，根据《合同法》的有关规定，××人寿保险公司对于原告保险金的赔付责任，应当作出对被告××人寿保险公司不利的解释。因此，原告的诉讼请求依法成立，本院予以支持。被告按照疾病身故赔付标准向原告赔付基本保险金的主张以及原告要求被告承担保险金利息损失的诉讼请求，没有法律依据，法院不予支持。

四、裁判结果

法院依照《合同法》第四十一条、《保险法》第四十四条的规定，判决如下：

被告××人寿保险公司于本判决生效后10日内给付原告李××等3人保

险金419210.9元。宣判后，原告、被告均未上诉，判决已生效。

五、案例评析

该案例涉及在《保险法》未对被保险人自保险合同成立或合同效力恢复之日起两年后自杀如何处理作出规定的情形下，保险公司应否赔偿的问题。焦点主要有两个：一是"自杀"行为性质的认定；二是两年后自杀应否支付保险金的处理。

《保险法》第四十四条规定，"以被保险人死亡为给付保险金条件的合同，自合同成立或者合同效力恢复之日起二年内，被保险人自杀的，保险人不承担给付保险金的责任，但被保险人自杀时为无民事行为能力人的除外。保险人依照前款规定不承担给付保险金责任的，应当按照合同约定退还保险单的现金价值。"该条对于被保险人投保后自杀的期限设定为两年，但投保两年后自杀的情形如何处理《保险法》未作出明确规定，司法实践中也存在困惑。目前，大多数观点认为，根据立法精神，推定在此种情形下应由保险公司依约赔付，在存在多种赔付标准的情形下则应选择最高或较高标准。

本案中，景××向被告投保，并按照约定支付保险费，被告向景××签发国寿鸿丰两全保险（分红型）保险单后，双方人身保险合同成立。该合同是双方当事人的真实意思表示，内容符合法律规定，合同合法有效。双方应当以诚实信用为原则，按照合同约定全面履行各自的权利与义务。案件争议焦点主要在于被保险人在投保两年后自杀的情形该如何认定处理？由于《保险法》未作出具体规定，双方签订的保险合同也未有另行约定，法院审理过程中就存在两种意见：赔和不赔。

法院采信了第一种意见，理由如下。

（一）涉案情形无法律明确规定或双方特别约定

本案中，被保险人在投保两年后自杀的情形在《保险法》中没有明确规定且双方当事人在所签订的人身保险合同中也未作出相应的特别约定。因此，对于应否赔付、如何赔付才会出现争议。这也是本案例裁判意见适用的前提。即使《保险法》中无相应的法律规定，但若双方当事人在订立的保险合同中就该事项作出特别约定，则遵照合同意思自治的原则，应严格按照生效合同行使相应的权利与义务。

（二）无证据证明事故发生属于保险人责任免除的情形

自杀作为一个事故存在，确为被保险人故意制造所为，但它是否一定属于存在重大道德风险，属于故意骗取保险费的行为则需要根据个案具体分析。从行为动机上分析，自杀的目的仅在于行为人采取主动方式结束自己的生命，而故意骗保行为则意在通过一定的手段骗取保险费，自杀在其中仅是达到目的的一种手段而已。本案中，无证据证明被保险人自杀是为了骗取保险费故意而为，且根据举证责任分配规则，承担举证责任的保险人也未对相关事实进行举证。因此，本案中被保险人的自杀事故不构成对保险人保险责任的免除，法官裁判也不可仅凭臆断剥夺当事人获得保险赔偿的权利。

（三）格式合同解释规则的正确运用

采用格式条款订立的合同称为格式合同，又称制式合同。格式条款则是当事人为了重复使用而预先拟定，并在订立合同时未与对方协商的条款。保险合同是一种典型的格式合同，本案中主要涉及对于自杀行为可否认定为意外伤害范畴的解释。依据《合同法》第三十九条、第四十一条对于格式合同的定义及解释规则，对格式条款的理解发生争议的，应当按照通常理解予以解释。对格式条款有两种以上解释的，应当作出不利于提供格式条款一方的解释。格式条款和非格式条款不一致的，应当采用非格式条款。本案中，双方签订的保险合同就被保险人身故赔偿约定了两种赔付情形：一是保险合同生效之日起1年后因疾病身故，按基本保险金给付身故保险金；二是被保险人因意外伤害身故，按基本保险金的3倍给付身故保险金。但对被保险人在保险合同成立之日起两年后自杀身故的情形，保险合同并未就赔付标准作出约定，因此，在确定保险公司承担赔偿责任的情形下，可以作出依照疾病或者意外身故等两种以上标准进行赔付的解释。由于保险合同是被告××人寿保险公司提供的格式合同，根据《合同法》第三十九条、第四十一条的有关规定，××人寿保险公司对于原告保险金的赔付责任，应当作出对被告××人寿保险公司不利的解释。本案中，法官采用赔付标准较高的意外身故对自杀身亡的被保险人进行理赔符合格式条款的解释规则。

（四）《保险法》第四十四条中"两年"的理解

《保险法》第四十四条规定："以被保险人死亡为给付保险金条件的合同，自合同成立或者合同效力恢复之日起二年内，被保险人自杀的，保险人不承担给付保险金的责任，但被保险人自杀时为无民事行为能力人的除外。保险人依照前款规定不承担给付保险金责任的，应当按照合同约定退还保险单的现金价值。"该规定是由保险合同射幸合同的性质和最大诚信原则决定的，是为了降低道德风险和防止被保险人以自杀手段不恰当地获得保险金。同时，立法时遵循了国际惯例，将道德风险的控制时间限定在两年内，既是为了防止被保险人为了获利而自杀的道德风险，同时也考虑到不应对被保险人过于苛刻和不公平因而设定的"自杀缓冲期"。考虑到自杀的冲动通常不会持续很长时间，因此如果被保险人在保险合同成立两年后自杀的，理论上可以基本排除其为了获得保险金而订立保险合同并且自杀的可能性，保险公司依约应支付相应的保险赔偿金。本案中，被保险人景××是在保险合同成立之日起两年后自杀身亡，且双方当事人在保险合同中对于合同成立之日起两年后自杀身亡的情形未作出明确约定，因此，被告××人寿保险公司应当对被保险人的自杀死亡行为承担相应的赔偿责任。

除此之外，在最高人民法院起草印发的《〈中华人民共和国保险法〉条文理解与适用》中，也有专家指出人身保险合同中身故保险金设置的意义主要是对受益人从物质和精神上的一种补偿，从这一意义上讲，虽然被保险人自杀时的主观意识是故意，但由于该保险事故发生在保险合同成立之日起两年之后，对于被保险人签订保险合同之时而言，仍然可以将自杀事故的发生视为一起相对于保险合同成立之时的"特殊意外事件"，保险人依法应当向被保险人承担保险金赔付责任。

综上所述，被保险人于合同成立或合同效力恢复之日起两年后自杀的，保险公司应承担相应的给付保险金的责任，同时，合同中未对自杀身故作出特别规定且存在不同赔付标准的，应选择较高标准。

案例供稿及评析人：石家庄铁路运输法院　付丽萍

附加险保险合同期限的效力认定

一、裁判要旨

附加险属于投保人需要另行支付保险费用而承保的险种，基本险（主险）和附加险之间的关系是主合同与次合同的关系。附加险一般保险期限是短期的，以1年居多。如果在保险条款中没有特殊规定，保险公司有权在附加险期满后，对于原保单内容进行调整，其中包括对要求续保的被保险人进行核保，或提高保险费率，或直接作出拒保决定。

二、基本案情

（一）原告诉称

2005年8月15日，柴××、张××（是夫妻关系）作为投保人和被保险人，与××人寿保险公司签订人寿保险投保书，保险合同编号为00008303682××××，保险费合计3458.80元。此后，柴××、张××每年如期将保费3500元存入与××人寿保险公司约定的银行账户。2013年10月7日，柴××、张××接到××人寿保险公司客服电话通知说：公司已上调保费，已存入账户的保费不够扣交，需要加存200元。合同中没有上调保费的约定，也没有收到××人寿保险公司任何的书面通知，××人寿保险公司于2013年10月15日单方面擅自中止了保险合同效力。原告柴××、张××要求：（1）被告继续履行与原告签订的保险合同及附加险合同；（2）被告赔偿原告损失209665元；（3）分红不受影响；（4）中止合同期间主险、附加险的保费，不再补交；（5）诉讼费用由被告承担。

（二）被告辩称

附加险的保险期限为1年，因原告年龄增长，以致保险费率在应当增加的年龄范围内，故附加险的保险费率有所上升，在原告保费不足时，被告电话通知其补交上调保费，但原告拒绝交纳，故被告采取中止其保险效力的行为并无不当。误工和交通的损失与本案无关，不属于赔偿范围。原告增加的其他损失未实际发生且不在保险合同约定范围内，与本案的附加险无关联性，故对此不予承担。被告同意恢复主合同，附加合同如果原告继续交纳保费，被告同意继续履行该合同。如果恢复保险合同可以跟公司申请分红不受影响。如果恢复合同，中止期间的保险费，××福禄双至终身寿险、××真爱附加提前给付重大疾病保险、××真爱附加豁免保险费定期寿险，原告需从2013年8月16日起交纳，其余险种，如原告未发生理赔事项，可从2014年8月16日继续交纳。

（三）法院公开审理查明

2005年8月15日，柴××、张××（是夫妻关系）作为投保人和被保险人，与××人寿保险公司签订人寿保险投保书，保险合同编号为00008303682××××，保险费合计3458.80元，投保的险种为××福禄双至终身寿险（分红型）、××真爱附加提前给付重大疾病保险，保险年限1年，交费年期1年的主险1种。××综合意外伤害保险及附加险三种：××真爱附加意外伤害医药费补偿医疗保险，××真爱附加每日住院给付收入保障保险，××真爱附加住院费用补偿医疗保险。柴××有保险年限1年、交费年期1年的两种保险金额不同的附加险名称均为××真爱附加豁免保险费定期寿险。2013年因××真爱附加每日住院给付收入保障保险、××真爱附加住院费用补偿医疗保险保费增长，被告在当年附加险合同到期前5天电话通知柴××、张××交费时间及交费金额。柴××、张××对交费金额不予认可，故没有交纳所有保险的保险费。2013年10月15日××人寿保险公司中止了柴××、张××所投保的所有保险险种的合同效力。××人寿保险公司在订立合同时已将所涉及的保险合同条款交付给柴××、张××。柴××、张××已在投保书上签字。

另查明，对于××真爱附加豁免保险费定期寿险、××真爱附加意外伤害医药费补偿医疗保险、××真爱附加每日住院给付收入保障保险、××真爱附加住院费用补偿医疗保险，保险条款第五条规定："本附加合同的保险期间为1年。投保人可在保险单或批注上所载的合同期满日时续保本附加合同……续保时本公司有权根据投保人的情况，决定是否接受续保，若接受续保，本公司有权在续保时调整保险费。"××综合意外伤害保险保险条款第五条规定"投保人可在保险单或批注上所载的合同期满日时续保本附加合同……续保时本公司有权根据投保人的情况，决定是否接受续保，若接受续保，本公司有权在续保时调整保险费。"另外，保险单中载明以上各投保险种交费年限为1年，交费方式为年交。

二审法院经公开审理查明事实与一审法院查明事实一致。

三、裁判理由

审理本案的法院认为，保险合同属于双方当事人的意思自治，且不违反法律及行政法规的强制性规定，合同合法有效。以此为基础本案的争议焦点在于：被告是否应该继续履行附加险合同及恢复附加合同包含的具体内容？被告是否应当赔偿原告的损失？

（一）××人寿保险公司具有收取保险费的权利

《保险法》第二条规定："本法所称保险，是指投保人根据合同约定，向保险人支付保险费，保险人对于合同约定的可能发生的事故因其发生所造成的财产损失承担赔偿保险金责任，或者当被保险人死亡、伤残、疾病或者达到合同约定的年龄、期限等条件时承担给付保险金责任的商业保险行为。"《保险法》第十三条规定："投保人提出保险要求，经保险人同意承保，保险合同成立。"《保险法》第十四条规定："保险合同成立后，投保人按照约定交付保险费，保险人按照约定的时间开始承担保险责任。"

以上已经明确了保险公司具有收取保险费的权利，也明确了投保人具有向保险公司支付保险费的义务。

本案争议所涉及的保险公司在附加合同中约定的期限履行届满后，保险公司有权调整保险费用。上述保险是1年期的保险合同，在保险期届满后需要进行续保。续保实际上是重新签订保险合同，《保险法》第十一条已经明确规定了保险合同应当协商一致，自愿订立，除非投保人或者保险人无相反的意思表示要停止签订保险合同时该保险合同继续续保并履行。否则，依据《保险法》第十一条的规定及合同自愿原则，投保人与保险人应遵循合同订立的一般程序，即要约、承诺并达成一致意见重新签订保险合同。双方能够协商一致则继续续保，双方不能协商一致则合同不成立。

本案中，原告、被告之间签订的1年期的合同到期后，没有就保险费调整达成一致意见。因此，原告主张要求继续履行原合同的诉讼请求，不符合合同自愿原则，得不到法院支持。

（二）《健康保险管理办法》第三十一条适用范围

《健康保险管理办法》第三十一条规定："保险公司以附加险形式销售无保证续保条款的健康保险产品的，附加健康保险的保险期限不得小于主险保险期限。"该条款具有其适用范围。

1. 健康保险按照保险期限分为长期健康保险和短期健康保险。短期健康保险是指保险期间在1年及1年以下且不含有保证条款的健康保险。

本案中的附加保险合同为短期健康保险。

2. 保证续保条款是指在前一保险期届满后，投保人提出续保申请，保险公司必须按照约定费率和原合同条款继续承保的合同约定。本案中附加保险合同第五条约定："本附加合同期满日时续保本附加合同……续保时本公司有权根据投保人的情况，决定是否接受续保，若接受续保，本公司有权在续保时调整保险费。""投保人可在保险单或批注上所载的合同期满日时续保本附加合同……续保时本公司有权根据投保人的情况，决定是否接受续保，若接受续保，本公司有权在续保时调整保险费。"

综上所述，本案中的附加健康保险合同为短期无保证续保条款的保险合同。《健康保险管理办法》第三十一条适用范围根据文义解释：（1）附加保险合同为短期保险合同；（2）不包含有保证续保条款。本案中附加险合同均约定了续保条件，投保人与承保人连续签订了期限为1年的保险合同。上调保险费的两项附加险是附加在1年期的主险合同中，主险合同与附加保险合同的期限均是1年，而上调保险费的两项附加险的期限也是1年，并不违反保监会《健康保险管理办法》第三十一条的规定。

四、裁判结果

（一）一审法院裁判结果

一审法院依照《保险法》第十一条、第三十六条、《最高人民法院关于适用〈中华人民共和国保险法〉若干问题的解释（三）》第八条的规定，作出如下判决：

1. 原告柴××、张××在补交中止日至复效期间的××福禄双至终身寿险、××真爱附加提前给付重大疾病保险的保险费后，被告××人寿保险有限公司应自中止之日起恢复其上述两个保险合同的效力。

2. 驳回原告柴××、张××的其他诉讼请求。

（二）二审法院裁判结果

二审法院依照《民事诉讼法》第一百六十九条第一款、第一百七十条第一款第（一）项、第一百七十五条的规定，对本案判决如下：

驳回上诉，维持原判。

五、案例评析

本案的审判要点在于，附加险属于投保人需要另行支付保险费用而承保的险种，基本险（主险）和附加险之间的关系是主合同与次合同的关系。附加险一般保险期限是短期的，以1年居多。如果在保险条款中没有特殊规定，保险公司有权在附加险期满后，对于原保单内容进行调整，其中包括对要求续保的被保险人进行核保，或提高保险费率，或直接作出拒保决定。具体而言：合同的意思自治在保险合同中的具体体现。

（一）意思自治原则在我国保险体系中的体现

意思自治原则发端于罗马法，罗马法孕育了意思自治原则的精髓。正式提出这一意思自治说的是16世纪的法国法学家查理·杜摩林。当时的法国处于封建割据状态，各地立法混乱，习惯法占据主导地位，而资本主义工商业的发展和对外贸易的发达，造成习惯法在适用上的冲突。为了解决这一冲突，查理·杜摩林顺应形势的需要，主张应适用由当事人自主选择的法律来调整和解决他们之间的契约关系和经济纠纷，查理·杜摩林的主张逐渐被人们接受，被称为"意思自治"学说。"意思自治"学说在《法国民法典》中得到了充分的反映，成为自由资本主义时期私法制度大厦的理论基石。意思自治原则得到世界绝大多数国家的普遍确认和推崇。意思自治是私法的最高理念，是私法的最高目标。意思自治，即当事人基于自己的自由意思去创设、变更及消灭自己的权利与义务。在民商法体系中，特别是在《合同法》的范围内，只有依当事人的意志而成立的法律关系，才更加具有合理性。私法的生活关系以自由平等为基础。在私法关系上，则以尊重个人自由意思为基本原则，意思自治成为私法领域的最高原则。我国《保险法》中，较多地突出了国家强制和监管，干预和强制色彩浓厚，即使是最能体现意思自治原则的保险合同实际上也没有很好地贯彻意思自治原则。被称为私法核心和基础的意思自治原则，在作为私法性质的《保险法》中没有得到彰显。2015年《保险法》的修订中，第十一条的两款规定已经有了这方面的体现，但在第十五条又对此有一定的限制。

（二）主险与附加险各自独立

附加险属于短期健康险，根据《健康保险管理办法》第三条的规定："短期健康保险是指，保险期限在一年及一年以下且不含有保证续保条款的健康保险"。在保险条款中通常并没有承诺保证续保，因此，保险公司有权在每年的附加险合同届满时，根据被保险人的健康状况及投保规则由核保人重新作出核保决定：若不符合投保规则的承保条件的，可以作出拒绝承保的决定，由此终止该附加险合同。

从保险原理角度讲，虽然只有在投保主险的基础上才能投保附加险，但并不等于说，只要主险有效，附加险就一定有效。附加险一般保险期限是短期的，以1年居多。如果在保险条款中没有特殊规定，保险公司有权在附加险期满后，对于原保单内容进行调整，其中包括对要求续保的被保险人进行核保，或提高保险费率，或直接作出拒保决定。

结合本案来看，本案所涉及的并不是合同的解除行为，而是一方是否同意再续约的行为。依据《合同法》的"契约自由"原则，原告无权强迫保险公司继续签订合同。

双方在附加险保险条款中已经约定保险期限为1年，所谓续保，是指通过继续签订保险合同使之继续有效的行为，性质上属于合同效力终止后继续签订合同。根据保险条款的约定，在保险期限届满时，投保人有申请续保的权利，但合同中并未约定，一旦投保人提出续保，保险人就必须承保的义务。因此，既为"申请"，保险人就有权决定是否继续承保。根据《合同法》原理，投保人所提出的继续投保的申请，性质上属于要约，需要保险公司就该要约作出承诺，续保合同才得以成立。保险人通过风险评估之后，作出拒绝继续承保的决定，即是对投保人的续保要约不予承诺，续保合同自然不应得以成立和生效。

此外，从合同所遵循的"契约自由原则"考虑，原告向法院提起诉讼，要求保险公司继续签订合同。保险公司不再续约并不违反法律规定和合同约定，法官更不能作出强迫双方重新签订合同的判决，但保险公司在庭审中明确表示，如果原告交纳保险费，可以续保。法院的判决值得肯定。

案例供稿及评析人： 石家庄铁路运输法院　路丽欣

合同等待期内接受TCT筛查
不属于就诊，应当理赔

一、裁判要旨

原告在合同等待期90天内，在医疗机构所做液基薄层细胞检测〔以下简称TCT检查，是筛查宫颈癌（原位癌）的一项技术〕不属于保险合同约定的等待期内因导致"轻症重疾"的相关疾病就诊。该项筛查是医疗机构进行妇科疾病普查项目，具有体检性质，并非被筛查者因病就诊。按照合同约定，被告应当赔偿。

二、基本案情

（一）原告诉称

原告冯××与被告××人寿保险公司签订了一份人寿保险合同，该保险险种为××人寿金世福终身寿险（万能型）主险和××人寿附加万能重大疾病保险C款等5种附加险，保险费为6000元，交费方式为年交，原告交纳了保险费，保险合同生效日期为2014年11月1日。之后，原告感到身体不适，到××国际医院就诊，经诊断，原告病情为宫颈上皮内癌变CINIII，即原位癌，属于××人寿附加万能重大疾病保险C款条款3.2.1轻症重疾范围，同时符合2.2（2）条款中轻症重疾保险金约定，被告应向原告赔付保险金20000元。原告没有收到被告的理赔决定通知书，被告已经知道自己享有解除权而没有向原告出示拒赔通知书，根据《保险法》及相关司法解释的规定，被告至今没有行使解除权，已超过30日，已经没有解除权。原告多次向被告申请保险金未果。原告为了维护自己的合法权益，依据相关法律规定，请求法院判令被告赔付原告保险金20000元，并承担本案诉讼费用。

（二）被告辩称

原告于2014年10月31日在被告处投保××人寿金世福终身寿险（万能型）主险和××人寿附加万能重大疾病保险C款等5种附加险，保险合同生效日期为2014年11月1日。根据××人寿附加万能重大疾病保险C款2.3约定，附加万能重大疾病保险存在90天的等待期。在等待期内，因导致轻症重疾或重大疾病的相关疾病就诊，被告不承担保险责任，本附加合同效力终止。原告在申请理赔后，被告在进行常规审核与调查时，发现原告于2015年5月4日在××国际医院治疗的病历中显示，原告曾于2014年12月29日到河北省××医院做TCT检查。TCT检查是目前国际上最先进的一种宫颈癌细胞学检查技术，是应用于妇女宫颈癌筛查的最先进的技术。其中受检人电话与原告投保单上所留的电话一致，送检材料为宫颈脱落细胞，河北省××医院的液基薄层细胞检测报告单检测结果显示高度鳞状细胞病变（HSIL）。而原告于2015年5月4日到××国际医院住院治疗时诊断为宫颈上皮内癌变CINIII（原位癌），可见两次的检查是一致的、相关联的。原告在2014年12月29日做的检查，是在合同条款约定的等待期内。根据条款约定，原告所做的检查属于因导致轻症重疾的相关疾病，因此，被告不承担保险责任，附加合同效力终止。关于原告提到的合同解除权，原告适用法条错误，《保险法》第十六条规定的是投保人未履行如实告知义务，保险人自知道之日起30日内有权解除保险合同，本条规定与本案无关，本案不涉及投保人违反了如实告知义务。综上所述，请法院依法驳回原告的诉讼请求，以维护被告的合法权益。

（三）法院经审理查明

2014年10月31日，投保人（被保险人）冯××与××人寿保险公司签订了一份人身保险合同，该保险险种为××人寿金世福终身寿险（万能型）主险和××人寿附加万能重大疾病保险C款等5种附加险，保险费为6000元，交费方式为年交，冯××交纳了保险费，该保险单生效日期为2014年11月1日。个人寿险投保书约定："如无特别约定，生存保险金受益人为被保险人本人。××人寿附加万能重大疾病保险C款基本保险金额为100000元，保险期间为终身。"××人寿附加万能重大疾病保险C款合同约定：3.1轻症重疾的范围包括：（1）非危及生命的恶性病变；……3.2轻症重疾定义中包括3.2.1非危及生命的恶性病变（1）原位癌；……。2.2.（2）轻症重疾保险金额等于本附加合同的基本保险金额的20%。2.3在本附加合同有效期内，我们承担如下保险责任：自本附加合同生效（或最后复效）之日起90天内，被保险人发生下列情形之一的：（1）轻症重疾或重大疾病；（2）因导致轻症重疾或重大疾病的相关疾病就诊，我们不承担保险责任……被保险人因意外伤害或于等待期后发生保险事故，我们按照下列方式给付保险金：2.3.1轻症重疾保险金，若被保险人在确诊首次患本附加合同约定的重大疾病（无论是一种还是多种）前，经我们认可的医院专科医生确诊首次患本附加合同约定的轻症重疾（无论是一种还是多种），则我们按照轻症重疾保险金额给付轻症重疾保险金，本责任终止。

2014年12月29日，冯××接受宫颈癌（原位癌）筛查，河北省××医院液基薄层细胞检测报告单（外送检测标本）显示，对冯××宫颈脱落细胞检测发现：高度鳞状细胞病变（HSIL）、腺细胞病变，疑肿瘤的不典型子宫颈内膜细胞等情况。2015年5月4日冯××到××国际医院入院治疗的记录："……4个月前河北省××医院TCT检查显示：高度鳞状细胞病变

（HSIL）疑肿瘤的不典型子宫颈内膜细胞……"经××国际医院进一步检查，最后诊断冯××为宫颈上皮内癌变CINIII级（原位癌）。2015年5月6日，冯××在××国际医院手术后，于2015年5月12日出院。之后，冯××向××人寿保险公司申请赔付保险金。××人寿保险公司以本次事故为合同等待期内出险为由不予理赔，并终止××人寿附加万能重大疾病保险C款效力。

三、裁判理由

法院裁判认为，原告冯××在被告××人寿保险公司处投保××人寿金世福终身寿险（万能型）主险和××人寿附加万能重大疾病保险C款等5种附加险，并交纳了保险费，××人寿保险公司出具了保险单，冯××与××人寿保险公司已形成人身保险合同关系。该合同是双方当事人的真实意思表示，内容不违反法律、行政法规的强制性规定，合法有效，双方当事人依据合同约定享有权利、承担义务。

本案的争议焦点是原告冯××是否属于合同等待期内因导致"轻症重疾"的相关疾病就诊，被告××人寿保险公司是否承担保险赔偿责任。原告、被告双方签订的××人寿附加万能重大疾病保险C款合同中双方约定等待期90天内，因导致轻症重疾或重大疾病的相关疾病就诊，被告不承担保险责任。同时约定轻症重疾的范围包括原位癌，以及2014年11月1日合同生效等内容。在本案审理过程中，被告申请法院前去河北省××医院就冯××在合同等待期内的2014年12月29日液基薄层细胞检测情况进行调查取证。经法院调查，该项检测的确是河北省××医院妇科所做的，并了解到该项检测是筛查宫颈癌（原位癌）的一项技术，该检测报告单上的筛查结果不是最终确诊，该检测标本是外送的，冯××本人并没有到该院就诊。那么该项筛查是否属于就诊就成为本案的关键问题。法院认为该项筛查不同于就诊，该项筛查是医疗机构进行妇科疾病普查项目，具有体检性质，并非被筛查者因病就诊。因此，本案中冯××在合同等待期内接受医疗机构宫颈癌（原位癌）筛查并不属于就诊，冯××于2015年5月4日前往××国际医院就诊则已超出合同等待期，按照合同约定，应当赔偿。本案被告认为原告在合同等待期90天内，因导致轻症重疾的相关疾病就诊，被告不承担保险责任，本附加合同效力终止的答辩意见，法院对此不予采信。被告××人寿保险公司应当依照××人寿附加万能重大疾病保险C款合同约定承担给付原告冯××轻症重疾保险金（本附加合同的基本保险金额100000元×20%＝20000元）的保险责任。综上所述，原告冯××要求被告××人寿保险公司给付轻症重疾保险金20000元的诉讼请求符合合同约定与法律规定，法院予以支持。

四、裁判结果

（一）一审法院裁判结果

一审法院依照《保险法》第二条、第十四条的规定，判决如下：

1. 被告××人寿保险公司于本判决生效之日起10日内给付原告冯××保险金20000元。

2. 终止原告冯××与被告××人寿保险公司签订的××人寿附加万能重大疾病保险C款合同中轻症重疾保险责任。

宣判后，被告××人寿保险公司向××市中级人民法院提出上诉。

（二）二审法院裁判结果

二审法院经审理后判决驳回上诉，维持原判，该判决已发生法律效力。

五、案例评析

本案中被告××人寿保险公司在答辩中明确说明本案原告冯××所提《保险法》第十六条规定的合同解除权，被告没有行使而丧失该权利的规定与本案无关，认为本案不涉及投保人违反如实告知义务。换句话说本案被告并不认为原告在签订保险合同时故意隐瞒病情，因此本案被告没有行使合同解除权。被告认为本案原告、被告签订的保险合同已经生效。在合同90天等待期内原告因为患有合同约定的轻症重疾而就诊，被告××人寿保险公司才依约不承担保险赔偿责任，该份合同的效力终止。因此，本案争议焦点是唯一的、明确的，即原告在合同等待期90天内接受宫颈癌（原位癌）筛查即TCT检查是否属于就诊。

保险类合同在生效的等待期（观察期、免责期）内，即使发生保险事故，保险公司也不承担赔偿责任。这一期间是保险公司为了防范道德风险而设置的，目的是防止投保人明知自己将要发生保险事故，而马上投保以获得保险赔偿的行为，也就是防止"逆向选择""带病投保"。明知风险必然会发生在自己身上而去获得保险赔偿，这样有违保险合同为射幸合同的性质，违背"人人为我，我为人人"的本质，这一情况对以健康身体投保的客户有失公平。因此，各大保险公司在与投保人签订人身保险合同时设立等待期是普遍做法，一般针对普通疾病住院等待期为30天，重大疾病为90天或180天的产品，本案双方当事人针对重大疾病合同约定的是90天等待期。

本案证据中，河北省××医院液基薄层细胞检测报告单证实冯××在2014年12月29日（合同等待期内）接受宫颈癌（原位癌）筛查，但本案没有证据证明冯××在签订保险合同之前就知道自己患有导致轻症重疾（原位癌）相关疾病而故意投保，也没有冯××在合同等待期内接受此次筛查时知道自己患有以上疾病的证据，也没有在合同等待期内得知此次筛查结果后按照河北省××医院建议作进一步检查的证据，更没有在合同等待期内得知自己患有以上疾病前去医疗机构就诊的相关证据。从本案证据看，仅有被告当庭宣读、出示的证据证明原告在签订保险合同后90日内参加了此次宫颈癌（原位癌）的筛查。那么原告接受此次筛查是否是等待期内因病就诊呢？所谓就诊应是得知自己患有该疾病而去医疗机构接受治疗。本案中仅有外送标本的筛查，筛查根本没有接受治疗的意思，而只是具有参与这项筛查体检的意思，因此本次筛查不同于因得知自己患病而去医疗机构接受治疗，即接受筛查不同于就诊。××国际医院的住院病案记录复印件证实冯××携带河北省××医院液基薄层细胞检测报告单于2015年5月4日前往该医院接受治疗即就诊。这一日期也是本案证据证实冯××最早应当知道筛查结果的日期，此时已超出合同等待期，本案出险情况符合合同约定，被告××人寿保险公司应当承担给付原告冯××保险金20000元的保险责任。

保险合同的签订要求双方讲究诚信，签订保险合同时投保人趁自己身体好的时候投保，就会尽早依法获得保障，就能避免不必要的情况发生。保险人也应依法依约及时快捷地为投保人提供保险服务和保障。对于购买保险的广大客户来讲，保险合同中等待期的约定是事关能不能获得保险赔偿的重要事项，在投保前还是有必要花费些时间搞清楚有关合同等待期的含义和具体约定内容。本案经过两级法院审理，法院认为，本案证据不能证实原告冯××在保险合同等待期内就诊，判决被告××人寿保险公司赔偿原告冯××合同约定保险金是合理合法的。

案例供稿及评析人：石家庄铁路运输法院　李延军

人身保险合同理赔类
纠纷案件举证责任的分配

一、裁判要旨

保险事故发生后，在保险合同当事人之间存在举证责任分配的问题。举证的第一个阶段，应当由保险金请求人完成，证明保险事故的性质、原因、损失程度等，人身保险中对于被保险人的身份证明问题，根据案件实际情形由占有举证优势地位的保险金请求人承担，其不能提供相应证据进行证明的，应当承担不利的法律后果。

二、基本案情

（一）原告诉称

2015年4月8日，原告刘××1的母亲刘××向被告××人寿保险公司投保了××康逸人生两全保险，保险合同签订后，投保人支付了保险费，保险合同于2015年4月9日生效，保险单号码为2298××××。合同中约定被保险人为刘××，身故保险金受益人为刘××1，身故保险金为140000元，交费方式为年交，交费期间为20年，保险期间为至被保险人年满80周岁后的首个年生效对应日。2015年10月13日被保险人刘××因呼吸心跳骤停死亡。原告认为，被保险人死亡时在保险期内，被告××人寿保险公司理应支付原告身故保险金140000元。原告向被告提出理赔申请后，被告以

"不履行如实告知义务"为由拒绝理赔。原告诉至法院，请求法院依法判令被告支付保险赔偿金140000元，以维护其合法权益。

（二）被告辩称

投保人刘××在投保时向保险公司隐瞒了其曾用名为张××以及以张××名字登记住院等事实，属于带病投保，保险公司有权依法行使合同解除权。保险人在投保人投保前后，已就保险合同的条款以书面形式对投保人进行了充分的提示及明确说明，投保人对此事实也予以了书面确认，保险合同的相关条款合法有效。综上所述，被告认为原告诉讼请求不能成立，请求人民法院依法驳回其诉讼请求。

（三）法院公开审理查明

2015年4月8日，刘××向××人寿保险公司投保了××康逸人生两全保险，保险合同于2015年4月9日生效，保险单号码为2298××××。投保人支付了保险费，保险人出具了保险单，刘××与××人寿保险公司已形成保险合同关系。保险合同约定被保险人为刘××，身故保险金受益人为刘××1，身故保险金为140000元，交费方式为年交，交费期间为20年，保险期间为至被保险人年满80周岁后的首个年生效对应日。编号2298××××的××康逸人生两全保险投保单"G健康告知书"一栏对被保险人是否患有各项疾病有详细询问，期中第7项H为：癌症、肿瘤……等？投保人刘××在询问事项后均填写"否"，投保单没有刘××签名。××人寿保险公司提交客户权益证明书及针对投保人刘××（保险单中预留手机号为：1823185××××）的回访录音，证明投保单、投保提示书及所有投保文件均已送达投保人，且投保人签名均为其本人亲自签署。××人寿保险公司提交患者姓名为张××于2015年4月2日在××市第二人民医院所查CT影像诊断报告书一份，CT所见：直肠癌术后3年复查。CT诊断：肝内多发低密度灶，结合病史，考虑多发转移瘤；于2015年4月13日至2015年4月14

日在河北医科大学××医院住院病案一份，出院诊断为"直肠癌术后并发肝内转移瘤"，张××在河北医科大学××医院住院证上预留的本人手机号为1823185××××，并显示其与刘××1是母子关系，该病案上有刘××1本人的亲笔签名。赵县××村委会出具证明："张××与刘××1的父亲刘××共同生活期间与刘××1以母子相称，刘××为刘××1的生母。"黑龙江省××市××村委会出具证明："张××是该村村民许××的前妻，已于2001年9月死亡。"××人寿保险公司2015年10月27日收到刘××1的理赔申请书后，于2015年11月25日以投保人未履行如实告知义务为由发出拒绝理赔通知书，并解除单号为2298××××的保险合同。

另查明，1823185××××手机号属衡水区域。

三、裁判理由

法院裁判认为：本案中原告刘××1与被告××人寿保险公司对编号2298××××的××康逸人生两全保险保险单的真实性均无异议，该保险合同是投保人与保险人的真实意思表示，内容不违反法律、行政法规的强制性规定，合法有效，双方依据保险合同约定享有权利、承担义务。本案的争议焦点在于刘××是否借用了张××的身份信息。首先，刘××与张××所使用的为同一手机号码，即1823185××××，刘××投保的保险单上、张××住院病案上分别显示两人与刘××1是母子关系，对此，刘××1首先有义务也有条件举证证明刘××与张××是完全不同的两个人，且刘××未借用张××的身份信息。其次，虽然刘××1提供了赵县××村委会的证明，该证明称张××为刘××1的继母，刘××为刘××1的生母。但该份证明中村委会的印章位于文字之下，且开具证明的村委会人员经法院电话联系拒绝接受本院质询。而黑龙江省××市××村委会出具证明称张××已于2001年9月死亡。刘××1本人也不能向本院提供张××的任何相关信息（如住址、联系方式、亲属等），与常理不符。再次，关于1823185××××手机号的使用情况，刘××1称该号码是用张××的身份信息办理的，由刘××1使用，投保单中预留手机号码为1823185××××，保险人回访时也是拨打该号码并由刘××本人接听，而刘××与刘××1并不在一起居住，并且该手机号在刘××死亡之后已弃之不用，刘××1对此未能作出合理解释。由此可见，只有原告举证证明在河北医科大学××医院患癌住院的张××与刘××并非同一人的情况下，才能得到相应的保险赔偿。本案中，原告刘××1所提交的证据不足以证明这一事实，故应承担不利后果。综上所述，原告刘××1要求××人寿保险公司赔付140000元保险金的诉讼请求因缺乏足够证据，法院不予支持。

四、裁判结果

法院依照《保险法》第二十二条、《民事诉讼法》第六十四条、《最高人民法院关于适用〈中华人民共和国民事诉讼法〉的解释》第九十条的规定，判决如下：

驳回原告刘××1的诉讼请求。

宣判后，原告、被告均未上诉，判决已发生法律效力。

五、案例评析

本案的关键是举证责任的分配与举证程度的博弈。

保险赔偿的过程实际上是由被保险人或保险赔偿的受益人在事故发生后，通过举证质证，试图全面、完整、准确地证明所发生的事故的过程，这一过程中，举证责任的分配及对证据认证的原则将对诉讼进程及诉讼结果起到至关重要的作用。

（一）举证责任分配的一般规则

《民事诉讼法》第六十四条规定："当事人对自己提出的主张，有责任提供证据。"最高人民法院《关于民事诉讼证据的若干规定》（法释〔2001〕33号，以下简称《证据规则》）第七条规定："在法律没有具体规定，依本规定及其他司法解释无法确定举证责任承担时，人民法院可以根据公平原则和诚实信用原则，综合当事人举证能力等因素确定举证责任的承担。"《民事诉讼法》第六十四条规定是举证责任分配的一般原则，即"谁主张，谁举证"，但是举证责任的分配在司法实践中并不是完全一成不变的法条。《民事诉讼法》《证据规则》对区别于普通案件的情况单独列明，例如医疗事故、高度危险作业致人损害、因环境污染引起的损害赔偿等类型的案件则不采用上述规则，而适用"举证责任倒置"，即对一方当事人提出的权利主张由否定其主张成立或否定其部分事实构成要件的对方当事人承担举证责任。在保险纠纷案件中，举证责任如何分配在《民事诉讼法》及相关法律法规中并没有具体的规定，保险类赔偿案件的审判实践证明，在保险案件的审理过程中，由于索赔方相对于保险人处于明显的弱势地位，其举证能力和保险人相比也存在明显差距。因此，审理保险合同纠纷案件除遵循"谁主张，谁举证"基本原则外，还应结合《证据规则》第七条的规定，公平分配举证责任。

（二）人身保险合同事故发生后，原告、被告的举证责任分配规则

在因理赔发生纠纷的人身保险合同纠纷中，保险公司的拒赔理由一般包括：保险事故没有发生；投保人没有如实告知，或者存在法律规定或合同约定的其他免责事由。本案中即属于第二种情形。

根据《保险法》第二十二条的规定，保险事故发生后，按照保险合同请求保险人赔偿或者拒付保险金时，投保人、被保险人或者受益人应当向保险人提供其所能提供的与确认保险事故的性质、原因、损失程度

有关的证明材料。该条规定实质上是《民事诉讼法》举证责任分配规则在《保险法》中的具体体现。据此，在该类案件中，投保人、被保险人或者受益人（原告方）的举证责任为提供与确认保险事故的性质、原因、损失承担等有关的证明材料，并且以一般情形下原告所能提供的资料为限。《保险法》第二十二条明确规定原告的举证责任以"其所能提供的"为限，正是考虑到了被保险人可能遇到的举证方面的种种困难。例如，有些保险事故发生时，受益人或者被保险人并没有经历事故，如人身保险的被保险人在外地突然身故，受益人并不清楚被保险人身故的具体情况。一方面，要求被保险人或者受益人举出所有与确认保险事故性质、原因等相关的证明材料，对被保险人或者受益人而言取证难度很大；另一方面，如果所有证据都规定由保险公司负责，那么客观上也会使保险公司不得不投入大量的时间、精力用于调查取证，则必然会对正常的保险经营活动造成影响。由此可见，原告所承担的举证责任是初步的举证责任，如果提供了其所能提供的与确认保险事故的性质、原因及损失程度有关的证明材料就完成了举证责任。此时，保险公司如果拒绝承担保险责任，则应承担相应的举证责任。举例来说，在重大疾病保险中，被保险人因患重大疾病死亡，受益人向保险公司申请给付死亡保险金，其提交了保险合同、医院关于被保险人患有重大疾病的诊断证明和被保险人的死亡证明即完成了初步举证责任。在此情形下，保险公司如果拒绝承担保险责任，则应当证明事故不是保险责任范围内的事故，或者保险事故为投保人、被保险人、受益人故意制造，或者存在符合《保险法》规定的可以不予给付保险金的其他情形，如投保人没有如实告知，或者存在保险合同约定的免责事由等。

那么，司法实务中究竟如何界定"其所能提供的"标准，有时候便成为影响案件胜负的关键。如前所述，在被保险人无法完成举证部分时，应当就其无法取得证据的原因进行分析是客观还是主观。《证据规则》的规定确定了法院对举证责任分配的司法裁量权，法官根据现有证据及自由心证来判断举证责任的二次分配问题及待证事实存在与否。法官自由裁量权应遵循的原则在司法实践中的运用将受到案件所涉及的实体法的不同而有所不同。需要说明的问题是，在保险合同纠纷中，索赔方所能提供而不提供是指索赔方存在故意或过失不提供其本来能够提供的证明材料。例如，在一起意外伤害保险案件中，被保险人突然摔倒死亡，受益人认为被保险人的死亡属于意外伤害，保险公司认为被保险人存在因潜在疾病发作导致摔倒死亡的可能性。保险公司据此要求对被保险人的遗体进行解剖鉴定，但是受益人拒绝。法院认为，法院可以理解受益人的悲伤心情，但是在可以对遗体解剖进而查明死亡原因的情况下，受益人拒绝解剖，这属于受益人不提供其所能提供的证明材料，受益人应承担举证不能的后果。上述案例中，如果对被保险人遗体进行解剖的条件已经不存在，例如非基于投保人、受益人的原因，遗体已经不存在，则不属于受益人不提供其所能提供的证明材料的情形。

（三）本案解析

本案争议所涉及的举证焦点在于被保险人的身份及真实被保险人的身体状况问题。在人身保险合同纠纷案件中，需要证明的事项多为被保险人受伤或者死亡的事实及原因，被保险人投保是否符合要求等。本案的争议焦点则较为特殊，主要集中在被保险人刘××在投保时是否隐瞒了自己患病的事实，而借用张××的名义进行了住院治疗。由于原告刘××1的家庭关系较为复杂，被告提供的证据显示：张××在住院病案上的本人预留手机号与被保险人刘××在投保单上的预留手机号为同一手机号，且两者与原告刘××1的关系均为母子关系，原告、被告双方所提供的村委会证明又显示出了完全相悖的事实，与常理不符。在此情况下，由于原告

案例供稿及评析人： 石家庄铁路运输法院　付丽萍

投保人不能以"投保单上签字非其所签"而否定其如实告知义务的违反

一、裁判要旨

投保人与被保险人是夫妻关系，投保人称投保单上的投保人签字非其亲笔所签，但其承认投保单中被保险人的签字是其妻本人所签，其同时收到的保险单、保险条款等保险合同内容，保险代理人告知了其保险费金额，其均已按期交纳了保费。法院认为，投保人无证据证实投保单中的投保人签字非其本人所签，即便事实如其所述，基于投保人与被保险人的配偶关系，以及其认可已经同时收到保险条款、保险单等保险合同内容，且多年一直如期如数交付保费的事实，也可视为投保人对其配偶代签投保单的行为予以了追认，并对投保单所签署的内容也予以了追认。所以，无论投保单中投保人的签名是其本人还是其配偶所签，都应认定投保人在投保单健康告知事项均勾选"否"以及在声明与授权项下的签名是投保人的真实意思表示，构成了如实告知义务的违反。故法院认为投保人违背诚实信用原则，投保时未履行如实告知义务，被保险人带病投保，符合《保险法》第十六条的规定，保险人不承担保险赔偿责任。

二、基本案情

（一）原告诉称

2009年9月9日，原告王××在被告××人寿保险公司为妻子张××投保康宁定期保险（2007修订版），承保期间为2009年9月12日零时起，共计46年，年交保费1700元，身故保险金额为10万元，合同签订地在××市，原告王××为受益人，保险合同订立后，原告一直按照保险公司的要求交纳保费。2016年7月21日，被保险人张××因患滑膜肉瘤导致循环衰竭死亡，按照该保险合同第五条第二款约定，被保险人身故，被告应按照基本保险金额给付身故保险金，本合同终止，现原告要求被告支付张××的身故保险金，但遭到被告拒绝，因该保险合同订立时均是由其公司业务员徐××个人代办，原告只是按照业务员徐××的要求交纳保费，保险合同中的所有条款，均不是原告的亲笔签字，对合同条款原告根本也不知晓，保险事故发生后，被告不予给付身故保险金的行为已构成违约，现提起诉讼，请求依法判决。其诉讼请求为：（1）判令终止原告王××在被告处为妻子张××于2009年9月9日订立的康宁定期保险合同。（2）判令被告在保险金限额中支付给原告张××的身故保险金10万元。（3）由被告承担本案诉讼费用及其相关费用。

（二）被告辩称

原告违背诚实信用原则，没有履行如实告知义务，带病投保，保险公司不承担给付保险金的义务，请法院依法驳回原告诉讼请求。

（三）法院经公开审理查明

2009年9月9日，王××在××人寿保险公司投保康宁定期保险（2007修订版）（保险合同号码为：2009-133000-426-××-2）。被保险人为张××，受益人为王××，王××是张××配偶，保险金额为100000元，保险期限46年，标准保费1700元/年，合同生效日期为2009年9月12日。

投保过程中，投保人王××及被保险人张××在接受健康告知询问时对健康告知询问事项第7项："是否曾患有或接受治疗过下列疾病：……F肿瘤（包括恶性肿瘤及尚未确诊为良性或恶性之息肉、肿瘤、囊肿、赘生物）"，第8项："诊疗、检查经历：……B过去5年内是否因疾病或受伤住院或手术"等项目栏中均勾选了"否"。在投保单声明与授权一栏："1.贵公司已对保险合同的条款内容履行了说明义务，并对责任免除条款履行了明确说明义务。本人已仔细阅知、理解客户保障声明……及保险条款尤其是责任免除、解除合同等规定，并同意遵守。所填投保单各项及告知事项均属事实并确无欺瞒。上述一切陈述及本声明将成为贵公司承保的依据，并作为保险合同一部分。如有不实告知，贵公司有权解除合同，并对解除合同前发生的事故不负保险责任。2.本人仅此授权凡知道或拥有任何有关本人健康及其他情况的任何医生、医院、保险公司、其他机构或人士，均可将有关资料提供给贵公司。此授权书的影印本也同样有效。"投保人王××及被保险人张××在该内容项下进行了签名。

2009年3月15日，张××在××人民医院住院，入院诊断：左臀部肿物。2009年3月16日，张××在该院进行了肿物切除手术，2009年3月19日出院诊断为"左臀部肿物和神经纤维瘤"。2009年3月26日，张××在××人民医院住院，门（急）诊诊断：左臀部恶性间叶性肿瘤。入院诊断：左臀部滑膜肉瘤。2009年4月1日出院诊断"左臀部滑膜肉瘤"。2016年6月2日，张××死亡，2016年6月8日，××人民医院出具死亡医学证明书：张××死亡原因为滑膜肉瘤。

保险合同条款第五条第二款约定：被保险人身故，本公司按基本保险金额给付身故保险金，本合同终止。

三、裁判理由

审理本案的法院认为，王××与××人寿保险公司签订的康宁定期保险合同是双方当事人的真实意思表示，不违反法律、行政法规的强制性规定，合法有效。保险单及保险条款所约定的内容均为保险合同内容，双方当事人均应当依据该保险合同的约定享有权利、承担义务。被保险人张××在保险期间身故，属于保险合同约定的保险责任范围。针对原告、被告双方的诉辩意见，本案主要的争议焦点是原告王××能否依据保险合同要求被告××人寿保险公司给付保险赔偿金。

首先，原告王××主张投保单及健康告知事项中王××的签字非本人所签，签订投保单时王××不在现场，保险代理人没有明确告知投保人应当注意的事项，但其承认投保单中被保险人张××的签字是其本人所签，对于其同时收到的保险单、保险条款等保险合同，保险代理人告知了其保险费金额，其均已按期交纳了保费。法院认为，王××并无证据证实投保单中的投保人签字非其本人所签，即便事实如其所述，在投保单中的签字是其妻子张××代其签署，基于投保人王××与被保险人张××的配偶关系，以及其认可已经同时收到保险条款、保险单等保险合同，并且多年一直如期如数交付保费的事实，法院视为王××对其配偶张××代其签署投保单的行为已经予以了追认，并对投保单所签署的内容也予以了追认。故无论投保单中"王××"的签名是其本人还是其配偶所签，都应认定王××在投保单健康告知事项均勾选"否"以及在声明与授权项下的签名是王××的真实意思表示。

其次，根据《保险法》第十六条的规定，订立保险合同，保险人就被保险人的有关情况提出询问的，投保人应当如实告知。投保人故意不履行如实告知义务的，保险人对于合同解除前发生的保险事故，不承担赔偿或者给付保险金的责任，并不退还保费。王××作为投保人，张××作为被保险人，在其接受××人寿保险公司的健康询问时，对"是否曾患有或接受治疗过下列疾病F肿瘤（包括恶性肿瘤及尚未确诊为良性或恶性的息肉、肿瘤、囊肿、赘生物），第8项："诊疗、检查经历中的B项：过去5年内是否因疾病或受伤住院或手术"等多项询问中均勾选了"否"。但实际情况却是被保险人张××在投保前几个月即发现了"左臀部滑膜肉瘤"，并因此住院治疗，王××与张××未将上述情形向××人寿保险公司进行如实告知。由此可见，双方在签订保险合同时，被告对原告进行了健康询问，原告未对被告的相关询问进行如实告知，违反了《保险法》的规定。

综上所述，被告所提原告违背诚实信用原则，没有履行如实告知义务，带病投保，被告不承担给付保险金义务的抗辩意见与事实相符且于法有据，法院予以采信。原告要求被告终止保险合同并给付保险金的诉讼请求因违反了保险法的相关规定，法院不予支持。

四、裁判结果

（一）一审法院裁判结果

依照《保险法》第二条、第十六条的规定，判决如下：

驳回原告王××的诉讼请求。一审宣判后，原告提出上诉。

（一）二审法院裁判结果

二审法院予以维持，判决已发生法律效力。

五、案例评析

本案的审判要点在于，投保人能否以"投保人签字为被保险人代签"为由否认自己违反如实告知义务？进一步而言，判断投保人是否违反如实告知义务的标准是什么？被保险人是否也应承担该项义务？

（一）如实告知义务的法律规范及理论基础

1. 法律规范及理论基础。《保险法》第十六条规定：订立保险合同，保险人就保险标的或者被保险人的有关情况提出询问的，投保人应当如实告知。投保人故意不履行如实告知义务的，保险人对于合同解除前发生的保险事故，不承担赔偿或者给付保险金的责任，并不退还保险费。

2. 投保人告知义务的理论基础。在保险制度产生的初期，为弥补保险人的信息劣势，矫正投保人与保险人之间信息地位不平等，基于最大善意原则或诚实信用原则，设立投保人如实告知义务。随着保险制度的发展，投保人告知义务的主要目的并不在于要求投保人如实告知与保险标的相关的事实，而是在于防止保险人强加给投保人过重的告知义务。对价平衡说作为对诚实信用原则的补充得到广泛认可，其认为投保人告知义务之所以存在乃是为保险人测定风险的客观需要，以求保险费以及保险人所承担危险之间对价的平衡。

3. 我国投保人告知义务条款的理念基础。我国投保人告知义务以诚实信用原则和对价平衡说作为共同的理论基础。前者是对投保人主观状态上的要求，后者是对告知内容以及法律效果等客观方面的限制。对我国投保人告知义务条款进行解释应该秉持的理念是：一方面，要求投保人在主观上尽最大善意向保险人告知相关重要事项，不能有所隐瞒、欺诈；另一方面，投保人的告知内容应以影响保险人评估风险为限，若投保人没有告知的内容与保险人评估风险或者保险事故的发生没有因果关系，则保险人不能据此解除保险合同或拒绝理赔。

4. 投保人告知义务的内容、时间及违反的构成。投保人只有在被询问时才承担告知义务，且其告知范围以其知道或者应当知道为限。投保人在承保前应承担如实告知义务。投保人只有因故意或重大过失时，才可能违反如实告知义务。此处的故意是指投保人明知某项与风险评估相关的重要事项而故意不告知或者不实告知。重大过失是指投保人本应知道某项与风险评估相关的重要事项，但因个人疏忽没有知道，或者本应告知某项其明知的重要事项，但因其个人疏忽没有告知。

（二）被保险人是否也应承担告知义务

没有争议的是，投保人直接参与保险合同的订立，是保险合同的当事人，应该承担告知义务，但当投保人与被保险人不是同一人时，被保险人是否也应承担保险告知义务？这是我国《保险法》理论和实践中都存在争议的问题。

1. 学界争议。目前，理论界和实务界持肯定观点者理由有两个：一是被保险人对保险风险所依附的财产或者人身知悉更为详尽，为使保险人能够更好地评估风险，确定费率，应要求被保险人承担告知义务；二是如果被保险人无须承担告知义务，一些明知保险标的存在不符合保险条件的被保险人，可能会通过第三人代为投保逃避告知义务，隐瞒其明知或者应该知道的一些影响保险人评估风险的重要情况。持否定观点者认为，被保险人并没有参与保险合同的订立，对保险合同的缔结不一定知悉，如果让保险人承担告知义务可能对其负担过重。而且，被保险人在法律上并不是保险合同的当事人，让非合同当事人承担合同义务有悖于合同相对性原则。

2. 理论基础及各国做法。被保险人是否应该承担告知义务，既是利益衡量问题，也是技术问题。从利益衡量角度看，被保险人一般来说对保险标的的相关情况了解比较清楚，让其承担告知义务才能保障保险人能够获得足够的信息来评估风险，同时也有利于防止被保险人利用第三人投保来逃避义务，符合最大善意原则和对价平衡原则。韩国、日本的保险条款均将被保险人视为义务主体。德国保险法虽未将被保险人列为义务主体，但将被保险人的知悉范围也纳入考量范围。一方面，在政策层面上解决了被保险人不是告知义务主体存在的弊端；另一方面，在技术上也未违反《合同法》的基本原理。

3. 基于上述论述及分析，作者认为，虽然法律没有明确规定被保险人负有如实告知义务，但是在判断投保人是否履行如实告知义务时，应将被保险人的知悉范围纳入考量范围，即被保险人不是告知义务的主体，但是投保人告知的范围不仅限于其知悉或者应知悉的事项，还应包括被保险人知悉或者应当知悉的事项。

（三）本案中，投保人能否以"投保人签字为被保险人代签"为由否认自己如实告知义务的违反

首先，从投保人与被保险人的关系看，本案中投保人与被保险人是配偶关系，因此，两人对于保险人关于被保险人健康的询问事项具有共同的知悉范围。投保人和被保险人对被保险人在投保前5年内曾住院手术并患有肿瘤的事实皆明知。但该两人在询问告知书中对上述询问均勾选"否"，均未如实告知。由此可见，该两人主观上均存在故意欺瞒的恶意，符合如实告知义务违反的主观方面的要件。

其次，投保人虽不承认投保人处的签字是其所签，但其承认在投保单签署完成后，其收到了保险条款、保险单等保险合同，且多年一直如期如数交纳保险费。笔者认为，该事实能够视为投保人对其配偶代其签署投保单的行为予以了追认。

最后，投保人虽不承认投保人处的签字是其所签，在其收到上述保险合同文本后，并未就文本中的内容及投保单中询问的内容向保险人提出异议。笔者认为，该事实可视为其对其配偶代其签署的投保单的内容予以了追认。

综上所述，投保人和被保险人都从主观上明知保险人健康询问的事项并非"否",被保险人主观上故意欺瞒,勾选了"否"。投保人虽提出"投保人签字为被保险人代签",自己不知情,但通过案件事实可知,其对投保单的内容已实质上作出了追认,由前述分析可知,其明知被保险人投保前5年内曾患肿瘤并住院手术,故其主观上违反了如实告知义务。

作者认为,判断投保人是否违反如实告知义务的出发点和落脚点应放在考量投保人的主观恶意上。本案中,投保人明知保险人询问的事项而未如实告知,违反了诚实信用原则,存在主观恶意,构成了如实告知义务的违反。

案例供稿及评析人:石家庄铁路运输法院 张璐璐

财险 案例

车辆不明原因被砸，
保险公司应承担保险责任

一、裁判要旨

车辆被砸，在第三者找不到的情形下，属于车辆损失保险中因"碰撞"导致的损失，保险公司应承担保险责任。保险公司承担责任后，可以向第三者追偿，如果无法追偿，该损失由保险公司承担。

二、基本案情

（一）原告诉称

2013年6月27日，原告穆××与××财产保险公司签订机动车保险合同并交付保险费，保险车辆车牌号为冀A××XF7、车辆厂牌型号为名爵CSA7151MC、保单号为618601224201300××××，该保险合同合法有效。原告为上述车辆投保了机动车损失险、附加（机动车损失）不计免赔率特约险等险种。2013年11月8日晚，该车停放在河北省邢台市清河县××村，11月9日7时发现保险车辆多处被砸而导致车损。原告车辆被砸属于车辆损失险的保险范围，请求法院依法判令被告赔偿原告因保险车辆损失产生的车辆维修费用41744.08元、拖车费1600元以及承担本案诉讼费用。

（二）被告辩称

本次损失不属于保险责任，因事故是由第三者造成的，有直接的赔偿责任人，所以保险公司不应当承担赔偿责任。

（三）法院经公开审理查明

2013年6月27日，穆××作为投保人和被保险人在××财产保险公司为冀A××XF7车辆投保了机动车损失险及不计免赔率特约险等险种。机动车损失险保险金额为93000元；保险期间自2013年6月28日零时至2014年6月27日24时止。2013年11月9日6时左右，该车在河北省邢台市清河县东赵庄村内被砸。事故发生后，公安部门对事故进行了调查，并出具证明，对被砸车辆的损坏情况进行了说明："机盖被掀开砸坏，发动机的电线被剪断，前后大灯都被砸坏，前挡风玻璃、四个车门窗、后车窗被砸坏，四个车把手被砸掉，左边的反光镜被砸，油箱盖被砸开，前面车牌丢失，车内导航和换挡杆被砸坏，车后门被砸坏，车后座两车门有凹陷。经侦查，此案目前无线索。"此后，穆××的车辆由河北德康汽车贸易有限公司进行了维修，支付维修费40000元、拖车费1600元。保险公司以车辆"应为他人恶意行为所致，此类案件不在保险公司保险责任范围内"为由作出拒赔处理。

三、裁判理由

法院认为：穆××与××财产保险公司签订的机动车商业保险合同合法有效，双方应当按照合同约定全面履行各自的权利与义务。穆××车辆损失是"被砸"造成，是外界物体与机动车产生了直接接触、碰撞导致的，属于车辆损失险的保险责任范围。××财产保险公司答辩认为，该事故是由第三者造成的，应由第三者承担赔偿责任。法院认为，根据《保险法》第六十条第一款的规定："因第三者对保险标的的损害而造成保险事故的，保险人自向被保险人赔偿保险金之日起，在赔偿金额范围内代位行使被保险人对第三者请求赔偿的权利。"因此，因第三者的损害行为而发生保险事故并造成保险标的损失的，保险公司不能免除保险责任，但可以在赔偿被保险人之后向第三者进行追偿。故被告的上述答辩意见，法院不予采信。穆××的车辆损失经法院核定为：修理费实际支出40000元，拖车费1600元，共计41600元。××财产保险公司应当对穆××车辆"被砸"而产生的上述损失，承担给付保险金的责任。

四、裁判结果

法院依照《保险法》第二十三条第一款、第五十七条、第六十条第一款的规定，作出如下判决：

被告××财产保险公司于本判决生效后10日内给付原告穆××保险金41600元。

五、案例评析

本案的裁判要点在于，车辆被砸是否属于保险公司的保险责任，保险公司要求免责是否于法有据。

（一）"被砸"是否属于保险责任范围

车辆损失险保险合同对保险责任作出了如下约定：保险期间，因"碰撞"导致的车辆损失属于保险公司的保险责任。关于"碰撞"的定义，保险合同的定义为："碰撞是指被保险机动车与外界物体直接接触并发生意外撞击、产生撞击痕迹的现象。包括被保险机动车按规定载运货物时，所载货物与外界物体的意外撞击。"根据上述合同约定，车辆被砸，虽然是第三者故意为之，但对被保险机动车而言，这种撞击是意外的撞击，砸车的过程就是机动车与外界物体进行了直接接触。因此，对该"碰撞"的解释应当做扩大的解释，这种情形可以被认为是发生了"碰撞"事故。对于该条款的解释，在通常解释仍存在的歧义的情形下，也应作出有利于被保险人一方的解释。因此，车辆"被砸"属于保险公司的保险责任。

（二）保险公司是否可以免除保险责任

一方面，本案是财产损失保险，适用"损失填补"原则。根据《保险法》第三十二条的规定，财产保险是以财产及其有关利益为保险标的的保险。广义上财产保险包括财产损失保险（有形损失）、责任保险和信用保险等。与家庭有关的仅指财产损失保险，主要有家庭财产保险及附加盗窃险、机动车保险、自行车保险、房屋保险、家用电器专项保险等。本案属于财产损失保险合同纠纷，适用"补偿原则"及派生的"分摊原则"和"代位原则"。如前所述，财产损失保险是以"损害补偿学说"为理论基础，财产损失保险就是通过特殊的经济填补方法，修补物质的损失部分，使物质恢复到原有水平。因此，财产损失保险合同又叫"补偿性合同"。因此，对于保险责任范围内的损失，保险公司都应当"填补"损失。保险公司抗辩认为，车辆被砸是第三者所为，保险公司不应承担保险责任。根据保险合同的约定，"责任免除"事项中不包括"因第三者责任造成的损失"，根据《保险法》关于财产损失保险"填补损失"的性质，也不应将第三者侵权造成的损坏作为免除保险公司责任的理由。《保险法》第六十条第一款规定："因第三者对保险标的的损害而造成保险事故的，保险人自向被保险人赔偿保险金之日起，在赔偿金额范围内代位行使被保险人对第三者请求赔偿的权利。"该规定赋予了保险人法定的追偿权，因此保险公司不能以损失是第三者造成的，但找不到第三者而免除赔偿责仼。

另一方面，车辆损失险中按责设置的免赔率条款，应为"免责条款"，保险公司未尽提示和明确说明义务的，不产生效力。我国《保险法》第十七条规定："订立保险合同，采用保险人提供的格式条款的，保险人向投保人提供的投保单应当附格式条款，保险人应当向投保人说明合同的内容。对保险合同中免除保险人责任的条款，保险人在订立合同时应当在投保单、保险单或者其他保险凭证上作出足以引起投保人注意的提示，并对该条款的内容以书面或者口头形式向投保人作出明确说明；未作提示或者明确说明的，该条款不产生效力。"第十九条规定："采用保险人提供的格式条款订立的保险合同中的下列条款无效：（一）免除保险人依法应承担的义务或者加重投保人、被保险人责任的；（二）排除投保人、被保险人或者受益人依法享有的权利的。"法院通常会依据《保险法》的规定，对保险条款的效力进行审查，如果没有无效或者不产生效力的事由，才会得到法院的认可。因此，在司法实践中，车险中"按责赔付"的条款，通常被认为是违反了《保险法》第十九条的规定，是无效条款。2016年保监会对车险进行了费改，删除了"按责赔付"的条款，取而代之的是"免赔率免赔"条款，如某保险公司条款规定："保险人在依据本保险合同约定计算赔款的基础上，按照下列免赔率免赔：（一）负次要事故责任的免赔率为8%，负同等事故责任的免赔率为10%，负全部事故责任或单方肇事事故的免赔率为15%；（二）被保险机动车的损失应当由第三者负责赔偿的，无法找到第三者时，免赔率为30%。"根据保险原理，免赔率的约定是防止道德风险的合理合法的约定，因此上述约定不适用《保险法》第十九条的规定，不属于无效条款。但是免赔率条款，因其免除保险人义务，属于免责条款，应当适用《保险法》第十七条的规定，保险公司应就上述条款履行提示和明确说明义务，未尽上述义务的，该条款对被保险人不产生效力。如果当事人购买了"不计免赔特约险"，该免赔率条款自然也不再适用。

（三）关于举证责任的分配

民事举证责任包括两个方面，即行为责任和结果责任。行为责任是指在具体的诉讼中，当事人为避免承担败诉风险向法院提供证据。这种责任会在双方当事人之间来回移动，它只有先后之分，并无独家承担之果。在实践中，一般是原告先提供证据，随后被告提供证据，再接着原告举证，再接着被告举证，依次循环下去，直至双方无证可举为止。结果责任是指法庭辩论结束后，案件事实仍处于真伪不明的状态时，法官应判谁败诉的问题，通常被称作举证责任。

在本案中，举证责任分为以下两个层面：

（1）从行为责任来说，被保险人应就发生了保险事故即"被砸"的事实，承担举证责任。《保险法》第二十二条第一款规定："保险事故发生后，按照保险合同请求保险人赔偿或者给付保险金时，投保人、被保险人或者受益人应当向保险人提供其所能提供的与确认保险事故的性质、原因、损失程度等有关的证明和资料。"因此，在车辆损失险中，证明发生了保险事故的，是被保险人的法定义务，即便保险合同未就此作出约定，被保险人也应当承担。《保险法》有关证明义务的规定，是"谁主张，谁举证"规则的具体体现。被保险人向保险人提出保险金请求必定在保险事故发生之后，且保险人不可能见证保险事故的发生。因此为了避免保险相对人故意制造保险事故、谎称发生保险事故、夸大损失等道德危险和保险欺诈行为，《保险法》课以被保险人证明保险事故的性质、原因及损失程度的责任，该证明义务能否完成，证明目的能否实现，直接影响保险人的保险赔付责任。本案中，原告提交了公安机关出具的证明，该证明对事故的性质、原因及损失程度均进行了描述，该事故属于保险责任的范畴，因此，原告的举证义务已经完成。

（2）从结果责任来说，保险公司应就免责事由承担举证责任，"被谁砸"的举证义务由保险公司承担。

被保险人已经就自己的主张即"车辆被砸"属于保险责任这一事实完成了举证义务,举证责任转移到保险公司承担。保险公司应当举反证,证明该事故不属于保险责任,或者提出新的主张,即存在"免责事由"。就本案来说,保险公司答辩提出"该事故是由于第三者造成的",这一事实是双方无异议的事实,因此保险公司无须举证,保险公司需就其新的主张,即"应由第三者承担赔偿责任"进行举证,需要保险公司提交法律依据或者条款依据,但是保险公司并未提交条款,且从以上所述的法理来说,保险公司的抗辩也没有法律依据,因此举证不能的败诉责任由保险公司承担。从另一个角度来说,即使保险公司证明了车辆是被哪个第三者砸的,根据《保险法》第六十条第一款的规定,保险公司也仍应当"先赔后追",找不到第三者的,也应由保险公司承担"追偿不能"的风险。因此,"被谁砸"的举证义务由保险公司承担。

案例供稿及评析人: 石家庄铁路运输法院　赵　毅

财产保险中保险利益的界定及司法审查

一、裁判要旨

保险利益是指投保人或被保险人对保险标的具有法律上承认的利益。财产保险中，保险事故发生时，被保险人对保险标的不具有保险利益的，不得向保险人请求赔偿保险金。保险利益有无及归属是维系整个保险合同的基础与关键，对其界定应当结合全案案情，综合评定，从严掌握。

二、基本案情

（一）原告诉称

2016年5月6日在京台高速北京方向299公里+200米处，贾××驾驶原告王××的冀AY0×××重型货车沿京台高速德州段由南向北行驶至肇事处，因未与前车保持安全车距，导致车前部与王×驾驶的鲁Q00××B重型货车后部相撞，造成贾××驾驶的原告王××的车辆前部损坏，王×驾驶的车辆无损坏的交通事故。该事故经德州市公安局交通警察支队高速公路一大队出具交通事故认定书认定贾××负事故的全部责任，王××不负该事故责任。原告王××的冀AY0×××重型货车在被告××财产保险公司投保了机动车交通事故责任强制保险、车辆损失险、不计免赔险等险种，事故发生在保险期间，故原告诉至法院，请求依法支持原告的诉讼请求。

（二）被告辩称

第一，原告王××不具有合法的诉讼主体资格，因原告王××既不是本案的被保险人，也不是车辆的登记车主，同时原告王××此前就本案已在德州市××区法院起诉。经保险公司向主审法官释明本案的情况后，王××已经撤回起诉，且保险公司庭前已向法院提供了2份判决书，是××县法院的一审判决和××市法院的二审判决，证明原告是收车，也就是俗称的"黄牛"，是购买事故车辆后以实际车主的名义提起虚假诉讼，目的是获取超额不法利益。本案中，原告王××仅提供了1份实际车主的证明，但该车主并未出庭作证。结合前述事实，保险公司认为更应当谨慎核实其具有合法的诉讼主体资格。第二，因涉案车辆为营运车辆，原告王××未提供事故车辆的道路运输证，因此属于保险条款商业险约定的免赔情形。第三，如经核实原告确实具有诉讼主体资格，且原告能够提供道路运输证，保险公司同意在交强险和商业险限额内赔偿原告诉请损失中合理合法的部分。

（三）法院公开审理查明

2016年5月6日在京台高速北京方向299公里+200米处，贾××驾驶冀AY0×××重型货车沿京台高速德州段由南向北行驶至肇事处，因未与前车保持安全车距，车辆前部与王×驾驶的鲁Q00××B重型货车后部相撞，造成冀AY0×××重型货车车辆前部损坏的事故。该事故经德州市公安局交通警察支队高速公路一大队出具交通事故认定书认定，贾××负事故的全部责任，王××不负事故责任。事故车辆冀AY0×××的行驶证登记车主为石家庄××运输有限公司，保险单中被保险人为马××。原告王××当庭承认该车辆并不是以其名义出资购买的。

三、裁判理由

法院认为：本案事故车辆冀AY0×××的行驶证登记车主为石家庄××运输有限公司，保险单中被保险人为马××。王××向本院提供了1份石家庄××运输有限公司出具的证明，用以证实其为该车实际车主，原告与石家庄××运输有限公司之间是挂靠关系。但王××既不能提供其与石家庄××运输有限公司签订的挂靠协议，也不能提供其购买该车的任何凭证，且当庭承认该车辆并不是以其名义出资购买的。在保险事故发生时，实际驾驶使用该车辆的人为贾××，不是王××。由此可见，王××既不是该保险合同的被保险人，在保险事故发生时，对该保险车辆也不具有保险利益，不属于本案的适格原告，遂裁定驳回原告起诉。

四、裁判结果

（一）一审法院裁判结果

一审法院依照《民事诉讼法》第一百一十九条第一项、第一百五十四条第一款第三项、《最高人民法院关于适用〈中华人民共和国民事诉讼法〉的解释》第二百零八条第三款的规定，裁定如下：

驳回原告王××的起诉。

（二）二审法院裁判结果

后原告王××提起上诉，二审法院经公开审理后予以维持原判，裁定已发生法律效力。

五、案例评析

保险利益，也称为可保利益，在保险法中扮演着非常重要的角色，它是保险合同称为补偿合同的前提，决定或影响着保险标的、保险价值、损害大小、重复保险以及保险合同利益的转移等。我国《保险法》第十二条对保险利益的基本问题作出了规定，[①]这对保险理论与实务意义重大。

（一）保险合同的成立必须以保险利益为前提

法律之所以规定保险合同的成立必须以保险利益为前提，其根本目的及作用在于防止把投保当作赌博，并防止其他道德风险的发生，避免未受损失的人获得不当利益。因为投保人或者被保险人对于保险标的如果不具有保险利益而与保险人签订了保险合同，很容易发生投保人或者被保险人为图谋保险金而违反道德，故意促使保险事故发生，损坏保险标的或在保险事故发生时人为扩大损失等行为。同时，损失补偿原则作为《保险法》的基本原则之一，其宗旨在于确定保险只为补偿被保险人因为保险标的出险所遭受的经济损失，而不允许被保险人通过保险获得额外的利益。而保险人的赔偿责任正是以保险利益作为依据确定的，当保险金额超过保险利益时，超过部分无效。

（二）财产保险中保险利益的界定

根据《保险法》第十二条第六款对于保险利益的定义，保险利益是一种"法律上承认的利益"，那么究竟如何理解《保险法》对于保险利益的界定？

1. 保险利益必须是合法的利益。保险利益必须是被法律认可并受到法律保护的利益，它必须符合法律规定，与社会公共利益相一致。保险

---

① 《保险法》第十二条规定：人身保险的投保人在保险合同订立时，对被保险人应当具有保险利益。财产保险的被保险人在保险事故发生时，对保险标的应当具有保险利益。人身保险是以人的寿命和身体为保险标的的保险。财产保险是以财产及其有关利益为保险标的的保险。被保险人是指其财产或人身受保险合同保障，享有保险金请求权的人。投保人可以为被保险人。保险利益是指投保人或者被保险人对保险标的具有的法律上承认的利益。

利益产生于国家制定的相关法律、法规以及法律所承认的有效合同。具体而言，投保人对保险标的的所有权、占有权、使用权、收益权、维护标的安全责任等必须是依法或依据有法律效力的合同而合法取得、合法享有、合法承担的，凡是违法或损害社会公共利益而产生的利益都是非法利益，不能作为保险利益。

2. 保险利益必须是确定的利益。确定的利益是客观存在的、可实现的利益，而不是凭主观臆测、推断可能获得的利益，包括现有利益和期待利益。已经拥有的利益或者利害关系为现有利益，如投保人对财产具有合法的所有权、抵押权、质权、留置权及典权等关系且继续存在者，均具有保险利益，现有利益随物权的存在而产生。尚未拥有但可以确定的利益或利害关系为期待利益，这种利益必须建立在客观物质的基础上，而不是主观臆断、凭空想象的利益。预期利益是因财产的现有利益而存在，依法律或合同产生的未来一定时期的利益。例如，预期的营业利润、预期的租金等属于合理的期待利益，可以作为保险利益。

3. 保险利益必须是经济利益。所谓经济利益是指投保人或被保险人对保险标的的利益必须是可通过货币计量的利益。

（三）财产保险中保险利益的主体范围确定

《保险法》第十二条第六款规定，保险利益是指投保人或者被保险人具有的利益。对于保险利益应为谁所有，各国立法及学说并没有统一的认识。而在保险学说中，争论最大的有四种观点：第一种观点是我国旧保险法的规定，认为保险利益是对投保人的要求；第二种观点是台湾地区保险法的规定，认为保险利益是对投保人和被保险人的要求；第三种观点认为保险利益是对被保险人的要求；第四种观点认为保险利益是对受益人的要求。我国新《保险法》则采用区别对待的方式对保险利益的归属问题做了界定，《保险法》第十二条第二款规定，财产保险中被保险人对保险标的应当具有保险利益——强调了被保险人与保险标的的关系。在财产保险中，根据保险法的损失补偿原则，保险是以填补损害为目的的，有损害才有赔偿。因此，被保险人在损害发生时必须具有保险利益，只有这样，被保险人才会因保险标的的损毁、灭失而遭受损失。因此，财产保险合同中，保险利益应存在于被保险人，同时时间界定上为"保险事故发生时"。如果发生损失的时候被保险人没有保险利益，则保险标的的损毁、灭失就不是被保险人的损失，而是他人的损失，被保险人如果获得赔偿则违背保险法的损失补偿原则，也与保险立法的本意相悖。

那么对于究竟如何认定财产保险中的被保险人是否具有保险利益？由于目前保险法多是原则性的规定，因此也就导致司法实务中对于保险利益的判定缺乏可操作的标准，这也正是本文所要探讨的问题。

保险利益的主体问题实质上是保险利益的归属判断问题，是法律要求保险利益为谁所具有的问题。由于财产保险合同的投保人和被保险人在绝大多数情况下为同一人，因此要求投保人具有保险利益，也就是要求被保险人具有保险利益。但从法理上讲，应当是要求被保险人在保险事故发生时对保险标的具有保险利益，这是实质性的要求，这也是秦道夫先生主编的《保险法论》采用的主要观点。与人身保险不同，财产保险的保险标的在整个保险存续期间会发生流转，因此，在界定其保险利益归属时也需要仔细甄别。

（四）财产保险保险利益的审查方式

对于财产保险的保险利益审查方式，司法实务中存在两种观点和做法。第一种观点认为，保险利益是保险法特有的基本原则，法律设置保险利益的目的在于避免赌博行为，防范道德风险。欠缺保险利益时，财产保险合同无效。对于无效情形，法院应当依据职权主动进行审查。第二种观点认为，财产保险欠缺保险利益的，财产保险合同仍属有效合同，法院不应依据职权对保险利益进行审查。被保险人有无保险利益作为一个事实问题，应当由被保险人负担证明责任，举证不能的，法院对其给付保险赔偿金的诉讼请求不予支持。本案即采用了第二种观点。原因在于，既然欠缺保险利益不是财产保险无效的法定情形，则在现有民事诉讼模式下，法院就无权对此采取职权审查方式。依据《保险法》第四十八条的规定可知，保险利益欠缺的法定、直接效果是"不得向保险人请求保险赔偿金"，即财产保险欠缺保险利益的，被保险人主张保险金给付请求权的，法院不予支持。作者认为，立法者对财产保险保险利益的规制并不是从合同效力的角度考量，而是从保险金请求权行使的角度出发的。保险利益是财产保险被保险人得以行使保险金请求权的重要构成要件，无保险利益时被保险人不得行使保险金请求权。

与之相关的是司法实务中财产保险纠纷案件有关举证责任分配的问题。综上所述，保险利益与保险事故所致损害具有同一性，是站在不同角度的解读。在事故发生前，对被保险人是一种积极利益的存在；事故发生后，是一种利益减损导致的损失。证明存在损失，也就等于证明了事故发生时存在的保险利益。所以，财产保险的保险金给付请求权的权利形成规范包括损失、承保风险发生和结果关系，被保险人对上述事件的事实负担举证责任。有无保险利益与损失具有同一性，因此应当一并由被保险人负担举证责任。当然，保险人虽不负担结果意义上的举证责任，仍可以提供反证削弱对方证据的证明力或直接反驳对方的事实主张。

（五）本案解析

综上所述，本案的关键在于如何确定原告是否具有保险利益，即对于保险利益种类和范围的确定。

针对这一问题，司法实务中部分地方法院也通过制定指导意见等方式确定了本省的认定方式。比如2011年9月2日印发的《广东省高级人民法院关于审理保险合同纠纷案件若干问题的指导意见》（粤高法〔2011〕44号）第十二条规定：（1）对保险标的享有物权；（2）对保险标的享有债权；（3）保险标的是其依法应当承担的民事赔偿责任；（4）对保险标的享有其他合法权益。财产保险合同不同投保人对同一保险标的分别投保的，保险事故发生时，应按照各被保险人与被保险标的的分别保险利益大小，判断保险人对各被保险人所应承担的保险责任。对被保险人向保险人提出的超出自己保险利益范围的索赔请求，人民法院不予支持。《最高人民法院关于适用〈中华人民共和国保险法〉若干问题的解释（二）》第一条虽然没有具体列明财产保险保险利益的种类，但是肯定了投保人、被保险人可以就同一保险标的以不同的保险利益分别投保。2011年3月7日印发《山东省高级人民法院关于审理保险合同纠纷案件若干问题的意见（试行）》第十二条规定：财产保险中，非保险标的的所有人基于租借、挂靠、保管等合同对保险标的享有占有、使用等权利而进行投保的，发生保险事故时，应认定其对保险标的具有保险利益。

本案中，事故车辆冀AY0×××的行驶证登记车主为石家庄××运输有限公司，保险单中被保险人为马××。因此，原告王××必须举证证明其在事故发生时，对冀AY0×××车辆享有保险利益，才能成为本案的适格原告，享有保险金请求权。对此，王××向本院提供了1份石家庄××运输有限公司出具的证明，用以证实其为该车实际车主，与石家庄××运输有限公司之间是挂靠关系。但王××既不能提供其与石家庄××运输有限公司签订的挂靠协议，也不能提供其购买该车的任何凭证，且王××当庭承认该车辆并不是以其名义出资购买的，在发生保险事故时，实际驾驶使用该车辆的人为贾××，也不是王××。由此可见，根据庭审证据，并不能证明原告王××对事故车辆享有物权、债权以及其他合法的占有、使用等权利，因此也无法确定王××在事故发生时对该保险车辆具有保险利益，法院据此裁定驳回原告诉讼请求具有合法依据。

案例供稿及评析人：石家庄铁路运输法院　康占伟

被保险车辆被人为焚毁
是否属于保险事故的责任认定

一、裁判要旨

是否属于保险事故是确定保险公司应否承担赔偿责任的前提，在保险条款对于保险事故的界定没有更明确的解释时，不应当将解释的范围无限扩大，应当结合保险设立的功能、保险合同的特殊性质以及案情综合考虑。

本案中，根据保险条款中火灾的定义，对定义中"被保险车辆本身以外的火源引起的"应理解为外部火源所引起，而不应对"外部火源"进行再限制，对犯罪分子杀人烧车这一特例，应认定为外部火源引起，其属于火灾，保险公司应予赔付。

二、基本案情

（一）原告诉称

2015年8月26日下午，被保险人高××驾驶其所有的维拉克斯轿车行至北京市大兴区庞各庄镇东南次村附近时，被犯罪分子杨××持枪杀害，后杨××埋尸、焚车。被保险人高××的车辆在被告××财产保险公司处投保有车辆损失险，且事情发生在保险期间，为维护原告的合法权益特诉至法院，请法院依法支持原告的诉讼请求。

（二）被告辩称

保险公司认可犯罪分子焚烧被保险车辆的事故，但认为该情形不属于车辆损失险的赔偿范围，且保险人对免责条款已进行提示说明，故保险公司不予赔偿，对于诉讼费、鉴定费不予承担。

（三）法院经公开审理查明

2015年8月14日，被保险人高××向被告××财产保险公司投保车辆损失险及商业第三者责任险，并按照约定支付保险费，保险期间为2015年8月14日至2016年8月13日。2015年8月26日下午，被保险人高××驾驶其所有并投保的维拉克斯轿车行至北京市大兴区庞各庄镇东南次村附近时，被犯罪分子杨××持枪杀害，后杨××埋尸、焚车。××财产保险公司认可被保险人高××被枪杀及保险车辆被犯罪分子焚烧的事故，北京市人民检察院第二分院以故意杀人罪、非法持有枪支罪对焚车人杨××向北京市第二中级人民法院提起公诉。

三、裁判理由

法院认为：

1. 高××向被告××财产保险公司投保，并按照约定支付保险费，××财产保险公司向高××签发保单后，双方财产保险合同成立。该合同是双方当事人的真实意思表示，内容符合法律规定，合同合法有效。双方应当以诚实信用为原则，按照合同约定全面履行各自的权利与义务。

2. 本案中，××财产保险公司认可被保险人高××被枪杀及保险车辆被犯罪分子焚烧的事故，故对原告主张的事实予以确认。案件的争议焦点是保险车辆被犯罪分子焚毁是否属于车损险的赔偿范围？法院认为，保险条款释义部分对火灾的定义为："被保险车辆本身以外的火源引起的、在时间或空间上失去控制的燃烧（即有热、有光、有火焰的剧烈的氧化反应）所造成的灾害"，该定义并未对"车辆本身以外的火源"做进一步的区分解释，例如未区分是人为还是其他原因，未区分是故意还是过失等。因此，犯罪分子放火致保险车辆燃烧应属火灾。该情形属于双方保险合同约定的车辆损失险的保险责任范围，××财产保险公司应当依约承担保险赔偿责任。关于被告对免责条款中规定的保险车辆被盗窃、被抢劫及被抢夺期间受到的损失保险公司不赔偿的抗辩意见，法院认为，根据北京市人民检察院第二分院起诉书所指控的事实，犯罪分子的主要目的是故意杀人，且杀人后焚烧车辆以毁灭证据，其没有盗窃、抢劫、抢夺的非法占有目的，故本院对被告的该抗辩意见不予采信。关于本案的车辆损失，原告、被告均对北京市××价格评估有限公司出具的价格评估结论书无异议，故应以该鉴定结论所确定的损失数额30万元作为赔偿依据。

四、裁判结果

（一）一审法院裁判结果

一审法院依照《保险法》第二条、第十四条的规定，判决如下：

1. 被告××财产保险公司于本判决生效之日起10日内给付原告高×等五人保险金300000元。

2. 驳回原告高×等五人的其他诉讼请求。

（二）二审法院裁判结果

宣判后，被告××财产保险公司提起上诉，二审法院作出判决予以维持，判决已发生法律效力。

五、案例评析

该案例主要涉及如何对保险条款中规定的"火灾"进行界定，以及在车辆被人为焚毁的情况下是否应当归属保险事故范围的问题。厘清这个问题，是确定保险公司是否应当承担赔偿责任的前提与关键。

（一）"火灾"的解释与认定

1. 文义解释的运用。

文义解释是法律解释最常用、最基础的解释方法。较之其他解释方法，其精髓在于它将解释的视野局限在条文本身，意图理解条文所记载的规范内容和意义，并不涉及或者掺杂条文之外更多的东西，因而具有相当的纯粹性和机械性。根据解释尺度的不同，被分为字面解释、限制解释和扩大解释三种。

根据保险条款的规定，"火灾"是一种典型的保险事故。对于如何认定火灾，保险条款给出的释义为："被保险车辆本身以外的火源引起的、在时间或空间上失去控制的燃烧（即有热、有光、有火焰的剧烈的氧化反应）所造成的灾害"，从文义解释的角度来讲，该定义前半部分是对火灾原因的表述，后半部分是对火灾所呈现出的状态描述。"被保险车辆本身以外的火源"这一定义仅排除了由于车辆本身线路等问题引起的自燃，而并未对外部火源做进一步的区分解释，例如该火源是人为原因所致或是自然灾害所致，人为原因是否区分故意与过失等。因此，在条款未对这个定义作出进一步解释时，从保险设置的目的及保险免责条款设置的原意考虑都不宜随意将火灾的范围进行限缩。"车辆被人为焚毁"这一现象从原因上讲排除了"被保险车辆本身以外的火源引起"这一因素，从状态上讲达到了"在时间或空间上失去控制的燃烧（即有热、有光、有火焰的剧烈的氧化反应）"这一状态，因此，将车辆被人为焚毁导致的损失归属于保险事故中"火灾"这一类别符合文义解释的基本原则。

2. 格式合同解释规则的适用前提。

保险合同作为一种典型的格式合同，司法实践中，对于保险条款的解释存疑时，运用最广泛的是《合同法》的关于格式条款的不利解释原则。但需注意，运用不利解释原则作出判断的前提是穷尽文义解释、目的解释、体系解释等各种解释方法用以确定合同条款中是否真正存在疑义。在英美法中，只有在保险合同条款存在模糊不清及歧义，即一个词语具有两个完全不同的含义，以至于在同一时间对这一词语的理解既有可能是正确的也有可能是不正确的，并且这种模糊不清无法借助其他方法予以解决时，该保险合同条款才具有疑义。本案中，对于车辆被人为焚毁是否属于"火灾"，保险条款中没有明确的规定，保险人与被保险人也各执己见。被保险人认为，人为焚毁的情形完全符合保险条款中关于"火灾"的释义，应当认为属于保险事故的范围。保险人则认为，本案中的火源是犯罪分子主观故意造成的，并非其他外来火源波及标的车，不属于保险条款中约定的火灾情形，而保险条款中对于人为焚毁是否属于火灾没有更加具体明确的解释。本案中，承办法官没有径行运用格式合同的不利解释原则认定人为焚车属于"火灾"事故范围，原因在于通过文义解释及目的解释等方法完全可以排除保险人所说的疑义，如此，不利解释原则便失去了适用的基础，在该原则被无节制适用的情况下，本案中承办法官的做法值得借鉴。

（二）保险人代位求偿权的实现及功能价值

保险人代位求偿权是指保险人所享有的，代位行使被保险人对造成保险标的损害负有赔偿责任的第三者的索赔求偿的权利。保险人代位求偿权是保险领域的一项重要的制度，从其设置的功能价值上分析，主要体现在以下三个方面：（1）对被保险人而言，主要是为了禁止其双重受偿，滋生道德风险；（2）对保险人而言，则可以实现对其利益的平衡保护，由于直接责任方是第三者，因此保险人在先承担保险赔付责任后享有代位求偿权可以较好地平衡保险人与第三者的利益关系，确定责任范围；（3）对第三者而言，债权的转让能够实现对造成损害的第三者进行民事惩罚的目的，避免其因保险人承担保险责任而免除民事责任，实现民事责任的目的和功能。从以上分析可以看出，代位权制度设计的最大价值在于保持各方利益的平衡，在保证能够最大限度地实现被保险人受偿权益的同时，也能在保险人与致害人之间构建利益平衡机制。从更广泛的意义上来说，保险人代位权的实现可以降低保险给付的实际数额，而保险给付的实际数额是保险公司核定报废的主要因素，该数额的降低将使保险费率降低，最终减轻投保人的负担。

保险合同代位求偿权纠纷首先要解决的是代位求偿权的取得问题，我国《保险法》关于代位求偿权的行使条件规定于第六十条第一款："因第三者对保险标的的损害而造成保险事故的，保险人自向被保险人赔偿保险金之日起，在赔偿金额范围内代位行使被保险人对第三者请求赔偿的权利。"通常，代位求偿权的构成要件包含以下四个方面：（1）第三者造成了保险标的的损失，被保险人对其具有损害赔偿请求权；（2）标的物的损失属于保险事故；（3）保险人已实际赔付被保险人；（4）代位求偿权的行使范围限于保险人应予赔偿并已实际赔付的数额。那么，在代位权的构成要件中，是否要对第三者应当承担赔偿责任的法律关系基础及过错形态做进一步区分呢？作者认为，并无必要。在司法实务中，代位权行使的法律关系基础既可以是侵权之债，也可以是合同之债；第三者的主观过错形态既可以是故意也可以是过失，只要能够确认标的物的损失是第三者损害所致，且第三者应当对被保险人承担赔偿责任，则保险人代位求偿权行使的基本条件即已具备。从这一角度来讲，作者认为，在人为焚车的情形下判定首先由保险人对被保险人的实际损失先行赔付，可最大限度地维护被保险人的合法权益，符合保险作为社会经济保障制度重要组成部分的基本功能及价值取向。同时，保险人实际赔付后依法取得对第三者的追偿权，也可以有效平衡保险人与第三者之间的利益，既保证保险作为商事交易活动的平稳运行，又能在最大程度上实现案件法律效果与社会效果的统一。

（三）免责条款的适用

《最高人民法院关于适用〈中华人民共和国保险法〉若干问题的解释（二）》第九条第一款规定：保险人提供的格式合同文本中的责任免除条款、免赔额、免赔率、比例赔付或者给付等免除或者减轻保险人责任的条款，可以认定为《保险法》第十七条第二款规定的免除保险人责任的条款。可以看出，合同中免责条款的适用有严格的标准，相关责任免除条款必须是明确的，免除的范围必须严格依照条款规定确定。本案中，保险人抗辩称保险条款第七条第十二项规定："（标的物）被盗窃、抢劫、抢夺，以及因被盗窃、抢劫、抢夺受到损坏或车上零部件、附属设备丢失的"，保险人不负赔偿责任。该免责条款中，责任免除的范围严格限定为"（标的物）被盗窃、抢劫、抢夺"三种情形，而本案中北京市人民检察院第二分院起诉书所指控的事实，犯罪分子的目的是故意杀人，且杀人后焚烧车辆以毁灭证据，其没有盗窃、抢劫、抢夺的非法占有目的，因此本案中所述情形并不能适用该条免责条款。我国《保险法》第十七条第二款规定，"对保险合同中免除保险人责任的条款，保险人在订立合同时应当在投保单、保险单或者其他保险凭证上作出足以引起投保人注意的提示，并对该条款的内容以书面或者口头形式向投保人作出明确说明；未作提示或者明确说明的，该条款不产生效力。"根据该条款可以看出，即使保险条款中规定了相应的免责条款，其生效与否依然取决于保险人是否对该条款尽到了明确的提示、说明义务。从立法本意上来讲，也即对于免责条款的生效保险法是从严掌握的，这与保险本身的功能价值是一致的。推而及之，对于免责条款本身的解释更应当从严掌握，保险人辩称"举重以明轻，保险条款中规定的盗窃、抢劫、抢夺行为属于免责范围，则故意杀人后的毁灭证据行为更加恶劣，应当也属于免责范围"没有合理的依据，也违背保险法的立法目的，承办法官未予采纳该抗辩意见，笔者认为合乎法理人情。

保险实务裁判中，对于保险本身的功能价值、保险合同中各方利益平衡，以及商事交易活动的运行规律等的综合考量，对于案件裁判有着重要意义。

案例供稿及评析人：石家庄铁路运输法院　呼广宇

财产保险合同中
"施救费用"不合理部分的排除

一、裁判要旨

交通事故发生后，针对涉事车辆的施救收费乱象屡禁不止，天价施救费、拖车费层出不穷，对此保险公司叫苦不迭，法院审理此类案件中应坚持就近施救的原则，严把发票来源关（代开发票不认可、施救方资质等），对主挂车发生事故仅有主车施救费发票的情况将举证责任分配给原告，以此杜绝施救费的乱象，促进保险业健康发展。

二、基本案情

（一）原告诉称

2016年6月22日3时许，佘××驾驶冀FK××××半挂车行驶至青银高速895公里+322米处，因未保持安全车距与王××驾驶的冀A84×××半挂车追尾，造成佘××受伤，两车所载货物受损，两车及路产受损的交通事故，高速公路一支队六大队作出事故认定书，认定佘××负事故的全部责任。原告车辆在被告处投保有交强险、商业险，且事故发生在保险期内，为维护原告的合法权益特诉至法院，请求法院判令被告赔偿原告车辆损失、施救费、路产损失、鉴定费用等共计253314元，本案诉讼费用由被告承担。

（二）被告辩称

同意在核实驾驶证、行驶证、运营证、从业资格证合法有效及保险车辆不具有免责情形的情况下，保险公司依法赔偿原告保险责任内的损失。保险公司不承担诉讼费、公估费。

（三）法院公开审理查明

2015年9月6日，保定××汽车运输服务有限公司为解放牌重型半挂牵引车（车辆识别代码LFWRRXRJXF1F2××××）在××财产保险公司投保了机动车交通事故责任强制保险（保险期间自2015年9月6日零时起至2016年9月6日24时止）。2015年9月9日，解放牌重型半挂牵引车（车辆识别代码LFWRRXRJXF1F2××××）上牌照为冀FK××××。2015年9月10日，保定××汽车运输服务有限公司为冀FK××××重型半挂牵引车在××财产保险公司投保了不计免赔车辆损失险、不计免赔商业第三者责任保险（保险期间自2015年9月11日零时起至2016年9月10时24时止）。冀FK××××重型半挂牵引车登记在保定××汽车运输服务有限公司名下，实际车主为佘××。

2016年6月22日3时许，佘××驾驶冀FK××××半挂车行驶至青银高速895公里+322米处，未保持安全车距与王××驾驶的冀A84×××半挂车追尾，造成佘××受伤，两车所载货物受损，两车及路产受损的交通事故，××省公安厅交通警察总队高速公路管理处一支队六大队作出事故认定书，认定佘××负事故的全部责任。

在本案的审理过程中，被告××财产保险公司对涉案车辆的损失提出重新鉴定，经双方当事人协商一致，法院依法委托××保险公估有限公司对冀FK××××的车辆损失进行了鉴定，××保险公估有限公司出具公估报告书认定冀FK××××车辆损失为220164元，鉴定费用被告××财产保险公司已先行支付。

三、裁判理由

法院认为，佘××所有的冀FK××××车辆在被告××财产保险公司所处投保有车辆损失险，该保险合同是双方当事人的真实意思表示，不违反法律、行政法规的强制性规定，合法有效，双方当事人应当依据保险合同的约定履行各自的义务。原告佘××作为保险车辆的实际车主，对该车具有保险利益，可以作为原告参加诉讼，向保险公司主张权利。保险车辆在保险期限内发生交通事故，致本车损坏、路产受损，经公安交通管理部门认定，保险车辆的司机承担事故的全部责任，该情形属于双方保险合同约定的车辆损失险、商业第三者责任险的保险责任范围，××财产保险公司应当依约承担保险责任。

关于本案的车辆损失及鉴定费用。在本案的审理过程中，法院依法委托××保险公估有限公司对冀FK××××的车辆损失进行了鉴定，××保险公估有限公司出具公估报告书认定冀FK××××车辆损失为220164元，原告、被告对公估报告均无异议，故应以该鉴定结论所确定的损失数额作为赔偿依据。因鉴定所产生的公估费用是为查明保险事故的损失所支出的必要、合理费用，被告××财产保险公司已先行支付，符合保险法的规定。关于施救费用，原告提交30000元的施救费发票，其开具单位为汾阳市恒泰汽修厂，而交通事故发生在青银高速上、公路赔偿通知书的开具单位为山西省高速公路管理局吕梁路政大队，庭审中原告明确表示主挂车为一起施救，法院当庭示明原告应提交挂车的施救费发票、施救单位资质等证据予以佐证，原告在法庭指定的期限内没有提供相关证据，故原告无证据证明发票的真实性、合理性，法院对该证据不予采信，但车辆损坏需救援系客观事实，故依照保险法的相关规定法院酌情支持10000元。关于本案中因事故遗漏抛洒污染路面而产生的高速罚款3150元，虽有公路赔偿通知书及山西省非税收入统一票据在案佐证，但被告提交了被保险人保定××汽车运输服务有限公司盖章的投保单证实保险人尽到了提示说明义务，因此商业第三者责任险中关于因污染引起的损失和费用不承担赔偿责任的免责条款对作为实际车主的原告具有约束力，被告据此免除其赔偿责任符合合同约定，故对原告要求被告赔偿路产损失的诉讼请求不予支持。

综上所述，原告佘××要求被告××财产保险公司在保险责任限额范围内赔偿其本车损失、施救费的诉讼请求符合法律规定，法院应予支持。

四、裁判结果

法院依照《保险法》第二条、第十四条、第五十七条的规定，对本案判决如下：

1. 被告××财产保险公司于本判决生效之日起10日内给付原告佘××保险金230164元。

2. 驳回原告佘××的其他诉讼请求。

五、案例评析

《保险法》第五十七条规定："保险事故发生时，被保险人应当尽力采取必要的措施，防止或者减少损失。保险事故发生后，被保险人为防止或者减少保险标的的损失所支付的必要的、合理的费用，由保险人承担；保险人所承担的费用数额在保险标的的损失赔偿金额以外另行计算，最高不超过保险金额的数额。"根据上述规定，施救费应具备以下几个要件：

第一，必须是在保险事故发生后产生。保险费用产生的前提是承保危险发生后，或者保险标的已处于危险之中（该保险标的所处的危险必须是本保险所承保的风险，即必须是保险人应负责的风险），而非仅仅是担心很可能发生危险。

第二，必须是以防止或减少保险标的损失为目的。施救费用产生的另一前提是必须有潜在的损失存在，即如果不采取施救措施这种损失就肯定发生。

第三，必须是必要的、合理的费用。

第四，施救费用在保险标的损失赔偿金额以外另行计算，其最高不超过保险金额的数额。

被保险人为防止或者减少保险财产损失而采取施救、保护、整理等措施，通常会有一定的费用支出，由于被保险人的财产已经投保，从某种意义上说，被保险人的这些费用是为保险人的利益而支出的，所以说施救费用设立的目的在于保险人对于被保险人在保险事故发生时对保险标的提供必要保护的一种鼓励，鼓励被保险人积极施救，从而减少保险人和被保险人的损失。保险人在保险财产遭受保险责任范围内的灾害、事故损失时，除负责赔偿保险财产本身的损失外，对保险财产的施救费用也负赔偿责任。但是近年来，"天价施救费、拖车费"事件此起彼伏，保险公司对此叫苦不迭，同时也使法律设计失去其初衷。

本案之审判要点在于，对于不合理的施救费用，要严格适用就近施救原则、非法证据排除规则、举证责任等抑制施救费中的不合理部分。

（一）就近施救原则

就近施救顾名思义即为利用附近的资源对事故车辆进行及时合理的救援施救，该原则符合施救费定义中"必要的、合理的"要求。违反此原则产生的施救费用即不符合法律关于施救费的"必要的、合理的"规定，依照此原则可依法排除运输费、非事故发生地所产生的施救费等费用。

（二）非法证据排除规则

非法证据排除规则是对非法取得的证据予以排除的统称，也就是司法机关不得采纳非法证据，将其作为定案依据。据此规则可依法排除代开发票等证据。

（三）举证责任的分配

由于现行《保险法》并未对保险合同举证责任的分配作出明确规定，我们将从《民事诉讼法》、最高人民法院《关于民事诉讼证据的若干规定》以及《保险法》中的其他条款出发，以确定保险合同诉讼中举证责任分配的基本原则。

《民事诉讼法》第六十四条规定："当事人对自己提出的主张，有责任提供证据。"也就是说，举证责任分配的基本原则在《民事诉讼法》中是"谁主张，谁举证"。根据这个原则，主张当事人如果不能充分完成其举证责任，则其主张不被支持。而《诉讼规定》第七条"在法律没有具体规定，依本规定及其他司法解释无法确定举证责任承担时，人民法院可以根据公平原则和诚实信用原则，综合当事人举证能力等因素确定举证责任的承担"。

《保险法》第二十二条规定了索赔方应提供证明和材料以确定保险事故的性质，却没有明确分配举证责任。保险合同纠纷诉讼中，举证责任与一般民事纠纷存在一定程度的不同，保险合同的专业性、技术性决定了某些时候证明要求会超过普通人的水平，因此，在处理保险纠纷时，除了以"谁主张，谁举证"的原则作为指导外，还应结合《诉讼规定》中的公平原则、诚实信用原则，合理分配举证责任。

《保险法》第二十二条第一款规定："保险事故发生后，按照保险合同请求保险公司赔偿或给付保险金时，投保人、被保险人或者受益人应当向保险人提供所能提供的与确认保险事故的性质、原因和损失程度等有关的证明和资料。"也就是说,《保险法》将索赔方的举证责任确定为提供确认保险事故性质、原因相关的证明和资料,且以其能力范围内能提供的为限。结合《诉讼规定》中的公平原则,我们可以知道,索赔方提供了其所能提供的材料,且这些材料可以初步证明保险事故的原因、性质,则其举证责任完成。具体到施救费用上,关于挂车未投保、关于对主挂车同时施救但原告仅提供主车施救费发票,是否应扣除挂车施救费的问题?被保险人或者其雇用的司机,既是事故的亲历者,也是施救行为的具体执行者,还是各种费用的递交者,其对各种情况的了解程度和证据的提交能力远远高于保险人,故对于以上问题应将举证责任分配给被保险人或者原告,其无法充分完成举证责任,那么将承担举证不能的不利后果。同时将举证责任分配给被保险人或者原告可以避免道德风险的发生。

案例供稿及评析人:石家庄铁路运输法院 呼广宇

财产保险合同中"按责赔付"条款与 "第一受益人"的约定无效

一、裁判要旨

保险条款中约定的"按责赔付"条款属于排除投保人、被保险人依法享有权利的条款，依《保险法》第十九条的规定，应当认定为无效条款。财产保险合同中不存在第一受益人的概念，财产保险合同中约定第一受益人的，应当认定为该约定无效。

二、基本案情

（一）原告诉称

2014年11月14日，原告刘××在××财产保险公司为冀AK×××Q轿车投保了机动车交强险和商业保险，其中投保车辆损失险保险金额为101800元，附加不计免赔条款，保险期限自2014年11月15日起至2015年11月14日止。2015年11月2日21时10分许，王××驾驶冀AK××XQ轿车（实际车主为刘××）沿039省道由西向东行驶至该道6公里+61.7米处时，与由东向西行驶的郭××驾驶的冀AL××××轿车相撞，造成两车损坏的道路交通事故。该事故经过××市公安交通警察大队作出的道路交通事故认定书认定，王××与郭××负此次事故的同等责任。该事故造成原告刘××冀AK×××Q轿车车辆损失68287元，公估费1000元，施救费400元，共计

69687元。据此，刘××起诉××财产保险公司，其诉讼请求为：请求法院依法判令××财产保险公司赔付原告损失69687元，并承担本案诉讼费。

（二）被告辩称

事故车辆冀AK×××Q车在保险公司投保机动车损失险101800元及附加不计免赔条款，保险期间为2014年11月15日至2015年11月14日，事故发生在保险期间，在查明王××驾驶证、冀AK×××Q车辆行驶证有效前提下，保险公司同意在扣除三责车交强险财产限额2000元后按事故责任50%的比例承担原告合法、合理损失，不承担鉴定费、诉讼费等间接损失；事故车辆冀AK×××Q车为贷款车辆，根据保单约定，第一受益人为××银行股份有限公司石家庄分行，当次事故损失金额超过保险保额的20%时，保险人需按照第一受益人的书面指示支付保险赔款。

（三）法院公开审理查明

2014年11月14日，刘××在××财产保险公司为冀AK×××Q车投保了机动车交强险和商业保险，其中投保车辆损失险保险金额为101800元，附加不计免赔条款，保险期限自2014年11月15日起至2015年11月14日止。保单特别约定：第一受益人为××银行股份有限公司石家庄分行，当次事故损失金额超过保险保额的20%时，保险人需按照第一受益人的书面指示支付保险赔款。

2015年11月2日21时10分许，王××驾驶刘××所有的冀AK×××Q轿车沿039省道由西向东行驶至该道6公里+61.7米处时，与由东向西行驶郭××驾驶的冀AL××××轿车相撞，造成两车损坏的道路交通事故。事故发生后，××市公安交通警察大队作出道路交通事故认定书（简易程序）认定王××与郭××负此次事故的同等责任。因此次交通事故，刘××支付施救费400元。刘××为确定冀AK×××Q车辆损失，单方委托河北×××保险公估有限公司对冀AK×××Q车辆损失进行了公估，确定冀AK×××Q车的估损金额合计为 68287 元。2016 年 1 月 19 日，××财产保险公司申请对冀 AK×××Q 车损进行重新鉴定，法院予以准许。经双方协商确定委托××保险公估有限公司进行鉴定，2016 年 3 月 8 日，××保险公估有限公司出具编号为 SYXFY-20160057 的公估报告书，确定冀 AK×××Q 车的估损金额合计为 59472 元，××财产保险公司为此支付公估费 3300 元。

三、裁判理由

法院认为：原告刘××与被告××财产保险公司所签订的保险合同是双方当事人的真实意思表示，不违反法律、行政法规的强制性规定，合法有效，法院予以确认。在保险期间，被保险车辆发生交通事故，属于本案保险合同约定的保险责任范围，被告应当在相应的保险责任限额内赔偿原告的损失。原告单方委托公估公司所做的车损鉴定，因其剥夺了被告参与选择鉴定机构、提供相关材料等权利，缺乏合法性，故应以双方共同选定并经法院委托的公估公司所做的公估报告作为确定车辆损失数额的依据。对于被告辩称被保险机动车驾驶人王××与郭××负此次事故的同等责任，在扣除机动车第三者责任险限额 2000 元后，按事故责任比例 50%赔偿原告损失的抗辩意见，法院认为，车损险保险条款是保险公司提供的格式条款，而"按责赔付"条款虽然出现在赔偿处理部分，但从内容上分析，实质上是缩小了保险人的保险责任范围，免除了保险人相应的保险责任，排除了投保人依据车损险保险合同就车辆因发生保险事故而产生损失时应获得的赔偿权利，根据《保险法》第十九条的规定，该"按责赔付"格式条款为无效条款，故法院对该抗辩意见不予采纳。对于被告以机动车商业保险单特别约定中第一受益人为××银行股份有限公司石家庄分行，当次事故损失金额超过保险保额的 20%时，保险人需按照第一受益人的书面指示支付保险赔款为由进行抗辩的意见，法院认为，根据保险法的规定，只有在人身保险合同中被保险人或者投保人才能指定受益人，财产保险合同中并无指定受益人的规定，故该机动车商业保险合同中约定受益人不符合《保险法》的规定，保险金请求权仍应以对保险标的具有保险利益的人享有，故法院对被告该抗辩主张不予采信。对于原告主张的车损公估费1000元，法院认为，原告未提供相应的证据，且该费用是原告单方公估所产生，而其单方委托的公估报告并未作为确定车辆损失的依据，故该公估费用不属于为确定保险车辆的损失所支付的必要的、合理的费用，应当由原告自行负担。对于原告支付的施救费400元，法院认为此项费用是被保险人为防止或者减少保险标的损失所支付的必要的、合理的费用，应由被告承担。对于被告已支付的重新鉴定费3300元，法院认为是被告为查明和确定保险事故的性质、原因和保险标的的损失程度所支付的必要的、合理的费用，应当由被告承担。

综上所述，原告刘××要求被告××财产保险公司在保险责任限额范围内赔偿其车辆损失及施救费的诉讼请求合法有据，法院应予支持。

四、裁判结果

法院依照《保险法》第二条、第十四条、第十九条、第五十七条、第六十四条的规定，判决如下：

1. 被告××财产保险公司于本判决生效之日起10日内在机动车第三者责任险限额内给付原告刘××保险赔偿金2000元，在机动车车辆损失险限额内给付原告刘××保险赔偿金57472元，给付原告刘××车辆施救费400元。

2. 驳回原告刘××的其他诉讼请求；由被告××财产保险公司负担案件受理费771元。

五、案例评析

本案的审判要点在于，保险条款中保险人与相对人约定的"按责赔付"条款是否属于排除投保人、被保险人依法享有权利的条款，对被保险人是否有约束力？财产保险合同中是否存在第一受益人的概念？

（一）"按责赔付"条款对被保险人是否具有约束力

我国各保险公司的商业车险中通常有如下规定：保险人依据被保险机动车驾驶人在保险事故中所负的事故责任比例，承担相应的赔偿责任。其中，保险车辆方无事故责任的，保险公司不承担赔偿责任，这就是所谓的"按责赔偿、无责免赔"条款。

第一，从社会价值引导角度讲，"按责赔偿、无责免赔"条款与鼓励机动车驾驶者遵守交通法规的社会正面价值导向背离，也不符合保险用以分散社会风险的缔约目的，同时有违保险立法尊重社会公德与诚实信用的原则。该条款意味着保险人违反交通法规越严重，在交通事故中责任越大，保险公司赔付越多；被保险人遵纪守法，在交通事故中没有责任，保险公司少赔甚至不赔。显然，在实际生活中，"无责不赔"让被保险人在事故中处于尴尬地位，明明无责却要努力"抢"责任，或与应负全部责任方串通，协商为同等责任、主次责任等，以便自己能够顺利获得理赔，严重背离了社会正面价值导向。

第二，从保险的法理角度讲，"按责赔偿、无责免赔"条款实际上是混淆了事故责任与赔偿责任两个概念，保险人应否承担保险责任不应依据被保险人在事故中是否存在过错责任来确定。车辆损失保险是一种损失补偿保险，被保险人获得赔偿的依据是其实际损失，而非其承担的责任。投保人或被保险人投保的目的在于转移损失，该损失是其在出了交通事故后对自己财产的损失以及其对第三者所应承担的赔偿责任，上述损失，原则上只要在保险限额范围内保险公司均应予以赔付，投保人在交通事故中是否有过错或过错大小与保险公司在保险责任限额范围内是否理赔并没有直接的关系。

第三，从保险合同的理赔角度讲，保险公司不得通过放弃代位求偿权的方式拒绝履行保险责任。保险合同中的代位求偿制度，又称"代位追偿权"，是指在财产保险的业务范围内，当保险标的因第三者的责任发生的保险事故而导致的损失，保险人对被保险人赔付后，依法取得在赔付金额范围内向第三者追偿的权利。"按责赔偿、无责免赔"条款实际上就是保险公司事先放弃了代位求偿权，因而拒绝向被保险人作出赔偿。如果认可保险公司放弃代位求偿权，承认"按责赔偿、无责免赔"条款有效，实质上就剥夺了被保险人选择便捷的司法救济途径的权利。中国保险监督管理委员会发布的《关于加强机动车辆商业保险条款费率管理的通知》（保监发〔2012〕16号）中明确规定："因第三者对被保险机动车的损害而造成保险事故的，保险公司自向被保险人赔偿保险金之日起，在赔偿金额范围内代位行使被保险人对第三者请求赔偿的权利。"所以，保险公司不得通过放弃代位求偿权的方式拒绝履行保险责任。

综上所述，保险公司关于商业车辆中"按责赔偿、无责免赔"条款排除了被保险人依法享有的权利，应当认定无效。

（二）我国财产保险合同中不存在"第一受益人"的概念

依据我国《保险法》的规定，受益人是人身保险的特有概念，不存在于财产保险中。投保人与保险人在财产保险合同中关于以被保险人以外的第三人为受益人的约定，没有法律依据，该约定无效，第三人不能依据该约定取得给付保险金请求权。

1. 保险实务中，受益人无资格限制，自然人、法人、无行为能力人甚至胎儿均可为受益人，但仅存于人身保险合同，我国《保险法》第十八条第三款明确规定"受益人是指人身保险合同中由被保险人或者投保人指定的享有保险金请求权的人",根据该规定受益人的概念仅存在于人身保险合同中,《保险法》的该条规定表明了受益人的两项限定:一是受益人仅限于人身保险合同中;二是受益人由被保险人或投保人指定。财产保险以损失、伤害弥补为基本原则,不同于人身保险合同中以他人生命为代价可以受益。其合同当事人,作为享受合同权利并承担合同义务的主体,只有投保人、被保险人和保险人并无受益人。保险公司在其中设定银行为受益人,没有明确的法律依据。

2. 财产保险合同通常是以补偿因保险事故的发生致使被保险人受到的财产实际损失为目的,根据保险补偿原则,只有享有保险利益的人才有可能在保险事故发生后受到损害,因此才有权获得保险赔偿金。若合同中约定受益人为第三人,那么第三人的利益并未受到损害却能取得保险金,与保险补偿原则相违背。

3. 该约定有违公平原则。实践中,在消费贷款购车的情况下,借款人向银行申请贷款时,银行往往要求借款人要办理以银行为受益人的保险合同。若发生保险事故时还款期限尚未届满,贷款银行按照保险合同约定取得保险金,实际上造成了借款人提前还款的事实,损害了借款人的利益,对借款人是不公平的。

4. 银行可对车辆设置抵押权。在按揭买车的情况下,银行的权益并非得不到保障。根据我国《担保法》的规定,若发生保险事故导致抵押财产毁损或灭失,因毁损或灭失所得的赔偿金,应当作为抵押财产,抵押权所担保的债权未届清偿期的,抵押权人可以请求人民法院对保险金、赔偿金或补偿金等采取保全措施。这就意味着借款人取得的保险金仍要作为担保银行债权实现的抵押财产,银行的抵押权不受影响。

（三）本案解读

"按责赔付"条款同我国民法、保险法的基本原则相违背。民法基本原则中的公平与等价有偿原则，即民事主体应遵循文明社会所公认的公平合理的价值观念去进行民事活动，并遵循文明社会所公认的价值观念去分享从事民事活动之所得；民事主体在民事活动中实现自己的经济利益，应按照价值规律的要求，付出相应的代价，除法律另有规定或者合同另有约定外，取得他人的财产利益或得到他人的劳务，都应当向对方支付相应的价款或酬金。保险法基本原则中的损失补偿原则即当保险事故发生时，被保险人从保险人处所得到的赔偿应正好填补被保险人因保险事故所造成的损失。但"按责赔付"作为保险公司一方的格式条款，强行免除自身责任，加重了对方义务，使投保人、被保险人无法得到充足的保障，与公平、等价有偿原则、损失补偿原则均不符。由于事物的特殊性，在抵押车辆发生毁损的情况下，如在合同中约定银行作为第一受益人，根据《担保法》第五十八条规定："抵押权因抵押物灭失而消灭。因灭失所得的赔偿金，应当作为抵押财产。"《最高人民法院关于适用〈中华人民共和国担保法〉若干问题的解释》第八十条对担保法第五十八条作了进一步的明确："在抵押物灭失、毁损或者被征用的情况下，抵押权人可以就该抵押物的保险金、赔偿金或者补偿金优先受偿。"，在此情况下车辆保险合同也无须约定银行为"第一受益人。"

案例供稿及评析人：石家庄铁路运输法院　彭　建

保险公司需重视履行《保险法》第十七条义务的证据留存

一、裁判要旨

在保险公司提供保险条款的情况下，投保单声明栏载明："保险人已向本人提供并详细介绍了"电厂财产综合险条款"及其附加险条款（若投保附加险）内容，并对其中免除保险人责任的条款（包括但不限于责任免除、投保人或被保险人义务、赔偿处理、其他事项等），以及本保险合同中付费约定和特别约定的内容向本人做了明确说明，本人已充分理解并接受上述内容，同意以此作为订立保险合同的依据，自愿投保本保险。"如投保人在投保单真实签名或盖章，应视为保险公司已履行了明确说明义务，免责条款生效。

二、基本案情

××县××水电开发有限公司（以下简称××公司）因向第三人银行申请贷款用于电站建设和经营，根据银行要求需将公司固定资产投保，××公司遂将名下两个水电站向××财产保险股份有限公司××支公司（以下简称××财险）投保电厂财产综合险，××公司交纳了保险费，在制式投保单上盖章，保险公司出具了保险单。保险期限内的2012年11月16日，××公司箭竹河水电站在压力前池开闸，高压管道已注水，1#、2#机组已关机的情况下，有关人员准备对3#机组开机调试，此时处于关机状态下的2#机组导流主闸阀突然爆裂，水柱直冲屋顶导致机房水位迅速上涨，工作人员迅速撤离，机房内积水水位达到1.7米，致使3台机组全部被水淹，相关电器设备受损。事故发生后，××县安监局、××县技术监督局、××县水利局组成调查组，会同××市水利局质监站牵头组成的专家组对事故进行了调查。经调查小组和专家组讨论分析，认为导致该事故发生的直接原因是2#机组主闸阀产品制造存在质量缺陷，即主闸阀突然爆裂的原因是产品质量缺陷导致。××公司向××财险索赔，××财险以事故不属于保险责任为由拒赔。

三、案件审理

（一）一审

××公司以××财险为被告、银行为第三人提起诉讼，要求××财险赔偿2804171.10元，××县人民法院于2013年7月26日立案受理。

一审中，××财险提供投保单作为证据。××财险代理人辩称：（1）投保单投保人声明栏内容为：保险人……自愿投保本保险。××公司在投保单上投保人声明栏盖章，说明××财险在保险合同订立过程中向××公司提供了"电厂财产综合险条款"，并对其中免除保险人责任的条款向××公司做了明确说明。（2）××县安监局作为政府依法设立的行政机关，依职权对事故进行调查对发生事故的原因进行认定并出具报告，符合《安全生产法》第九条的规定，符合《生产安全事故报告和调查处理条例》第十九条和第二十五条的规定，事故调查报告具有法律效力。（3）事故不等于保险事故，保险公司承保的是保险事故造成的财产损失。（4）本案保险合同中，保险事故必须是作为保险合同组成部分的保险条款中"保险责任"中列明的原因引起的，而产品质量缺陷不是"保险责任"范围列明的原因。产品质量缺陷造成的损失属于保险条款中"责任免除"部分内容，保险公司不给予赔付。××公司提出，订立合同时××财险未向其提供保险单原件和保险条款原件。

一审法院以"被告并未给原告送达保险条款，被告也未提供证据证明其对免责条款向原告履行了明确说明义务"，判决××财险赔偿原告2398405.99元。

（二）第一次上诉审

一审判决后，××财险提起上诉。主要理由为：（1）原审认定"被告并未给原告送达"电厂财产综合险条款"，被告也未提供证据证明其针对免责条款向原告履行了明确说明义务"错误；（2）原审法院未采信"电厂财产综合险条款"为有效证据错误；（3）原审判决由上诉人赔偿被上诉人损失无合同依据；（4）原审认定"被告并未给原告送达'电厂财产综合险条款'，被告也未提供证据证明其针对免责条款向原告履行了明确说明义务"适用法律错误。

二审中，××财险向法庭提出调查取证申请。二审法院依职权向第三人（银行）进行调查。在第三人（银行）存放的××公司贷款档案中，查到有"电厂财产综合险条款"原件。二审法院认为"电厂财产综合险条款"属于新证据，以一审事实不清为由裁定该案发回重审。

（三）发回重审

发回重审中，××财险代理人继续坚持本案保险责任不成立的代理意见，并从以下两个角度详细进行了分析说明：（1）保险合同订立过程中，××财险依法提供保险条款并履行了免责条款的明确说明义务，保险条款是保险合同的组成部分。（2）本案主闸阀爆裂引起损失，××财险在保险合同项下不承担赔偿责任。

发回重审中，××县人民法院以二审法院查明××公司向第三人（银行）贷款档案中有"电厂财产综合险条款"为开端，进一步向第三人（银行）两名相关人员、××公司一名相关人员进行调查其来源。后法院采纳第三人（银行）原业务经办人刘××关于"保险单和保险条款原件是××公司提供给第三人（银行）的"证明内容。

××县人民法院认为：本案原告申请贷款时，银行要求原告提供保险单原件等资料，该保险单及所附贴的保险条款原件现存放于原告在第三人（银行）处的贷款档案中，加之银行贷款经办人证明保险单及保险条款原件是原告提供的。结合××公司在其加盖公章的投保单上声明"保险人已向……自愿投保本保险"，视为保险公司已将保险合同中的保险条款提供给原告，并履行了明确说明义务。原告因产品质量存在缺陷造成的损失费用，根据保险合同免责条款的约定，不属于保险人的保险责任。裁定驳回××公司要求××财险支付保险赔偿金的诉讼请求。

（四）第二次上诉审

××公司不服发回重审阶段一审法院判决结果提起上诉，主要理由为：（1）采纳银行工作人员证言，认为保险单和保险条款是××公司送到第三人（银行）的不符合证据规则；（2）订立保险合同时，保险公司未向××公司提交保险条款，保险条款不是本案保险合同的一部分，对双方没有约束力；（3）保险合同合法有效。保险标的在保险期限内发生保险事故，保险公司理应在保险责任范围内承担赔偿责任。

作为××财险代理人，本次审理中主要代理意见如下：（1）保险合同订立过程中，××财险依法提供保险条款，保险条款是保险合同的组成部分。（2）保险合同订立过程中，××财险履行了免责条款的"明确说明义务"。（3）本案主闸阀爆裂引起损失，事故调查报告具有法律效力。××财险在保险合同项下不承担赔偿责任。并着重阐明：（1）保险条款现存放于××公司在第三人（银行）的贷款档案中；（2）发回重审过程中，××县人民法院经过对相关人员的调查，证实保险条款是由××公司提交给第三人（银行）的。由此可以推定××财险是提供了保险条款给××公司并由××公司提供给第三人（银行）。

　　××市中级人民法院审理后，经审判委员会讨论最终认为：保险单及保险条款原件存放于××公司在第三人（银行）的贷款档案中，该档案中还有××公司其他申请贷款的资料，且银行贷款经办人证明保险单及保险条款是××公司提供的。据此可以认定保险公司向××公司提供了保险单和保险条款。投保单有××公司印章，投保单的真实性应予确认。投保单声明："保险人已向……自愿投保本保险"根据上述事实和证据情况分析，应当视为保险公司已履行了明确说明义务，免责条款生效。"电厂财产综合险条款"第八条约定，因保险标的内在或潜在缺陷造成的损失，保险公司不负责赔偿。2016年12月12日，××市中级人民法院判决驳回上诉，维持原判。

　　（五）再审审查

　　2017年2月，××公司向××省高级人民法院申请再审。理由除在保险合同订立过程中保险公司未提供保险条款并未就免责条款做明确说明外，又增加两点：（1）事故调查组的结论不能作为证据使用，因为行政机关无鉴定资质。（2）投保单上的声明是事先打印上去的，属于格式条款。投保单上并没有保险责任范围、责任免除条款等内容，仅凭此认定保险公司履行了免责条款明确说明义务不符合法律规定。

　　针对保险公司是否提供保险条款并就免责条款做明确说明的问题，××财险代理人再次强调提出：在投保单声明栏已经有明确表述的情况下，投保单由申请人加盖公章，根据《最高人民法院关于适用〈中华人民共和国保险法〉若干问题的解释（二）》第十三条的规定："投保人对保险人履行了符合本解释第十一条第二款要求的明确说明义务在相关文书上签字、盖章或者以其他形式予以确认的，应当认定保险人履行了该项义务。"投保单就成为投保人确认保险公司履行了明确说明义务的证据，完全证明保险公司提供了保险条款并就其中免除保险人责任内容做了明确说明。

针对申请人认为事故调查组的结论不能作为证据使用的观点，代理人提出：申请人曾将该结论作为证据予以提供，并对该证据无异议。××县安监局作为政府依法设立的行政机关，依职权对事故进行调查，对发生事故的原因进行认定并出具报告，符合相关法律规定。

针对××公司提出投保单上的声明是事先打印以及投保单没有保险责任范围和责任免除范围问题，代理人表明：（1）现行法律没有规定投保单上的声明不能事先打印。（2）投保单上没有保险责任范围和责任免除范围不违反法律强制性规定。

对××公司提出的保险公司在订立合同中未提供保险条款的问题。××省高级人民法院认为：保险单及保险条款原件存放于××公司在第三人（银行）的贷款档案中，该档案中还有××公司其他申请贷款的资料，同时刘××的证言证明保险单及保险条款是××公司提供。据此可以认定保险公司向××公司提供了保险单和保险条款。刘××并非保险公司工作人员，其证言有贷款档案等证据予以佐证，李××作为××公司员工，其证言效力低于刘××证言。××公司为贷款人，由保险公司将贷款资料交给银行，与常理相悖。

对于保险公司是否履行了相关提示以及明确说明义务的问题。××省高级人民法院认为，保险公司提供的投保单有××公司印章，投保单真实性应予确认。案件涉及的投保单载明"保险人已向……自愿投保本保险"，据此，应当视为保险公司已履行了提示以及明确说明义务。

对事故调查组的结论，××省高级人民法院认为：××市水利工程质量监督站对事故原因出具意见，其认为本次事故属于产品质量事故；××县安监局出具报告，其认为事故直接原因是质量缺陷。上述意见是行政机关依法依规作出，具有法律效力，法院予以采信。

四、裁判结果

再审审理后，××省高级人民法院驳回再审申请。

五、案例评析

（一）保险公司在合同订立过程中，应向投保人提供保险条款，履行"免除保险人责任的条款"提示或明确说明义务，并注意保留证据

《保险法》第十七条规定，订立保险合同，采用保险人提供的格式条款的，保险人向投保人提供的投保单应当附格式条款，保险人应当向投保人说明合同的内容。对保险合同中免除保险人责任的条款，保险人在订立合同时应当在投保单、保险单或者其他保险凭证上作出足以引起投保人注意的提示，并对该条款的内容以书面或者口头形式向投保人作出明确说明；未作提示或者明确说明的，该条款不产生效力。

2013年6月8日起施行的《最高人民法院关于适用〈中华人民共和国保险法〉若干问题的解释（二）》第十三条规定，保险人对其履行了明确说明义务负举证责任。

《保险法》规定，订立保险合同采用保险公司提供的格式条款的，保险人应向投保人提供格式条款。司法解释明确要求保险公司对其履行了保险条款中"免除保险人责任的条款"提示或明确说明义务进行举证。作者代理的诸多涉及保险的案件中，保险公司无法举证证明其履行了提供保险条款，"免除保险人责任的条款"提示或明确说明义务，承担不利后果的较多。本案件中，历经三级法院五次审理，争议双方以及法院认定焦点问题仍旧是保险条款在保险合同订立过程中是否提供给投保人以及免责条款的明确说明义务是否履行。

（二）保险公司不能对有投保人声明的投保单（有投保人盖章或签字）足以证明自己履行了提供保险条款，履行了"免除保险人责任的条款"提示或明确说明义务持乐观态度

本案例中，在五次审理案件过程中，保险公司代理人均强调投保单上投保人声明栏内容为：保险人已向……自愿投保本保险。××公司在投保单上投保人声明栏盖章，说明××财险在保险合同订立过程中向××公司提供了"电厂财产综合险条款"，并对其中免除保险人责任的条款向××公司做了明确说明。但一审法院、二审法院仍未局限于此，在查明该案涉及的保险条款原件在第三人（银行）有关××公司贷款档案中后，仍进一步向银行相关人员进行调查确定保险条款来源。由此，在保险合同订立过程中，除投保人在投保单上签字或盖章以自证声明栏内容外，保险公司仍应注意以书面、影像资料等形式证明保险公司履行了提供保险条款，履行了"免除保险人责任的条款"提示或明确说明义务，如制作保险条款送达回执、保险条款免责内容告知书由投保人签字或盖章等，以规避法律风险。

案例供稿及评析人：陕西周小强律师事务所主任　周小强

专科医院的专家意见对于司法鉴定是否有决定性意义

一、裁判要旨

司法鉴定人即使具有法医临床鉴定资质，也不能参照专科医院的专家意见对精神智力类事项进行司法鉴定。司法鉴定行业的惯例、实践性做法也不能作为司法鉴定合法的依据，法院对此有合理审慎的认定证据义务和裁判力。

二、基本案情

（一）原告诉称

2011年4月23日9时20分左右，在廊泊高速10公里+295米处，被告芦××所驾驶的车辆右前部与沿此路骑行的原告徐××所骑电动车前部相撞，造成双方车辆受损，徐××受伤的交通事故。经交警部门认定芦××负事故的主要责任，原告负事故的次要责任。芦××所驾驶的车辆在××财产保险股份有限公司投保了机动车交通事故责任强制保险，保险期间自2010年5月13日至2011年5月12日。经廊坊××司法医学鉴定中心鉴定，原告颅脑损伤致中度智力缺损及精神障碍，构成六级伤残，要求被告芦××及××财产保险股份有限公司共同赔偿各项经济损失270540元。

（二）被告辩称

原告徐××据以主张权利的司法鉴定书不具有合法性，鉴定程序违反法律规定且鉴定机构以及鉴定人均不具有法医精神病司法鉴定资质。

（三）法院经公开审理查明

2011年4月23日9时20分左右，在廊泊高速10公里+295米处，被告芦××所驾驶的车辆右前部与沿此路骑行的徐××所骑电动车前部相撞，造成双方车辆受损，徐××受伤的交通事故。经交警部门认定芦××负事故的主要责任，徐××负事故的次要责任。芦××所驾驶的车辆在××财产保险股份有限公司投保了机动车交通事故责任强制保险，保险期间自2010年5月13日至2011年5月12日。经廊坊××司法医学鉴定中心鉴定，徐××颅脑损伤致中度智力缺损及精神障碍，构成六级伤残。

庭审中，××财产保险股份有限公司对原告徐××提交的廊坊××司法医学鉴定中心出具的司法鉴定意见书提出异议并提出鉴定人出庭作证的申请，法院认为××财产保险股份限公司的申请依据充足，通知廊坊××司法医学鉴定中心吴××等3名司法鉴定人出庭作证。经××财产保险股份有限公司质证，该3名司法鉴定人经报请鉴定中心同意后，当庭自行撤销了构成六级伤残的司法鉴定意见书。原告申请法院另行委托伤残司法鉴定，法院遂委托北京××鉴定研究所鉴定。2012年4月17日，北京××鉴定研究所向法院发出的退卷函称：徐××的家属称徐××目前主要存在精神智能问题，但法院移送的卷宗材料中无关于此方面的充足病历记录。北京××鉴定研究所认为，目前材料不具备充足的鉴定条件，暂予退案。随后，原告自行委托北京××司法鉴定所再次作出构成精神智能伤残八级的司法鉴定书，该司法鉴定所依据的是北京××医院的韦氏记忆量表且其已按照精神智能类鉴定方法对原告徐××进行了鉴定。××财产保险股份有限公司提出异议，认为鉴定程序及鉴定机构、鉴定人员不具有鉴定资质，再次申请鉴定人出庭作证。

三、裁判理由

一审法院经审理后认为，法医类鉴定包括法医临床鉴定和法医精神病鉴定，但两者具有本质区别，应当由取得相应资质的司法鉴定人分别进行鉴定，专科医院的专家意见具有临床上的价值，也具有司法鉴定中的参照、参考意义，但不能等同于司法鉴定意见。本案中的北京××司法鉴定所将专科医院的专家意见直接作为司法鉴定结论予以采用，缺乏法律依据，本院不予采信。

四、裁判结果

本案经廊坊××人民法院调解，××财产保险股份有限公司最终以九级伤残，共计80000余元对原告徐××进行了赔偿。

五、案例评析

本案徐××先后进行了两次伤残鉴定，以颅脑损伤所致智力缺损分别鉴定为六级伤残和八级伤残。在庭审中有关鉴定意见的争议焦点有两个问题：一是司法鉴定人是否具有鉴定资质；二是精神病科专家的诊断意见对本案鉴定意见是否有决定意义。

（一）徐××两次伤残鉴定的司法鉴定机构和司法鉴定人均没有法医精神病的鉴定资质

徐××是在廊坊××司法医学鉴定中心进行第一次鉴定的，第二次鉴定是在北京××司法鉴定所进行鉴定。

廊坊××司法医学鉴定中心具有法医临床和血液酒精浓度的鉴定资质，北京××司法鉴定所具有法医临床和法医病理的鉴定资质，这两家鉴定机构均没有法医精神病的鉴定资质，其司法鉴定人同样没有法医精神病的鉴定资质。

通常将司法鉴定机构和司法鉴定人的鉴定资质复印件列在鉴定意见书的附件中，如鉴定意见书中没有司法鉴定机构和司法鉴定人的鉴定资质复印件，可以到鉴定机构所在地的省级司法行政机关的官网上查询。

（二）徐××两次伤残鉴定的司法鉴定机构和司法鉴定人均未按照要求遵循鉴定规范及鉴定程序

针对颅脑损伤所致精神障碍定残问题，司法部制定了专门的技术规范。该技术规范是《道路交通事故受伤人员精神伤残评定规范 SF/Z JD0104004—2014》。该评定规范总则的规定为评定人条件由具有法医精神病鉴定资质的司法鉴定人担任。

根据上述技术规范的规定，应当由具有法医精神病鉴定资质的司法鉴定机构和司法鉴定人对徐××进行伤残评定。然而，徐××两次伤残鉴定的司法鉴定机构和司法鉴定人均不具备鉴定资质。

廊坊××司法医学鉴定中心的司法鉴定人在出庭作证过程中自行撤销鉴定意见的根本原因就是他们没有法医精神病的鉴定资质，违反了上述技术规范。

（三）徐××两次伤残鉴定的司法鉴定机构和司法鉴定人不能依据精神病专家的诊断意见认定伤残等级

《司法鉴定程序通则》第三十三条规定："鉴定过程中，涉及复杂、疑难、特殊技术问题的，可以向本机构以外的相关专业领域的专家进行咨询，但最终的鉴定意见应当由本机构的司法鉴定人出具。"

在法医临床鉴定中，司法鉴定人可以依据临床专家的咨询意见或会诊意见作出鉴定意见，如影像科专家的阅片意见、眼科专家的视力检查意见等。这些临床专家的咨询意见或会诊意见提供给司法鉴定人参考，司法鉴定人根据自己的认识水平决定是否采用临床专家的咨询意见、会诊意见作出鉴定意见。不能因为咨询或会诊的范围超越司法鉴定人的鉴定资质，司法鉴定人就可以不受自己鉴定资质限制随意地作出鉴定意见。如具有法医临床鉴定资质的鉴定人通过委托法医毒化人员进行会诊，出具血液酒精浓度的鉴定意见。

因此，《司法鉴定程序通则》第三十三条规定的是在鉴定中可以向有关专家咨询或会诊，而不是司法鉴定人取得鉴定资质的问题。

本案徐××两次伤残鉴定均没有聘请精神病科专家会诊，在鉴定意见书中也没有引用精神病专科的临床诊断意见，两家司法鉴定机构和司法鉴定人均超越法医临床鉴定资质的范围进行鉴定，违反了司法部的程序通则要求。

（四）精神病科专家的诊断意见不能代替法医精神病的鉴定意见

2012年8月8日，徐××到精神病专科医院作了韦氏记忆量表（甲）和韦氏成人智力量表（城市）两项心理测定。韦氏记忆量表（甲）报告：徐××记忆障碍（重度），韦氏成人智力量表（城市）报告：徐××智力缺损（中度）。

临床专家依据徐××的病史和临床检查作出诊断意见。除了依据徐××的病史和临床检查之外，还要按照技术规范的要求依据"旁证调查""日常生活能力"等作出鉴定意见。临床诊断意见是为了疾病的治疗，鉴定意见是解决赔偿问题。由于临床诊断与司法鉴定的程序和要求不同，因此，精神病专家的诊断意见不能代替法医精神病的鉴定意见。

（五）徐××两次伤残鉴定均没有按照技术规范的规定进行鉴定

如不考虑鉴定资质问题，针对徐××颅脑损伤所致精神障碍定残也应当按照技术规范的规定进行鉴定。

徐××两次伤残鉴定均没有按照《道路交通事故受伤人员精神伤残评

定规范 SF/Z JD0104004—2014》有关"脑外伤所致精神障碍的诊断原则和方法"的规定进行鉴定。违反技术规范主要有以下几个方面：

（1）没有按照技术规范的要求进行"旁证调查"。徐××受伤前是否存在智力缺损没有"旁证调查"予以证明.

（2）没有按照技术规范的要求进行"神经系统检查"和"精神检查"。

（3）没有对徐××日常生活能力进行检查，认定徐××"日常生活能力部分受限"和"日常生活有关的活动能力部分受限"缺乏依据。

（六）徐××两次伤残鉴定均违反《司法鉴定程序通则》第二十三条的规定

《司法鉴定程序通则》第二十三条规定："司法鉴定人进行鉴定，应当依下列顺序遵守和采用该专业领域的技术标准、技术规范和技术方法：（一）国家标准；（二）行业标准和技术规范；（三）该专业领域多数专家认可的技术方法。"

在司法鉴定中除了严格执行鉴定标准之外，还要按照司法部发布的技术规范进行鉴定。技术规范有关鉴定人资质和鉴定操作方法等规定是强制性的，违反了技术规范，也就违反了鉴定程序。徐××两次伤残鉴定均违反技术规范的规定。

（七）本案以法院调解结案较妥

徐××两次伤残鉴定均是其代理人单方委托鉴定。由于徐××代理人对颅脑损伤所致精神障碍定残的规定不了解，致使两次委托司法鉴定机构和司法鉴定人均无鉴定资质，并且鉴定程序违反法律规定。北京××司法鉴定所的鉴定意见不被人民法院采信是必然的。

案例供稿人：河北拓石律师事务所　邵井辉

评　析　人：江苏致邦律师事务所　律师、主任法医师　戴晓明

交强险重复投保的赔偿问题

一、裁判要旨

投保人在浙江省××财产保险公司及河北省××财产保险公司先后为其车辆投保了机动车交通事故责任强制保险（以下简称交强险），原审判决两家保险公司均承担赔偿责任。河北省××财产保险公司上诉至××市中级人民法院。××市中级人民法院根据交强险的特性及重复保险的适用范围，按照"前者担责，后者不理"的规则予以处理，即由保险起保日期在前的浙江省××财产保险公司在交强险责任限额内承担，而保险起保日期在后的河北省××财产保险公司依法不承担理赔责任。原审判决认定的河北省××财产保险公司在交强险责任限额内承担理赔责任，于法无据，二审法院予以纠正。

二、基本案情

（一）原告诉称

朱××、叶小×等四名原告诉称：2015年12月21日凌晨，被告陈××驾驶前轮制动失效的牌号为冀D××××的正三轮载货摩托车从浙江省温州市龙湾区××街行驶至×路段时，撞上机动车道内的行人叶××，造成叶××抢救无效于2015年12月31日死亡的道路交通事故。事故发生后，被告陈××驾车逃逸致叶××死亡，造成原告各项经济损失87.7万元。经交警部门认定，被告陈××承担事故主要责任。被告河北省××财产保险公司、浙江省××财产保险公司是涉案交强险承保单位，故原告诉请判令：（1）被告赔偿原告经济损失87.7万元；（2）被告河北省××财产保险公司、浙江省××财产保险公司分别在其承保的交强险范围内赔偿支付。

（二）被告辩称

1. 被告陈××辩称：对事故发生的经过及责任认定没有异议。事故发生后被告陈××看到别人将叶××送到救护车上，被告陈××在撞人后走了，后来又回来了，并且还去医院看望过叶××。

2. 被告浙江省××财产保险公司辩称：对本案事实发生经过及事实认定没有异议。冀D××××三轮车仅向公司投保交强险，根据保险条款中责任限额规定医疗费用限额为1万元，死亡伤残限额为11万元，本案缺少被保险人的驾驶证和行驶证，是否存在保险拒赔的情形由法院审核。

3. 被告河北省××财产保险公司一审开庭未作答辩。

（三）上诉人河北省××财产保险公司诉称

交强险作为强制性责任保险，具有强制性和基本功能，是为保证交通事故受害人依法得到基本赔偿而设立的非营利性保险险种，不同于商业保险，不得通过重复投保来获得多次赔偿。涉及本案的冀D××××号正三轮载货摩托车存在重复投保交强险的情形，其出示的《机动车交通事故责任强制保险条款》的特别提示中有明确说明，即同一机动车辆不允许重复投保交强险，可以证明保险人尽到了提示和说明义务。根据保险行业的相关规定，同一机动车辆重复投保交强险的，应当由先前承保交强险的保险公司承担责任，河北省××财产保险公司无须再承担赔偿责任。本案中，缺少冀D××××号正三轮载货摩托车的行驶证和陈××的驾驶证，无法核实事故发生时该车是否具备合法有效的行驶资格及陈××是否具有驾驶资格，请求二审法院予以核实。

（四）被上诉人辩称

1. 被上诉人朱××、叶小×等辩称：本案所涉及的两份交强险合同依法有效，且均处于保险期内，法律没有对重复投保交强险作出禁止性规定，所以保险人应当在交强险责任限额内予以赔偿。被保险人重复投保交强险不构成主观恶意，因为车辆在温州使用，按照规定应在使用地即温州购买交强险，但因车辆牌照登记于河北省，年审需要在登记地购买机动车交通事故责任强制保险。两份交强险合同同时受偿符合法律规定，也符合公平原则，因为被保险人已经交纳两份保单的保费，且保险合同基于双方真实意思表示，一审法院认定事实清楚，适用法律正确，应予维持。

2. 被上诉人浙江省××财产保险公司辩称：交强险原则上不能重复投保。根据《保险法》第五十六条的规定，重复保险的投保人应当将重复保险的有关情况通知各保险人。本案中投保人未尽到告知义务，因投保人的过错，导致了重复投保交强险情况的发生。即使两份交强险合同均有效，保险赔偿金的总和也不得超过保险价值，即不得超过一份交强险合同的赔偿限额 12.2 万元，故对受害人的实际损失，应由交强险各保险人平均承担赔偿责任。

（五）原审法院经公开审理查明

2015 年 12 月 21 日凌晨，陈××驾驶冀 D××××号正三轮载货摩托车从龙湾区某路段行驶，撞上机动车道内的行人叶××，造成叶××受伤，经抢救无效于 2015 年 12 月 31 日死亡，以及冀 D××××号正三轮载货摩托车损坏的道路交通事故。事故发生后，陈××驾车逃逸，于 2016 年 1 月 5 日被查获归案。2016 年 1 月 11 日，温州市公安交警队作出道路交通事故认定书，认定陈××驾驶前轮制动失效的正三轮载货摩托车，行经该路段时未确保安全通行，是造成事故的主要原因，应承担事故的主要责任；行人叶××

在机动车道内行走，是造成事故的次要原因，应承担事故的次要责任。冀D××××号正三轮载货摩托车在河北省××财产保险公司、浙江省××财产保险公司均投保了交强险，并且事故发生在保险期内。核定四名原告各项经济损失105.37万元。

（六）二审法院审理查明

二审法院审理查明的事实与原审查明的事实相同。

三、裁判理由

（一）原审法院认为

冀D××××号正三轮载货摩托车在河北省××财产保险公司、浙江省××财产保险公司均投保了交强险，并且事故发生在保险期间，应由河北省××财产保险公司、浙江省××财产保险公司在交强险限额范围内先予赔付。因陈××承担事故的主要责任，受害人叶××承担事故的次要责任，故超出交强险赔偿限额部分的损失，可确定由陈××承担80%的赔偿责任。

（二）二审法院认为

根据《机动车交通事故责任强制保险条例》第三条的规定："机动车交通事故责任强制保险是指由保险公司对被保险机动车发生道路交通事故造成本车人员、被保险人以外的受害人的人身伤亡、财产损失，在责任限额内予以赔偿的强制性责任保险。"由此可知，我国对交通事故中的第三者责任保险实行"双轨制"，即将其区分为机动车交通事故责任强制保险与商业性机动车第三者责任保险，前者作为强制性责任保险，具有明显区别于商业保险的特性。

一是投保强制性。一方面，法律直接排除了车辆所有人的意愿，车辆所有人必须投保交强险。即使车辆所有人不投保交强险，在发生交通事故时，车辆所有人仍需在强制保险责任限额内承担赔偿责任。同理，即使车辆所有人投保两份及以上的交强险，在发生交通事故时，保险公司也仅在责任限额内承担赔偿责任；另一方面，投保人选择的保险公司也不得拒绝或拖延承保。商业性机动车第三者责任保险的投保人对包括保险公司、险种、保费等多项内容的选择与商谈，完全符合契约自由的理念与精神。而投保人投保交强险时虽然也具有一定的选择性，但该选择性仅体现在保险公司的选取上，强制保险的限额责任等其他方面均不具有选择性，故其强制性特征明显。

二是责任法定性，即赔偿责任限额的法定性。《机动车交通事故责任强制保险条例》第二十一条规定："被保险机动车发生道路交通事故造成本车人员、被保险人以外的受害人人身伤亡、财产损失的，由保险公司依法在机动车交通事故责任强制保险责任限额范围内予以赔偿。"第二十三条规定："机动车交通事故责任强制保险在全国范围内实行统一的责任限额；责任限额分为死亡伤残赔偿限额、医疗费用赔偿限额、财产损失赔偿限额以及被保险人在道路交通事故中无责任的赔偿限额。"由此可知，交强险仅在法定的责任限额内予以赔偿，此乃交通事故发生后保险公司在交强险理赔时的最高限额。即使存在重复投保的情形也不得超过责任限额的赔偿范围，因为交强险的重复投保不属于《保险法》第五十六条规定的重复保险，故对主张各保险公司均应对重复投保的交强险在保险合同的责任限额内理赔，缺乏法律依据，依法不予支持。

三是社会公益性，即制度设计的公共利益性。交强险的设立不同于商业保险的营利性，其是出于国家社会公共政策的需要，以实现对交通事故频发造成受害人的人身、财产损害的有效弥补，但此弥补仅限于对被害人的基本保障，减少交通事故对社会和谐稳定的影响与冲击。为此，某一时期相对合理的交强险责任限额，随着经济社会的发展可能难以实现对受害人的基本保障，对此，根据《机动车交通事故责任强制保险条例》第二十三条规定："机动车交通事故责任强制保险责任限额由保监会会同国务院公安部门、国务院卫生主管部门、国务院农业主管部门规定。"相关行政主管部门在综合调研的基础上，依法审慎调整确定交强险责任限额的赔偿范围，通过合理提高责任限额来实现对受害人的基本保障。此也意味着国家的法律与政策对交强险重复投保的规避与间接禁止。

正是基于交强险的上述特性及重复保险的适用范围，交强险的重复投保不得按照《保险法》的重复保险原理进行理赔，而应当按照"前者担责，后者不理"的规则予以处理，即应由保险起期在前的浙江省××财产保险公司在交强险责任限额内承担，而保险起期在后的河北省××财产保险公司不承担理赔责任。原判认定河北省××财产保险公司在交强险责任限额内承担理赔责任，于法无据，二审法院予以纠正。对于河北省××财产保险公司重复收取交强险保费的行为，依法应当承担相应的返还责任，属另外的法律关系，不属于本案审理范围，可另行主张。对于冀D××××号正三轮载货摩托车的行驶证及陈××的驾驶证，交通管理部门在道路交通事故认定书中已经查明认定，无须再行核实。综上所述，河北省××财产保险公司的上诉请求成立，应予支持。

四、裁判结果

（一）一审法院裁判结果

一审法院依照《侵权责任法》第六条、第十六条、第四十八条，《道路交通安全法》第七十六条，《最高人民法院关于审理人身损害赔偿案件适用法律若干问题的解释》第十七条、第十八条、第十九条、第二十七条、第二十八条、第二十九条，《民事诉讼法》第一百四十四条的规定，判决如下：

1. 河北省××保险公司于本判决生效后10日内支付原告12万元。

2. 浙江省××保险公司于本判决生效后10日内支付原告12万元。

3. 陈××于本判决生效后10日内支付原告62.1万元。驳回原告其他诉讼请求。

（二）二审法院裁判结果

二审法院依照《机动车交通事故责任强制保险条例》第三条、第二十一条、第二十三条，《民事诉讼法》第一百七十条的规定，判决如下：

1. 撤销原审民事判决第一项。

2. 维持原审民事判决第二项。

3. 变更原审民事判决第三项为：陈××于本判决生效后10日内支付原告74.1万元，扣除已支付的3万元，还须支付原告71.1万元。

五、案例评析

（一）交强险重复保险之构成

根据《保险法》第五十六条的规定："重复保险是指投保人对同一保险标的、同一保险利益、同一保险事故分别与两个以上保险人订立保险合同，且保险金额总和超过保险价值的保险。"此是商业保险重复保险的一般规定，而交强险重复保险的构成是否与此相同呢？因交强险具有投保和承保的强制性、保险条款和保险费率的统一性、赔偿范围和金额的限额性、经营目标"不盈不亏"的公益性等特征，故其构成要件及处理规则与商业责任险的重复保险相比，既有共同之处，也有显著区别。同一保险标的、同一保险利益、一部或全部重合的保险期间和同一保险事故为两者的共同要件。两者在构成要件上的显著区别有以下两点：其一，保险价值不同。商业责任险的保险价值就是受害人所受到的损失，即被保险人承担责任的范围，以重复保险的保险金额之和大于受害人损失为重复保险的判断标准；而交强险的保险价值则为法定责任限额，超过该限额即构成重复保险。在交强险实务、司法实践和学理上，是否构成重复保险的分歧集中于：是以"一车一险"的赔偿限额为判断标准，还是以受害人所受损失为判断标准。如果以保险金限额超出受害人所受损失（保险价值）为重复保险的判断标准，那么立法规定交强险保险金的封顶式限额就失去了意义。此外，保险人的商业责任险业务就会被投保人通过交强险的重复保险所取代，这样就会压缩保险人的盈利空间而使保险人不愿甚至拒绝承办交强险业务。我国现阶段交强险与商业责任险并存的原因之一是使保险人通过后者来弥补其承办交强险业务所未能获得的利润，并通过这种格局实现被保险人、保险人和受害人之间利益的平衡以及与公共利益的平衡。而以受害人所受损失作为交强险重复保险判断标准的司法判决和理论观点，明显忽视了交强险的特殊性及其立法目的。其二，交强险的重复保险，一般是同一投保人或被保险人与两个以上的保险人订立数个保险合同，但也存在与同一保险人订立数个合同的情形。发生此等现象的原因在此不作分析。

（二）交强险重复保险之效力

根据《保险法》第五十六条的规定，法律允许重复保险且不问重复保险的原因而否认其效力，仅旨在避免被保险人不当得利而由各保险人分摊保险给付义务。以《保险法》为立法依据的《机动车交通事故责任强制保险条例》（以下简称《交强险条例》）第一条规定："为了保障机动车道路交通事故受害人依法得到赔偿，促进道路交通安全，根据《保险法》，制定本条例。"《交强险条例》并未就重复保险作出规定，根据特别法与普通法的关系原则，关于重复保险，《交强险条例》有规定的，依其规定，没有规定的，则依《保险法》的规定。因此，交强险的重复保险并不会受到禁止而无效。另外，根据《合同法》第五十二条的规定，只有"违反法律、行政法规的强制性规定"的合同才能被认定为无效合同,《最高人民法院关于适用〈中华人民共和国合同法〉若干问题的解释(一)》第四条规定:"合同法实施以后,人民法院确认合同无效,应当以全国人大及其常委会制定的法律和国务院制定的行政法规为依据,不得以地方性法规、行政规章为依据。"

司法实践中各地法院对于交强险重复保险的处理方式主要分为两种:第一种,由起期在前的保险合同承担责任,解除起期在后的第二份保险合同。该处理方式依据的是中国保险行业协会制定的《交强险理赔实务规程》的规定,投保一份以上交强险的,保险期间起期在前的保险合同承担赔偿责任,起期在后的不承担赔偿责任。[①]第二种,重复保险合同均有效,均在交强险责任限额内赔偿损失。[②]

第一种处理方式依据的是中国保险行业协会制定的《交强险理赔实务规程》。综上所述,该行业规则不能作为法院认定交强险重复保险合同效力的依据。而且解除起期在后的交强险合同没有法律依据,也不合法理。因为合同解除需具备法定或约定的原因,而解除起期在后的交强险合同的原因就是保险公司作为合同条款的行业规则。另外,因重复保险不受法律禁止而不能认定无效,根据债权平等原则,各保险人均有义务履行保险给付,或者根据保险价值与保险金额之和的比例平摊或各自在交强险责任限额内履行给付义务。第二种处理方式所持理由是法律不禁止重复保险,因而各合同均有效,保险人各自在交强险责任限额内承担给付义务(各保险人合计承担义务超过交强险责任限额120000元)。该种处理方式的不足之处是:以受害人所受损失为保险价值,而非以交强险

---

① 参见2014年4月10日,江苏省宿迁市宿城区人民法院(2014)宿城民初字第0185号。

② 参见2013年3月27日,江苏省南通市中级人民法院(2013)通中民终字第031号;(2012)汕澄法民一初字第9号,(2012)汕中法民一终字第137号。

责任限额为保险价值的尺度，处理的结果使被保险人不当得利。被保险人不当得利部分就是所支付的交强险重复保险的保险费与投保商业责任险所应支付保险费之间的差额。法院未就此不当得利判决被保险人返还与保险人。

　　具体到本案，一审法院按照"重复保险合同均有效，均在交强险责任限额内赔偿损失。"的处理方式作出了判决。一审法院判决重复保险合同均有效的结论正确，符合《保险法》第五十六条不禁止重复保险因而合同有效之规定，但其瑕疵在于法院未就被保险人重复投保交强险所获不当利益判决其向保险人承担返还责任，即应以交强险的法定责任限额为保险价值而由两家保险公司平均分担赔偿责任，未足赔偿部分从被保险人投保的机动车商业责任险获得赔偿。如果这样判决，既符合交强险制度的特性与立法宗旨，也与禁止不当得利之保险利益原则相合。

　　二审法院按照"由起期在前的保险合同承担责任，解除起期在后的第二份保险合同"的方式对一审法院的判决作出了改判。二审法院认为，基于交强险的强制性、责任限额的法定性和交强险制度的公益性等特性，交强险重复投保不属于《保险法》第五十六条规定的重复保险，因而认为一审法院判决各保险公司在保险合同的责任限额内理赔的主张，缺乏法律依据，依法不予支持。对于二审法院所作出的起期在前的保险公司按照交强险责任限额赔偿的判决，虽然在赔偿数额上符合禁止不当得利的保险利益原则，但其错误在于：其一，其所适用的中国保险行业协会的行规不能作为认定重复保险合同应当解除（实为认定无效）的依据；这也是其在重复保险问题上错误理解《交强险条例》《保险法》之间的关系而导致的结果。其二，判决起期在前的交强险合同赔偿，而解除（实为认定无效）起期在后的交强险合同于法无据，即不符合《保险法》第五十六条关于重复保险的一般规则，而且也不符合"债权平等"（其反面为债务平等）的债法原理。

（三）交强险重复保险的司法（或业务理赔）建议

根据交强险的保护机动车道路交通事故受害人利益的立法宗旨和交强险的强制性、责任限额的法定性和公益性等特点以及避免被保险人不当得利的保险利益原则，针对交强险重复投保在司法实务中产生的同案不同判等问题，确立一个合乎法理、又能保持法律、法规之间统一协调同时又富有效率的裁判规则或理赔规则是交强险司法实务和交强险业务运行所追求的目标。基于此，作者认为，在处理交强险重复保险问题时应遵循：（1）优先保护交通事故受害人原则；（2）禁止被保险人不当得利原则；（3）提高赔付效率原则。

首先，不问重复保险的原因，确认各交强险合同均有效，理由已如上述。若受害人所受损失大于各交强险赔偿限额之和，各保险公司各以交强险的最高责任限额赔偿受害人，不足赔偿受害人损失的部分，由被保险人或其投保商业责任险的保险公司承担赔偿责任。若受害人所受损失在各交强险赔偿限额之和以内，各保险公司按受害人损失与交强险赔偿限额的比例承担给付义务。

其次，禁止被保险人从交强险重复保险中不当得利，但并不以确认起期在后的交强险合同无效为途径。基于交强险的公益性和赔偿限额的法定性，每辆机动车投保一份交强险即可，同时为贯彻财产保险之利益补偿原则，无论是被保险人基于恶意重复投保交强险还是过失或无过失重复投保，被保险人重复投保所支付的保险费与投保商业责任险所支付的保险费的差额即为不当得利，对该项不当利益，法院应判决被保险人向各保险人按相应比例返还。反过来，保险公司享有请求被保险人返还不当得利的权利。这只是《保险法》第五十六条"重复保险的投保人可以就保险金额总和超过保险价值的部分，请求各保险人按比例返还保险费"规定的反对解释而已。若如此，第一，可以打消被保险人欲通过重复投保交强险而不当得利的意图而贯彻保险利益原则。第二，使受害人能获得及时和充分的补偿而避免医疗救治的拖延与不足。如果认定起期在后的合同无效而由起期在前的合同承担责任，囿于责任的限额性而无法弥补受害人的损失，且被保险人除投保交强险外，没有投保商业责任险的情况下，极不利于保护受害人。第三，通过被保险人承担不当得利的返还责任，使保险公司避免因承担重复交强险的赔偿责任而遭受的利润损失。第四，采用该规则，可以统一全国交强险司法裁判的准则而避免同案不同判的乱象，以维护法律的统一和司法的权威性。

案例供稿人：中国人民财产保险股份有限公司邯郸市分公司　王媛媛
评　析　人：扬州大学法学院副教授　尹中安

驾驶员死亡的保险理赔之争:
"第三者"抑或"车上人员"

一、裁判要旨

机动车交通事故责任强制保险(以下简称交强险)属于责任保险,米××是涉诉车辆的实际车主、实际被保险人及发生交通事故时的驾驶员。一审法院、二审法院及终审法院均认定事故发生时米××在驾驶室内,属于本车"车上人员",不构成"第三者",本车交强险不承担赔偿责任。

二、基本案情

米××与李××合伙购买重型半挂牵引车(车号为冀G×××××、冀GR×××挂),登记车主为李××,主挂车在××财产保险公司投保了两份交强险。2011年5月,李××将合伙股份转让给米××,米××成为重型半挂牵引车的实际车主,保险费均由米××交纳,米××与保险公司形成事实上的保险合同关系。2012年11月4日6时许,米××驾驶该车在北京市××区高速服务区,与胡××驾驶的冀JG××××、冀JKN××挂车发生交通事故,造成两车损坏,米××死亡。交通管理部门出具交通事故证明,认定不能确定米××和胡××的交通事故责任。原告认为米××在车外被自己的车辆及他人车辆所撞身亡,应当属于第三者的理赔范围,保险公司应当在交强险责任限额范围内对米××的死亡进行赔偿。被告××财产保险公司认为米××是本车车辆驾驶员，无法构成交强险中的"第三者"，不能承担交强险赔偿责任。

北京市××区人民法院经公开审理认为此次交通事故造成米××死亡，××区交通警察支队出具道路交通事故证明，无法认定米××、胡××的责任，法院以（2013）通民初字第××××号民事判决书已经判决胡××驾驶车辆的承保人××财产保险股份有限公司××中心支公司赔偿死者米××的继承人郑××等3人交通事故损失324738元。另法院查明米××驾驶事故车辆是其自己实际所有，在保险公司投保了两份交强险，事故发生在保险期间。事后交管部门核实，其驾驶车辆钥匙处于开启状态，手刹开关处于关闭状态，左侧车门门框密封条处附着的血痕为米××所留。

上述事实，有交通事故证明、保险公司保单、现场照片及当事人陈述等证据在案佐证。

三、裁判理由

（一）一审法院审理认为

本案争议的焦点是死者米××能否构成交通事故中的第三者。根据本案查明的事实，交通事故发生时米××驾驶的事故车辆处于开启状态，手刹处于关闭状态，左侧车门门框密封条处附着的血痕为米××所留，由此可以推断事发时米××应在车内，其不构成交通事故中的第三者。原告郑××等主张事发时米××位于车外，构成交通事故中的第三者，但未能就此提供充分有效的证据予以证实，故其诉讼请求依据不足，一审法院不予支持，驳回原告郑××等的诉讼请求。郑××等不服一审法院判决，提起上诉。

（二）二审法院审理认为

一审法院结合本案案情以及各方当事人提交的证据，认定保险公司无须在第三者强制责任保险责任内向米××承担赔偿责任，并无不当，应予维持，驳回原告郑××等的诉讼请求。郑××等不服二审法院判决，向上级法院申请了再审请求。

（三）再审法院认为

再审法院经审理认为，郑××等原告认可事故录像无法辨认事故情况，经交通管理部门核实，米××驾驶的事故车辆处于开启状态，手刹处于关闭状态，左侧车门门框密封条处附着的血痕为米××所留。一审法院、二审法院结合本案案情以及各方当事人提交的证据，判定米××在交通事故发生时，为事故车上人员，并非"第三人"，认定保险公司无须在交强险范围内向米××承担赔偿责任，并无不当，驳回原告郑××等的诉讼请求。

四、裁判结果

一审法院、二审法院及再审法院先后依照《民法通则》第五条、《民事诉讼法》第六十四条第一款及第一百七十条第一款第（一）项的规定，驳回原告郑××等的诉讼请求，诉讼费用均由原告郑××等承担。

五、案例评析

本案的争议焦点为驾驶员米××是属于"车上人员"还是"第三者"，一审法院、二审法院及再审等三级审判机关最终认定驾驶员米××为本车"车上人员"，具有合法性及合理性。

（一）本案判决具有合法性

从关键性证据来看，多份证据显示驾驶员米××属于"车上人员"。审判机关认定"事发时米××驾驶的事故车辆处于开启状态，手刹处于关闭状态，左侧车门门框密封条处附着的血痕为米××所留"等事实，并由此推断事发时米××应在车内，其不构成交通事故中的"第三者"，这是司法认定最为关键的证据，因此本车交强险不承担赔偿责任。

（二）本案判决具有合理性

一是从交强险内涵界定来看，被保险人不能构成交强险中的"第三者"角色。一审判决认定"李××将合伙股份转让给米××，米××成为重型半挂牵引车的实际车主，保险费均由米××交纳，米××与保险公司形成事实上的保险合同关系"等事实，即驾驶员米××不仅是交纳保险费的投保人，还是实际的被保险人。根据《机动车交通事故责任强制保险条例》第三条的规定："本条例所称机动车交通事故责任强制保险，是指由保险公司对被保险机动车发生道路交通事故造成本车人员、被保险人以外的受害人的人身伤亡、财产损失，在责任限额内予以赔偿的强制性责任保险。"据此可知，第三者是指除投保人、被保险人及本车人员以外的人。本案中驾驶员米××的投保人角色、实际被保险人角色都印证着其不能成为"第三者"。审判机关在裁判中，直接认定驾驶员米××的实际车主身份及实际被保险人身份，判定其在交强险中的当事人身份，隐含地否决其成为"第三者"角色。

二是从交强险责任限额规则来看，受害者只能在一份交强险责任限额内获得赔偿。一审法院判决认定"以（2013）通民初字第××××号民事判决书已经判决胡××驾驶车辆的承保人××财产保险股份有限公司××中心支公司赔偿死者米××的继承人郑××等3人交通事故损失324738元"等事实，显示驾驶员米××已经获得1份交强险的赔偿责任，不能获得多份交强险赔偿，据此即使认定驾驶员米××属于"第三者"，其也不可能获得交强险的赔偿责任，只能在保险公司之间进行比例分摊。审判机关在裁判中，列举出事实，但巧妙地回避了这个问题，直接运用关键性证据予以判决。

三是从受害者身份规则来看，"第三者"与"车上人员"具有互换性。当前在保险实务界存在解释说、依附说、承运关系说、近因说、瞬间说等多种观点，都有一定的合理性及理论价值，但"近因说"和"瞬间说"是实务中比较受认可的观点，这两种观点都认为"第三者"和"车上人员"均为在特定时空条件下的临时性身份。受害者的"第三者"或"车上人员"的身份，必须以其在"事故发生时"特定时点为依据，在车上即为"车上人员"，在车下即为"第三者"。机动车作为交通工具，任何人都不会一直在机动车内，因此保险合同中"第三者"和"车上人员"均为在特定时空条件下的特定身份，具有可转换性及临时性。本案中认定证据显示驾驶员米××在车内受撞击身亡，但有可能撞击力"瞬间"将米××撞出车外导致死亡，而不是将米××撞出车外后因其他原因（譬如碾压）致其死亡，可见驾驶员米××属于车上人员。

（三）关于本案的延伸性思考

在保险理赔实践中，关于"车上人员"与"第三者"争议案件时有发生，如车上乘客在下车过程中或在车下所受的伤害，车上人员抛出车外后二次伤害，驾驶员遭受本车碾压所受的伤害，特别是本案中米××为实际车主（与名义车主）、投保人、实际被保险人（与名义被保险人）及本车司机，四重身份重合，尽管审判机关裁判时未涉及这些关键点，但本案具有较高的研究价值，这些典型案件，考验着审判机关的裁判价值取向和裁判智慧。

案例供稿人：英大泰和财产保险股份有限公司河北分公司　李　磊　李俊博

评　析　人：英大泰和财产保险股份有限公司合规管理部　聂　勇

设施管理人，其应承担管理瑕疵责任，驾驶人不能成为自己权益的侵害者，并因此承担侵权责任

一、裁判要旨

交通事故责任与侵权责任主体并不当然重合，法院需要根据事故发生原因以及过错程度综合进行判决。作为设施管理人，其应承担管理瑕疵责任。依照侵权法原理，如果驾驶人因本人驾驶行为造成自身伤害，其不能成为自己权益的侵害者，并因此承担侵权责任。按照本案交通事故认定书的认定，被上诉人张××在交通事故中存在过错，依照上述侵权法原理，张××不能成为自己权益的侵害者，并因此承担侵权责任。因此，法院判决××市交通局承担管理瑕疵责任，驾驶人张××不能作为本车交强险的赔偿权利人。

二、基本案情

（一）原告诉称

2014 年 10 月 2 日 2 时 23 分左右，原告张××驾驶冀 T×××××货车，沿赵××线由北向南行至 13 公里+23 米处（此外设置限宽墩），张××停车下车观察情况时，由南向北行驶的黄××驾驶的冀 T×××××轿车撞到限宽墩上后又撞到了张××，造成张××受伤，轿车损坏的交通事故。该事故经××市公

安交通警察大队认定，黄××负事故主要责任、张××负事故次要责任。该事故给原告造成医疗费、住院伙食补助费、交通费、误工费、护理费、营养费等损失共计166000元。

（二）被告辩称

1. 被告黄××辩称：事故发生时有雾，限宽墩没有反光条，事故发生时张××不属于行人，事故认定书认定了双方车辆发生的事故。××市交通局没有设置明显的提示，对此应承担相应的赔偿责任，原告张××脱离了自己的车辆，对其自己车辆来说是第三者，其车辆所投保的保险公司对于张××的损害也应按照事故责任承担赔偿责任。

2. 被告××财产保险股份有限公司××中心支公司辩称：被告黄××诉称作为张××车辆的投保方对张××的损失承担赔偿责任没有法律和事实依据，本案事故发生完全是由黄××撞到了限宽墩后又撞到了原告，他们发生事故和张××车辆无关，公司不应承担赔偿责任。

3. 被告××市交通局辩称：本案是由于黄××驾车撞到了限宽墩后与张××发生了交通事故，事故认定书中也不涉及交通局，且交通局在设施上也没有缺陷，不存在违法行为，对于原告的损失不应承担赔偿责任。

（三）法院经公开审理查明

2014年10月2日2时23分左右，原告张××驾驶冀T×××××货车，沿赵××线由北向南行至13公里+23米处（该处设置限宽墩），张××停车下车观察情况时，由南向北行驶的黄××驾驶的冀T×××××轿车撞到限宽墩上后，车辆又撞到了张××，造成张××受伤，轿车损坏的交通事故。该事故经××市公安交通警察大队认定，黄××负事故主要责任、张××负事故次要责任。事故发生后张××先后在××市医院、××医院住院治疗费53天，产生医疗费123000元。案件起诉到法院后，被告黄××向法院提出申请，要求依法追加张××车辆的保险公司××财产保险股份有限公司××中心支公司和××市交通局作为共同被告参加诉讼。原告、被告就赔偿事宜协商未果，原告要求各被告赔偿各项损失共 166000 元。

另查明，被告黄××驾驶的车辆冀 T××××× 在被告××财产保险股份有限公司××中心支公司有交强险一份。原告张××驾驶的车辆在××财产保险股份有限公司××中心支公司投保交强险及商业险各一份。

三、裁判理由

（一）一审法院认为

原告张××的损害是被告黄××的主要责任造成的，有××市公安交通警察大队出具的道路交通事故认定书予以证实。被告黄××申请追加张××车辆的保险公司及××市交通局作为被告承担民事赔偿责任没有法律依据。首先张××下车查看路况时本人已经脱离了自己的车辆，但是黄××发生事故是由于驾驶速度快，雾天没有降低行驶速度，车辆撞到了限宽墩上后，又将张××碰伤，并不是与张××驾驶的车辆发生碰撞造成了张××受伤，故张××车辆的保险公司××财产保险股份有限公司对原告的损害不承担民事赔偿责任；被告××市交通局依法设置限宽墩并在路边设置提醒标志不存在设置违法问题，被告黄××要求××市交通局作为被告对原告的损害承担赔偿责任没有法律依据，法院不予支持。由于张××是行人，黄××驾驶的是机动车，故此应适当提高黄××的赔偿比例，故黄××应承担80%的赔偿责任。原告要求被告赔偿的各项损失，根据《道路交通安全法》第七十六条的规定："机动车发生交通事故造成人身伤亡、财产损失的，由保险公司在机动车第三者强制保险责任限额范围内予以赔偿。"被告××财产保险股份有限公司××中心支公司应在交强险各分项限额范围内赔偿，超出部分由被告黄××予以赔偿。

一审法院判决后，黄××提起上诉。

（二）二审法院认为

1. 关于被上诉人××交通局应否在本案中承担赔偿责任的问题。交通事故责任与侵权责任主体并不当然重合，法院需要根据事故发生原因以及过错程度综合进行判决。事故发生地处县级公路，周边无夜间照明设施，根据交警部门事故现场照片，限宽墩没有粘贴反光标识，给夜间行车带来了安全隐患。被上诉人××交通局认可事故发生地的限宽墩是该局设立，其设置的限宽设施存在瑕疵，作为该设施管理人，其应承担管理瑕疵责任。

2. 关于被上诉人××财险××公司是否应在冀T×××××车辆投保的交强险责任限额内承担赔偿责任的问题。首先，依照侵权法原理，如果驾驶人因本人驾驶行为造成自身伤害，其不能成为自己权益的侵害者，并因此承担侵权责任。即驾驶人本人不能在成为加害人的同时，又成为受害人。按照本案交通事故认定书的认定，被上诉人张××在交通事故中存在过错，依照上述侵权法原理，张××不能成为自己权益的侵害者，并因此承担侵权责任。其次，在同一起事故中，本车驾驶人不能成为本车交强险中的受害人。根据《机动车交通事故责任强制保险条款》的规定，交强险合同中的受害人是指因被保险机动车发生交通事故遭受人身伤亡或财产损失的人，但不包括被保险机动车本车车上人员和被保险人，其中，被保险人是指投保人及其允许的合法驾驶人。现肇事车辆冀T×××××合法驾驶人为张××，其应为被保险人，该身份使其不能成为本车强制保险赔偿范围内的受害人。最后，本车驾驶人张××违章停车，使本车处于空置状态，但防止本车致人损害的责任并未转移，作为本车驾驶人，本车的致害危险仍应归其控制。如此时空置机动车造成本人损害，驾驶人成为本车第三者，而空置机动车同时造成他人损害时，驾驶人又成为本车车上人员，则不符合逻辑。综上所述，被上诉人张××不能成为本车强制保险的受害人和本车第三者责任保险的第三者，不能在本车强制保险和第三者责任保险中获赔。根据上诉人黄××、被上诉人张××在本次事故中的违法行为，及交警部门确定黄××承担主要责任，张××承担次要责任的事故认定书，法院酌定上诉人黄××承担60%的赔偿比例，张××承担20%的赔偿比例，被上诉人××交通局承担20%的赔偿比例。

四、裁判结果

二审法院综合认定上诉人黄××承担事故赔偿总额60%的赔偿比例，交强险赔付不足部分由黄××承担。张××承担20%的赔偿比例，被上诉人××交通局承担20%的赔偿比例。

五、案例评析

本案的焦点问题在于，被保险人能否成为责任保险的受害人，进而向自己的保险公司请求给付保险金。

（一）各方观点

被告黄××主张，原告张××在事故发生时脱离了自己的车辆，对其自己的车辆来说属于第三人，故车辆所投保的保险公司对于张××所受的损害也应承担赔偿责任。一审法院认为，虽然张××已经脱离了自己的机动车，但是其遭受损害是因为黄××的车辆撞上限宽墩后碰撞所致，并不是与张××驾驶的车辆发生碰撞而造成张××受伤，故张××所投保的保险公司不应当承担赔偿责任。

二审法院同样认为，张××就自己车辆所投保的保险公司对其所受损害不应当承担赔偿责任，主要理由有两点：其一，在侵权法律关系中，加害人不能同时成为受害人，否则将出现自己向自己赔偿的奇怪现象；其二，交强险的保险标的是被保险人对他人所受损害的民事赔偿责任，由于驾驶人对自己的损害无法成立赔偿责任，故本车的驾驶人同样也不能成为本车交强险的受害人。

（二）"本车人员"：空间关系抑或法律关系

交通事故的受害人向机动车责任保险的保险人请求给付保险金的前提是，该受害人对被保险人享有私法性质的损害赔偿请求权，此时也被称为第三者。然而，《机动车交通事故责任强制保险条例》并未以法律关系为标准来界定第三者的范围。《机动车交通事故责任强制保险条例》第三条规定："本条例所称机动车交通事故责任强制保险，是指由保险公司对被保险机动车发生道路交通事故造成本车人员、被保险人以外的受害人的人身伤亡、财产损失，在责任限额内予以赔偿的强制性责任保险。" 根据这一定义，本车人员及被保险人不得称为第三者。何为本车人员，实践中争议较大，主要有以下三种观点：第一种观点认为，在机动车三责险中，投保车辆被看成是"第二者"，并将被保险人、其允许的驾驶人员、其他车上人员等包括在内。[1]此种观点的缺陷在于本车人员的范围太过广泛不利于交通事故受害人的保护；第二种观点认为，"本车人员"在特定情形下可以转化为相关责任保险中的第三者，如有法院认为，受害人因车辆碰撞而从车内摔到车外时即从车上人员转化为车外第三者。[2]此种观点将交通事故发生时，受害人所处的空间位置作为认定第三者的重要标准。不过，也有地方司法文件明确否定此种做法，如深圳市人民中级法院《关于道路交通事故损害赔偿纠纷案件的裁判指引》（深中法发〔2014〕3号）第二条规定："本车人员发生交通事故时被甩出车外后被本车碾压导致伤亡的，该人员不属于交强险中的第三者，不属于交强险赔偿范围"；第三种观点则认为，对于第三者的认定来说，重要的

---

① 贾林青主编. 法院审理保险案件观点集成[M]. 北京：中国法制出版社，2016：352.

② 贾林青主编. 法院审理保险案件观点集成[M]. 北京：中国法制出版社，2016：355.

并不是交通事故发生时受害人所处的空间位置，而是其所处的法律关系，由于任何人不能同时在侵权法律关系中同时成为加害人与受害人，故被保险人在任何情况下都不能成为责任保险中的"第三者"。①不过，这里所说的被保险人是指具体保险事故的被保险人，而非保险合同意义的被保险人。如最高人民法院《关于审理道路交通事故损害赔偿案件适用法律若干问题的解释》第十七条规定："投保人允许的驾驶人驾驶机动车致使投保人遭受损害，当事人请求承保交强险的保险公司在责任限额范围内予以赔偿的，人民法院应予支持，但投保人为本车上人员的除外。"具体到本案来说，以上三种观点均不能适用，张××不能作为第三者的原因在于其所投保的机动车并未参与此次交通事故，故不能向其保险人请求赔偿保险金。

（三）交通事故认定书意义上的责任

在本案中，公安部门出具的交通事故认定书就本次事故的责任划分认为，黄××负事故的主要责任、张××负事故的次要责任。显然，交警部门混淆了侵权法律关系中加害人的责任与受害人的与有过错（过失相抵）问题，本案是一次普通的车辆撞伤行人的事故，张××的机动车与本次事故的发生没有关联，即张××在事故中的身份是单纯的受害人，其根本谈不上对事故承担"责任"。当然，如果受害人的过失行为对于损害的发生及扩大具有一定的影响，则应根据《侵权责任法》第二十六条及《道路交通安全法》第七十六条的规定相应地减轻加害人的责任。

交通事故书对于交通事故侵权责任分配的影响一直以来都是一个争议很大的问题。最高人民法院《关于审理道路交通事故损害赔偿案件适用法院若干问题的解释》第二十七条规定："公安机关交通管理部门制作

---

① 贾林青主编. 法院审理保险案件观点集成[M]. 北京：中国法制出版社，2016：360.

的交通事故认定书，人民法院应依法审查并确认其相应的证明力，但有相反证据推翻的除外。"但实践中改变交通事故认定书对于交通事故责任划分的决定难度较大。宜借鉴比较法上的做法，对交通警察对交通事故处理中的职权作出调整，突出警察在事故现场的证据保全职责，记录事故发生经过以及各当事人的违法行为，而不对民事责任的划分发表意见。

　　案例供稿人：河北志安邦律师事务所　刘勇进

　　评　析　人：上海对外经贸大学法学院讲师，德国科隆大学法学博士　沈小军

借助汽车零整比100指数促成调解

一、调解要旨

近年来，各保险公司努力践行"守信用、担风险、重服务、合规范"价值理念，创新服务措施、提升理赔能力，舆论所关注的车险理赔难的现象，已初步解决，特别是以往车辆损失保险惜赔的问题得到大为改观。目前，车辆损失保险理赔纠纷中，由于修理方案或维修金额争议案件的占比，呈现出较快上升的趋势，通过总结纠纷样本事实理由和争议焦点，分析纠纷案件形成的共性，此类案件具有被保险人仅履行事故通知义务后，自行委托中介机构评估车辆损失，再依据评估意见进行投诉、提起诉讼或申请仲裁的情形。对此，保险人一般主张依据合同约定而享有重新核定的权利，或申请重新鉴定；但被保险人一般辩称，涉案车辆已经维修或变卖，拒绝为重新鉴定提供检材。被保险人自行委托的评估机构一般具有合法资质，保险人大多未参与评估活动，故对被保险人单方委托而获得的评估意见，无法形成有效抗辩，保险人大多承担败诉结果。至此，保险人主张因被保险人无法提供检材，而应当承担举证不能的不利后果，成为最后的手段，但被保险人应当承担不利后果的尺度，属于审理者自由裁量的范畴，暂无一致意见。由于被保险人对标的物享有占有、处分的权能，故如何救济保险人的合同权利，撰写此文用来抛砖引玉，保险人可以参考借用中国保险行业协会、中国汽车维修行业协会实时发布的汽车零整比系数，对确不妥当的评估意见进行抗辩。

二、基本案情

（一）申请人诉请

2015 年 5 月 1 日，张×× （以下称申请人）将其新购置的冀 B×××××马自达睿翼型轿车，向××财产保险股份有限公司××支公司（以下简称被申请人）投保了机动车损失保险、不计免赔特约险，保险金额为 160000元；保险期间自 2015 年 5 月 2 日零时起至 2016 年 5 月 1 日 24 时止。在保险期间，2016 年 4 月 1 日，申请人驾驶冀 B×××××轿车，在河北 G45 高速公路自北向南行驶至 500 公里处，因超速行驶遇情况操作不当驶入右侧路沟，造成张××受伤、公路设施损毁、冀 B×××××轿车受损的交通事故。该事故，由××高速公路交通警察支队××大队（以下简称交警队）认定，申请人负此次事故的全部责任，医疗费自负、车辆维修费用自负、补偿高速公路设施 4000 元、施救费凭票付款 6000 元。后申请人委托河北××保险公估有限公司（以下简称公估公司），对冀 B×××××轿车的损失进行了评估，评估意见为车辆损失 140000 元，公估费为 7000 元。后申请人自述与被申请人沟通赔偿事宜，但被申请人认为公估价格虚高，故申请人严重不满，要求被申请人赔偿冀 B×××××施救费 6000 元、路产损失 4000 元、轿车损失 140000 元、公估费 7000 元，另支付逾期违约金 5000 元，合计索赔 162000 元。

（二）被申请人辩称

1. 源于申请人主张的路产损失 4000 元。被申请人对此无异议。需要说明的是，收到索赔证明 7 日内，曾建议预先赔付申请人路产损失 4000元，但被申请人拒绝。

2. 关于申请人主张的冀 B×××××车辆损失 140000 元。公估报告载明评估未对冀B×××××车辆进行拆解、仅对损失进行鉴定、按照4S店价格鉴定，但该公估报告没有说明评估的目的、方法，形式要件缺失。申请人没有投保指定专修特约险，也未事实维修该车，但公估公司按照4S店价格进行评估，严重违反了保险合同约定，加重了被申请人的赔偿责任。综上所述，该公估行为是单方委托，且不具有合法性，被申请人不予认可。

3. 关于申请人主张的7000元评估费。因该次交通事故是单方肇事，申请人自行委托公估公司进行评估，应当证明该行为的正当性、必要性、合理性，且该项费用属于保险合同约定的间接损失、免除责任，被申请人不予认可。

4. 申请人主张的6000元施救费。申请人应当补充提交施救工程明细，被申请人主张按照冀价经费〔2013〕26号文件的规定，只认可1400元。

5. 关于申请人主张的5000元逾期违约金。因被申请人未曾签发过拒绝赔偿决定书，只是双方因理赔金额争议；收到索赔证明7日内，曾建议预先赔付申请人车辆维修费、施救费66000元，但申请人拒绝；另保险合同没有约定违约条款，故被申请人不认可。

6. 被申请人申请调查涉案车辆现状。被申请人提交了交警部门出具的车辆登记查询信息、违章记录等，证明该车已经修复，申请人仍享有支配权。申请人调解庭查明现时车辆状态，若涉案车辆受损严重，建议对残值公开招拍挂后，协商推定全损；反之申请重新鉴定。

（三）调解庭查明

1. 关于本案所涉保险合同的效力。申请人提交了与被申请人所签订的保险合同正本和发票，以证明双方当事人的身份、标的物、保险内容及保险期间等；被申请人对此无异议。调解庭查明双方依真实意思订立该保险合同，不违反法律规定，予以确认。

2. 关于本案所涉交通事故。申请人提交了交警队的道路交通事故认定书（简易程序），以证明事实、责任及处理结果；申请人对事故认定书的事实和责任无异议，对处理结果有异议。调解庭查明，该事故发生在保险期间，该事故造成的损失属于保险合同约定的赔偿范围，予以确认。

3. 关于申请人主张的4000元路产补偿。申请人提交了河北省高速公路管理局××路政大队的处罚决定书、补偿清单、处罚收据；被申请人对此无异议。调解庭查明，4000元路产补偿是高速公路管理部门依职权作出的处罚决定，且申请人已经履行完毕，予以确认。

4. 关于申请人主张的6000元施救费。申请人提交了施救费增值税发票，辩称是交警队指定的施救公司；被申请人引用冀价经费〔2013〕26号文件的规定进行抗辩。调解庭查明双方当事人对该次事故造成冀B×××××车辆确需施救并无异议；救援服务是高速公路经营管理单位的职责，救援服务收费标准是政府指导价、上限管理。

5. 关于申请人主张的140000元车辆损失。申请人提交了公估报告，认为冀B×××××车本辆次事故损坏的是原厂配件，应当按照4S店的价格计算损失，被申请人强迫申请人必须维修，否则拒绝赔偿是霸王条款，侵害申请人的所有权；被申请人认为依据合同约定若推定全损，冀B×××××车辆残值处理应当协商一致，避免不当得利。调解庭查明，依据保险公估机构监管规定，公估报告中涉及赔款金额的，应当指明该赔款金额所依据的相应保险条款。

6. 关于申请人主张的7000元公估费。申请人提交了公估费普通增值税发票，认为冀B×××××车辆购买不满一年的时间，必须按照4S店价格赔偿，因被申请人不同意，无奈只得委托公估公司评估；被申请人引用了车辆损失保险条款，主张双方应当协商选定鉴定机构，申请人单方委托评估，侵害了被申请人的权利，被申请人有理由相信该公估意见缺乏公正性。调解庭查明汽车生产厂家配件垄断现已破除，各车型均有授权汽配商供应原厂配件。

7. 关于被申请人主张已经履行提示和说明义务。被申请人提交了双方所签订的机动车辆保险投保提示、机动车交通事故责任强制保险投保单、机动车辆商业保险投保单、车辆损失保险条款，主张在签订保险合同前，已经向申请人履行了提示和明确说明义务。申请人辩称，是通过4S店渠道购买的保险，4S店工作人员没有说明保险条款，随手签的，不知道签的是什么。调解庭查明，申请人对被申请人提交的证据上的签字真实性无异议。

8. 关于被申请人主张对车损重新鉴定。申请人主张委托公估公司鉴定后，在事故停车场将冀B×××××车辆就地变卖，残值5000元，抵扣了施救费，被申请人无权主张该车辆残值；现时车辆的权属与本案无关联性，拒绝提供任何相关信息。被申请人主张申请人作为涉案车辆的所有人，负有提供鉴定检材的义务，否则应当承担鉴定举证不能的责任。调解庭认为机动车作为特殊动产，不以登记为物权变动的生效要件，经释明，申请人仍拒绝提供。

三、调解理由

（一）对当事人的举证责任进行释名

双方当事人均负有谁主张、谁举证的义务，申请人为重新鉴定设置障碍，被申请人仅能提供数张该车外观受损照片；另经合理通知，公估公司拒不到庭，申请人应当承担举证不能的责任。被申请人对申请人的报案索赔，采取消极等待的态度，无相反证据抗辩申请人的公估意见。

（二）借用汽车零整比指数促进调解

双方当事人对该车维修方案无争议，但被申请人认为冀B×××××车辆未实际修理，不认可推定全损。调解庭咨询了相关专家意见，专家认为"事故仅造成车身、悬挂、气囊损失，但动力系统、传动系统、电器系统完好，如果冀B×××××车辆未实际修理，根据中国保险行业协会、中国汽车维修行业协会发布的汽车零整比指数，公估公司采取损失加和法评估，且接近保险合同约定的全损情形，确有不妥，建议采用重置成新率的方法，扣减该车残值后，确定实际损失。"经征询双方的意见，均无异议，调解庭规定了提交检材的时间。

四、调解结果

在规定的时间内，调解庭主持调解，通过耐心劝导、释明风险，双方当事人最终达成调解意见，由被申请人一次性赔偿申请人各项损失合计115000元，申请人自愿放弃其他索赔权利。

五、案例评析

本案的争议焦点具有一定的代表性，在司法实践中裁判结果差异较大，究其原因是保险合同条款存在漏洞，车辆全部损失的内涵未明确，推定全损的适用没有量化，部分损失对维修与否的赔偿方式未区分，车辆残值处理方式模糊不清等。

合同存在的漏洞和条款歧义，往往是当事人争执的焦点所在，这就需要裁判者填补漏洞或予以解释。对于保险合同条款的歧义，《保险法》采取了疑义解释原则，即采用保险人提供的格式条款订立的保险合同，保险人与投保人、被保险人或者受益人对合同条款有争议的，应当按照通常理解予以解释。对合同条款有两种以上解释的，人民法院或者仲裁机构应当作出有利于被保险人和受益人的解释；但《保险法》未规定漏洞的填补规则。司法实践中一般只认定保险合同的附合性、交易双方地位不对等，故裁判者习惯适用疑义解释原则或合理期待原则，以填补合同漏洞。这就形成了保险人屡败屡战的现象，相关判例虽多，却失去了指导民事法律行为的意义。

作者认为，《合同法》有关漏洞的解释方法，是一般法的规定，应当适用保险领域，这为多数国家的《保险法》所承认、判例所重申；《合同法》的宗旨不只是实现合同自由，也保护交易秩序、维护合同正义，故《合同法》的损失填补原则、《保险法》的损失补偿原则，应当作为漏洞解释结果的判断标准。具体到本案，申请人作为涉案车辆所有权人，享有完整的物权，保险人不得通过合同约定，限制申请人的占有、使用、处分权等；保险人是本案的赔偿责任人，提出申请鉴定车辆实际损失金额，是为查明待证事实的真伪，应当予以支持。申请人作为车辆所有权人负有举证义务，裁判者应当要求申请人提供检材，若申请人无正当理由拒不提供，且保险人主张鉴定内容不利于申请人的，在依法释明后，仍拒不提供的，裁判者应当行使裁量权酌定案件相关事实。

中国汽车维修行业协会、中国保险行业协会联合发布的汽车零整比统计指数表明，多数车型零部件销售金额相加之和接近整车售价的10倍。本案申请人的诉请金额接近车辆实际价值，但仅由涉案车辆的非关键配件价值构成，故申请人提交的公估意见缺乏充分性、公信力。申请人既要求按照推定全损赔偿，又未经维修就变卖了涉案车辆，裁判者应当对保险合同条款进行整体解释，确定申请人订立合同所期待的合理利益。保险人主张《合同法》的损害填补规则、《保险法》的损失补偿原则，是禁止不当得利的一般原则，应当予以支持。

案例供稿及评析人：邯郸市保险行业协会　马建伟

车主不及时报警，事故原因无法查明，保险拒赔

一、裁判要旨

事故一旦发生，无论是单方事故还是双方事故，通过各种方式报警和向保险公司报案已然成为了驾驶员的一个基本生活常识，交警和保险公司人员到达现场，查明事故性质、原因及责任，以便进行相应理赔。但是部分车主在发生交通事故后没有依法及时向保险公司报案，也没有及时报警，致使事故原因无法查明，损失无法认定，保险公司将依约不承担保险赔偿责任。

二、基本案情

（一）原告诉称

原告冯××为自有车辆苏A×××××在××财产保险公司投保了机动车交通事故责任强制保险、车辆损失险等险种，保险期间为2011年5月31日至2012年5月30日。2012年5月20日零时20分左右，原告的丈夫陈××驾驶被保险车辆在路上行驶时，由于天黑无路灯视线不清，被保险车辆碰上石头致翻车。陈××被困车内，蹬碎玻璃爬出车外。因事发突然，陈××受惊过度且身体受伤，故其致电联系父母陪同去医院，同时通知朋友方××到现场处理。被保险车辆被方××拖至修理厂后，陈××通知交警及保险公

司。由于该修理厂无法维修被保险车辆，被保险车辆被拖至4S店维修。保险公司出具车损确认书，确认车辆损失金额为34.4万元。冯××因索赔遭拒，故诉请判令保险公司赔偿保险金34.4万元。

（二）保险公司辩称

事故发生后，被保险人应当及时向保险公司说明事故发生的性质、原因，本案从现有的证据来看无法确认事故发生的原因及性质，导致这种情况的发生均是陈××自行造成的，故保险公司根据保险合同第十八条的约定拒绝赔偿。

（三）一审法院查明

2011年5月31日，冯××为车辆苏Ａ×××××在××财产保险公司投保了机动车交通事故责任强制保险、机动车损失保险等险种，车辆损失保险条款第四条约定："保险期间，被保险人或其允许的合法驾驶人在使用被保险机动车过程中，因下列原因造成被保险机动车的损失，保险人依照本保险合同的约定负责赔偿：（一）碰撞、倾覆、坠落；（二）火灾、爆炸；……（七）载运被保险机动车的渡船遭受自然灾害。"第十八条约定："发生保险事故时，被保险人应当及时采取合理的、必要的施救和保护措施，防止或者减少损失，并在保险事故发生后48小时内通知保险人。故意或者因重大过失未及时通知，致使保险事故的性质、原因及损失程度等难以确定的，保险人对无法确定的部分，不承担赔偿责任，但保险人通过其他途径已经及时知道或者应当及时知道保险事故发生的除外"。2012年5月20日12时48分左右，陈××向交管局指挥中心报警称其于2012年5月20日零时20分左右驾驶苏Ａ×××××轿车发生交通事故，交警队因系事后报案且无事故现场，故下结论为：目前所得证据无法证实陈××所述的事故事实。2012年5月20日13时6分，陈××通知保险公司被保险车辆发生保险事故，事故原因是碰撞。2012年5月24日，保险公司对被保险车辆进行定损，并确认车辆损失金额为34.4万元，冯××为此支付维修费34.4万元。

一审法院判决支持原告诉请，被告不服提起上诉。

（四）二审法院查明

涉案车辆损失保险条款第六条约定："下列情况下，无论任何原因造成被保险机动车损失，保险人均不负责赔偿：（一）……（六）事故发生后，被保险人或其允许的驾驶人在未依法采取措施的情况下驾驶被保险机动车或者遗弃被保险机动车逃离事故现场，或故意破坏、伪造现场及毁灭证据。"另查明，冯××确认保险公司已对上述保险合同中的免责条款履行了明确说明义务。2012年5月20日凌晨，陈××驾驶被保险车辆发生倾覆致使车辆损坏，性质为单方事故。二审法院要求冯××提交陈××在医院的就诊病历，冯××称因时间久远，相关急诊病历已遗失，故无法提供。二审法院调取××人民医院出具的一份检查申请单载明：时间为同日零时39分8秒，姓名为陈××，性别：男，临床印象为左上肢外伤，申请项目为中清创。陈××、方××均是2004年领取的驾照，2012年5月12日、5月13日，陈××驾驶被保险车辆发生单方保险事故，均系其本人向被告保险公司报案。

三、裁判理由

二审法院审理认为：冯××与保险公司签订的车辆损失保险合同，是双方当事人真实意思表示，合法有效。双方应当按照合同约定，全面履行各自的义务。该保险合同约定被保险人或者其允许的合法驾驶人在使用被保险机动车过程中，因碰撞、倾覆等原因造成的车辆损失，保险人应按约定负责赔偿。2012年5月20日凌晨，冯××的丈夫陈××驾驶被保险车辆发生倾覆造成车辆损失，该事故是发生在保险期间，属保险合同约定的理赔范围。冯××认可保险公司就保险合同中的免责条款已履行了明确说明义务，则保险合同第六条第（六）款约定被保险人或其允许的驾驶员有义务在发生事故后依法采取措施且不得逃离事故现场，对其具有约束力，冯××及其允许的驾驶员应依约履行。本案中，陈××在事故发生后相隔12个小时才报警，且早已将车辆挪离现场，于事发时电话联系亲朋好友，属于具备报警条件而未立即报警，没有依法采取措施，致使事故原因无法查明。另外，陈××称其因受伤急于诊治而离开现场，但又无法提供相关急诊病历证明其受伤程度及医生诊疗经过，其离开事故现场没有合理性和必要性，属于擅自离开现场，未保护好现场，导致事故发生的性质（驾驶员是否存在禁驾、违法情形）无法查清。故被保险人允许的驾驶员在未依法采取措施的情况下擅自离开现场属于保险合同第六条第（六）款约定的免责情形，保险公司据此要求免除赔偿责任理由成立，所以对冯××的请求不应支持。

四、裁判结果

（一）一审法院裁判结果

一审法院判决支持原告诉请，被告不服提起上诉。

（二）二审法院裁判结果

二审法院根据《保险法》第五条，《合同法》第八条、第六十条，《民事诉讼法》第一百七十条第一款第（二）项的规定，撤销一审法院判决，驳回冯××的诉讼请求。

五、案例分析

本案的争议焦点为：保险公司依据保险合同中机动车损失保险条款第六条第（六）款主张的免责事由是否成立，即驾驶员陈××是否存在未依法采取措施的情况下遗弃被保险机动车逃离事故现场的情形。

首先，关于驾驶员陈××在事故发生后是否"依法采取措施"的问题。《道路交通安全法》第七十条规定："在道路上发生交通事故，车辆驾驶人应当立即停车，保护现场；造成人身伤亡的，车辆驾驶人应当立即抢救受伤人员，并迅速报告执勤的交通警察或者公安机关交通管理部门。因抢救受伤人员变动现场的，应当标明位置。"《道路交通事故处理程序规定》第八条规定："道路交通事故有下列情形之一的，当事人应当保护现场并立即报警：（一）造成人员死亡、受伤的；……（八）当事人不能自行移动车辆的。"本案中，陈××驾驶车辆发生事故后身体受轻微伤，车辆倾覆不能移动的状态，属于《道路交通事故处理程序规定》应当"保护现场并立即报警"的情况。此处的"立即"通常理解应是一个较短的时间段。陈××是2004年领取驾驶证的，并在2012年5月12日、5月13日驾驶被保险车辆发生交通事故时均是本人报案，表明其对交通事故处理流程和报警义务是明知的。但在本次事故中，事故发生时间为2012年5月20日零时20分左右，与其同日12时48分的报警时间相隔12小时之久，该行为明显不属于"立即报警"。另外，事故发生后，陈××先后与其父母、朋友电话联络，表明其不存在无法报警的客观情况。此外，案涉事故造成严重车损且发生于凌晨，过往车辆较少，不属于需将事故车辆即行撤离现场的情形，方××驾龄近十年，在未报警的情况下擅自将事故车辆拖离事故现场，也属于未依法采取措施，其行为后果应由委托人陈××承担。陈××的上述行为属于应立即报警而未立即报警的情形，即在事故发生后未依法采取措施。

其次，关于驾驶员陈××是否存在"遗弃被保险机动车逃离事故现场"的问题。"逃离事故现场"的状态是指驾驶员在事故发生后离开事故现场。驾驶员作为事故现场的重要组成部分，其是否具有驾驶资格、是否存在饮酒等禁驾情形，均是确定是否承担事故责任或责任大小的依据，其离开现场必然导致出警人员对驾驶员在事故发生时的驾驶状态无从查证，更无法对事故性质、原因及责任作出准确的认定，间接导致保险公司无法判断对发生的事故是否应予赔偿。所以，在前述交通法律法规中规定发生事故后驾驶员的重要义务之一便是保护现场，只有特殊情况下才允许撤离现场。例如，事故中出现重大人员伤亡，因生命权高于财产权，驾驶员为了抢救伤员而离开现场具有合理性和必要性，此时公安机关和保险公司均不能苛求驾驶员不得离开现场。当然，若允许驾驶员在无合理理由的情况下擅自离开现场，在道路交通事故频发的现状下易诱发道德风险，也违反《保险法》的最大诚信原则。由此，我们应根据事故中伤者的受伤程度来判断驾驶员有无离开现场的合理性和必要性。结合本案，驾驶员陈××称其因受伤急于诊治而离开现场，但未能提供相应的急诊病历证明其受伤程度及诊疗过程；相反，根据法院调取的检查申请单能够确定陈××受伤产生了20元的"中清创"费用，且在现场等待亲友到达后才离开，表明其受轻微伤，没有离开事故现场的合理性和必要性。

综上所述，涉案被保险车辆虽在保险期限内发生保险事故，但事故发生后，被保险人允许的驾驶员在未及时报警的情况下离开现场并将事故车辆拖离现场，是在未依法采取措施的情况下擅自离开现场的，导致事故原因、性质无法查清。符合保险合同第六条第（六）款约定的免责情形，保险公司据此要求免除赔偿责任，应予支持。

"逃离事故现场"和"未依法采取处置措施离开现场"经常出现在机动车保险格式条款的免责条款中，对于此类案件全国各地法院的处理并不完全一致，有的法院将此条款认定绝对无效，有的认定部分无效，有

---

① 湖北省仙桃县人民法院（2013）鄂仙桃民一初字第1676号民事判决书、江西省赣县人民法院（2013）赣民一初字第766号民事判决书、河南省周口市中级人民法院（2014）周民终字第108号民事判决书。

的认定此类免责条款经明确说明后才生效，并且理由各不相同。①不难看出，对于此类条款的效力及合理性认定的裁判标准存在相当大的冲突。但作者认为，此条款仅为机动车保险条款中的免责条款，其不应轻易认定无效，其与《保险法》第二十一条①虽然有一定的联系，均是为了查明事故的性质、原因和损失程度而对被保险人（或投保人）在事故发生后应采取的行为进行约束，但两者的本质是不同的：前者为保险合同的条款约定义务，后者为法定义务。事故发生后应依法采取"及时报警"的措施和"不得逃离事故现场"虽在《保险法》中未予规定，保险合同的当事人可以在合同中约定，并不是在《保险法》第二十一条的基础上加重被保险人（或投保人）的义务，通过前述案例可知该条款的设置具有相当的合理性。保险事故发生后对事故的了解和控制都是由被保险人（或投保人）掌握的，其及时报警或者报案也符合保险的最大诚信原则；同时保险人依据该免责条款行使抗辩权，不仅有利于当事人慎重缔约、严格履约，更有利于鼓励驾驶员在事故发生后履行法定义务和践行违法行为后果自负的理念。

当然，"逃离事故现场"和"未依法采取处置措施离开现场"作为保险合同中的免责条款，保险人必须依法履行明确说明义务，否则应认定无效。在其有效的前提下，针对每个案件，应结合具体情形，判断被保险人（或者投保人及其允许的驾驶人员）在事故发生后离开现场的行为是否具有必要性和合理性，包括车辆损失程度、人员受伤状况、驾驶人员的自身因素（驾龄、事故处理经验）、事故发生路况与时况等。

案例供稿人：河北浩博律师事务所　焦常强

评　析　人：山东省烟台市牟平区人民法院民事审判庭庭长　于秀丽

---

① 《保险法》第二十一条："投保人、被保险人或者受益人知道保险事故发生后，应当及时通知保险人。故意或者因重大过失未及时通知，致使保险事故的性质、原因、损失程度等难以确定的，保险人对无法确定的部分，不承担赔偿或者给付保险金的责任，但保险人通过其他途径已经及时知道或者应当及时知道保险事故发生的除外。"

企业财产基本险的责任范围

一、裁判要旨

保险合同约定的事故原因造成的损失属于保险责任范围，对于保险合同约定的原因之外发生的事故，不属于保险责任范围。对于不属于保险责任范围的，不涉及保险合同免责条款的效力问题。

二、基本案情

（一）原告诉称

原告于 2016 年 4 月 21 日就公司的固定资产及存货向××保险公司投保企业财产基本险。2016 年 7 月 23 日，原告向××保险公司报案称因 7 月 20 日暴雨引发洪水导致厂内板材设备受损。××保险公司查勘人员接到报案后于当天到达现场进行查勘，现场发现厂内积水水深约 1 米，厂内设备均被浸泡，电器设备、电机、配电柜受损严重，厂内后院存放的原材料、尿素及煤面，因后院围墙部分倒塌，部分原材料被冲走。××保险公司以公司只投保了企业财产基本险，未投保企业财产综合险而拒赔。因此，原告对损失提起诉讼，诉求保险公司赔偿 10143873 元。称投保时，保险人未告知是基本险或者综合险，不明白还有不同的险种，因此，保险条款无效，××保险公司应该赔偿。

（二）被告辩称

原告投保的险种是企业财产基本险，不是企业财产综合险。暴雨不属于基本险的承保范围，不存在格式条款免责问题，其属于综合险的承保范围。因原告不是综合险的被保险人，双方不存在有效的合同关系，对因暴雨造成的损失原告不具有向××保险公司主张赔偿的主体资格，应该驳回原告的起诉。

（三）法庭审理查明

原告就设备和存货在××保险公司投保了企业基本险。该险种的基本险条款第五条约定："在保险期间，由于下列原因造成保险标的的损失，保险人按照本保险合同的约定负责赔偿：（一）火灾；（二）爆炸；（三）雷击；（四）飞行物体及其他空中运行物体坠落。"保险公司投保卷中封皮手写体注明"基本险"；在卷宗投保单中，对于企业财产险列明三种：企业财产基本险、企业财产综合险及企业财产一切险；在企业财产基本险险别后，有手写的打钩选择；在基本险投保单的投保人声明一栏，有投保人签章。

三、裁判理由

本案庭审焦点：一是是否属于××保险公司赔偿责任范围。二是如果属于保险责任，保险赔偿数额是多少。

（一）关于保险公司的保险赔偿责任

从保险责任看，企业财产基本险条款第五条通过列举的方式，明确了基本险的事故原因只有四类，即火灾、爆炸、雷击、飞行物体及其他空中运行物体坠落；第七条又通过字体加黑的免赔条款明确列明："下列原因造成的损失、费用，保险人不负责赔偿：……（八）暴雨、洪水……"而企业财产综合险将保险事故原因在基础险4个事故原因的基础上又扩大了13个，将基本险不承保的"暴雨、洪水等"纳入承保的事故范围，保险标的范围也扩大到自用水电气设备因事故遭受损害导致停电、停水、停气造成的保险标的的直接损失（企业财产综合险条款第六条）。由此可知，一切险承保的范围更宽泛。

原告投保的险种是企业财产基本险，保险费也是按基本险种收取的保费。也就是说，原告起诉状中陈述的造成其诉求损失的事故原因——暴雨、洪水不属于原告投保的基本险险种列明的保险责任事故范围。

（二）损失数额

原告提交的是其重新购进生产设备签订的合同及收据。该重建的合同与造成的损失是两个概念。损失应该是双方共同对损失现场情况的确认，并基于该确认的现场由鉴定机构依照法定程序确定的损失数额。原告单方的合同与损失是两个问题，收据不是有效票据，无法确认其真实性、客观性和合理性。双方约定的免责条款有效，应该作为计算损失的依据。

四、裁判结果

原告、被告对相关原因造成的财产损失没有形成有效的法律赔偿关系，法院判决驳回原告的诉讼请求。

五、案件评析

企业财产保险是当前财产保险的主要险种之一。随着社会公众保险意识的不断增强，为转移财产损失风险而购买保险予以保障已成为各类经济实体或其他组织乃至国家机关、社会团体普遍认可的财务安排。本案在企业财产保险合同纠纷中具有一定的典型性。纵观全案，该纠纷中实质上涉及企业财产保险不同类别的法律属性、保险责任范围的确定、合同条款的解释乃至保险费与费率厘定等诸多方面的法律问题。

（一）企业财产保险基本分类及其法律属性

当前财险公司在企业财产保险产品的设计中，普遍分为企业财产基本险、企业财产综合险和企业财产一切险（以下分别简称基本险、综合险、一切险），再辅以若干附加险或特别约定进一步扩大保险标的或保障范围。结合基本险、综合险和一切险的保险条款，对比三者的保险标的分类、保险责任范围及责任免除情形等在保险合同中的核心内容，均存在明显不同，并依次表现为被保险人企业财产损失保障范围及保险人承担风险程度的同时增大。

基本险、综合险及一切险虽同属企业财产保险类别范畴，但其法律属性分属独立的保险合同。根据《保险法》第二条规定，保险的定义是指投保人根据合同约定，向保险人支付保险费，保险人对于合同约定的可能发生的事故因其发生所造成的财产损失承担赔偿保险金责任的商业保险行为。第十六条规定，保险事故是指保险合同约定的保险责任范围内的事故。第十八条规定，保险合同应当包括下列事项：……（三）保险标的；（四）保险责任和责任免除……（六）保险金额等。从上述法律规定并结合当前保险行业的合同形式，保险标的、保险金额、保险责任及责任免除属于保险合同的核心要素，也是险种之间相互区别并构成独立合同的法律特征。其中核心要素的不同，也导致保险费率厘定、投保人的保险费支付、被保险人的财产保障范围以及保险人可能承担保险责任、享有的责任免除范围等存在重大区别。因此，从我国《合同法》关于合同的主体、客体以及权利、义务等合同构成要件分析，案涉企业财产保险的基本险、综合险及一切险分属独立的保险合同。投保人选择投保基本险，意味着其与保险人之间成立基本险保险合同，适用该险种项下的保险合同条款享有权利并承担义务。而在未投保综合险或一切险时，双方之间并不存在保险合同关系，对于综合险或一切险合同项下的保险事故，因原告与保险人并未形成保险合同关系，也不具备请求保险金的被保险人主体资格。故人民法院作出驳回原告起诉的民事裁定，符合《保险法》《民事诉讼法》的规定。

（二）保险责任的认定及免责条款的适用范围

1. 保险责任的认定问题。《保险法》第二条就保险人的合同责任即保险责任作出了法律界定：保险人对于合同约定的可能发生的事故因其发生所造成的财产损失承担赔偿保险金的义务。据此，确定保险人是否应当承担保险责任，其法律前提是保险标的的损失是由合同约定的致损原因造成的。当前在财产保险中，合同条款就保险责任的范围普遍以列明方式予以确定。如本案中，基本险的保险标的的致损原因仅限于：火灾、爆炸、雷击、飞行物体及其他空中运行物体坠落。对于非因约定的四类风险原因导致的保险标的损失及费用则不属于基本险项下的保险责任，也不构成约定的保险事故。基于合同约定和法律规定，保险人并无保险金的理赔义务。对于导致保险标的损失属于非约定范围的风险原因，如基本险中的"暴雨、洪水"，既属于综合险及一切险项下的风险承保范围，同时也构成基本险项下免除保险人保险责任的事项，在纠纷处理中，势必存在不同险种的保险合同认定及格式条款的效力解释问题。

2. 免除保险人责任条款的适用范围。为交易便利重复使用单方事先拟定的格式条款，是诸多经济领域特别是金融行业经营中的普遍合同形式。基于其事先单方拟定、未经双方磋商的特点，为保护消费者的权益，我国法律对格式条款的适用进行了诸多规制。如《保险法》第十七条、第十九条以及《最高人民法院关于〈保险〉若干问题的解释（二）》第十一条至第十三条，就格式条款特别是免除保险人责任条款的解释和适用规则作出了明确的规定。如何在实务中正确合理适用此类条款的法律规定，是审判机关和仲裁机构能否在尊重保险行业惯例和保护保险消费者权益之间维持适度平衡的关键所在。

实务中，作者认为，可从以下逻辑顺序对免除保险人责任条款的效力进行审查：一是投保人与保险人是否存在合法有效的保险合同是适用条款解释规则的法律前提；二是保险标的、保险责任是否属于合同明确约定的保险保障范围，保险标的损失结果是否属于约定的风险原因所致，即是否属于保险事故；三是在存在有效的保险合同、发生了约定的保险事故等事实前提下，对免除保险人责任条款，无论是原因免责、损失费用免责或免赔额、免赔率等减轻保险人责任的格式条款，就保险人是否依法履行了提示和明确说明义务而进行严格的效力审查。基于上述考虑，在不具备保险合同法律关系前提、保险事故发生的事实依据的条件下，被保险人并无以保险人未尽法定义务为由而主张免责条款无效的抗辩权利。

3. 保险人未就险种的区别进行提示和说明是否适用免除责任条款的效力审查。《保险法》第十七条规定，订立保险合同，采用保险人提供的格式条款的，保险人向投保人提供的投保单应当附格式条款。保险人应当向投保人说明保险合同的内容。对保险合同中免除保险人责任的条款，保险人在订立合同时应当在投保单、保险单或者其他保险凭证上作出足以引起投保人注意的提示，并对该条款的内容以书面或者口头形式向投保人作出明确说明；未作提示或者明确说明的，该条款不产生效力。从法律规定及格式条款效力审查的逻辑顺序看出，保险人条款的提示和明确说明是在投保人选定险种、保险人核保通过并建立保险合同关系时应当履行的法定义务。在投保人尚未选定拟投保险种时，作为保险专业机构对投保人的投保选择仅负有一般性的险种介绍而非承担具体条款的法定提示和明确说明义务。即使保险人未就不同险种的区别为投保人进行解释或说明，也并不构成不当排除投保人或被保险人主要权利或加重其义务的情形，更不属于免除保险人责任条款的效力审查范围。本案中，原告以被告保险公司未告知企业财产保险有关基本险、综合险及一切险的分类或区别为由主张条款无效并要求赔偿，明显缺少法律依据。

（三）保险精算、费率厘定等保险特殊技术和规则在理赔纠纷处理中的应用

寿险和非寿险的保险精算、保险费率厘定以及保险费计算是保险产品在设计研发、展业推广、承保理赔等运营管理中的行业特有技术和规则，且事关各类保险公司作为商业经营主体的合同权益和经济利益保护。我国保险法律法规层面虽未将保险的特有技术和规则直接明确为保险合同双方权利和义务的界定因素，但在司法实务中已经逐步得以肯定和保护。如《最高人民法院关于适用〈保险法〉若干问题的解释（三）》第十八条规定，保险人给付费用补偿型的医疗费用保险金时，主张扣减被保险人从公费医疗或者社会医疗保险取得的赔偿金额的，应当证明该保险产品在厘定医疗费用保险费率时已经将公费医疗或者社会医疗保险部分相应扣除，并按照扣减后的标准收取保险费。按照此规定，在费用补偿型医疗费用保险金的纠纷审理中，保险人如能以精算报告等保险产品设计相关证据，就厘定保险费率、收取保险费的合同约定事项完成举证责任，将有利于实现扣减保险金的抗辩目的。虽然该规定是为人身保险进行的司法实务解释，但是其立法目的和价值取向无疑是对保险特殊规则在纠纷处理中的认可和保护。

本案审理中，法院在裁定保险费是按照企业财产基本险收取的说理认定一节，实质上尊重了保险特殊规则、平衡了合同双方的权利和义务，使得公平及权利和义务对等法律原则在保险合同纠纷审理中得以充分体现。

六、几点案外思考

综合本案的事实认定、法律适用及裁定结果，对于理赔纠纷诉讼或仲裁案件，保险公司在程序和实体抗辩方面均应有所总结和借鉴。

（一）重视保险责任的范围约定及法律应用

综上所述，《保险法》及其司法解释就保险标的发生损失后，是否构成保险事故，是否应当承担保险责任均有原则规定，保险合同条款就具体的保险责任范围也有列明式约定。司法实务中，审判机关或仲裁机构对保险标的致损原因是否在约定的责任范围内，是首要的审查内容。因此，保险人在理赔纠纷处理中，应就保险责任的列明范围及构成进行充分的举证、质证。在承保中，对于存在预约类保险合同的险种，应确保预约合同约定与保险条款及其他保险凭证所列责任范围的一致性，避免因内容冲突导致条款的不利解释。同时对于保险责任列明式的风险原因，尽量以非保险专业术语方式进行确定性而非概括式约定，避免因约定不明导致承保责任范围被任意扩大。在法律适用中，应重视保险责任范围与保险合同法律关系的理解，对于列明范围外且属于其他险种承保的责任范围，应在合同的主体、承保范围、适用的保险条款及双方的权利和义务区别方面，就双方是否存在保险合同进行程序及实体的抗辩等。

（二）增强行业特殊规则在实务中的权利维护意识

随着保险市场的逐步成熟和保险类案件司法处理原则的不断完善，保险的行业规则、惯例或特有技术，已经成为司法实务中保护和平衡保险合同参与人权利和义务的重要参考因素。因此，在财险、寿险涉诉案件中，应当将举证和抗辩意识延伸至产品的设计层面，在保险责任范围、免责事项、保险费计算与精算技术、费率厘定等方面的关系角度，充分举示如精算报告等专业技术性证据，促使审判或仲裁机构在理解保险基本原理基础上对案件进行公平处理。

（三）加强对保险标的实际损失范围的理赔证据审核

通常情况下，企业财产保险的保险标的是以企业会计科目或其他项目类别反映出的企业固定资产、流动资产或账外资产。发生保险事故后的标的实际损失确定极具复杂性，因此在已涉诉的企业财产保险理赔案件中加强证据审核，对于维护保险人的正当经济利益具有重要意义。实务中，不同类型的标的损失应当进行多角度的证据审查，例如库存原材料、产成品的损失确定，一是要结合承保资料对受损保险标的加以审查，及时获取企业会计账簿账册、原始记账凭证等资料，对照投保清单，识别受损标的与承保标的在类别、名称及数量等方面的差异；二是通过核实被保险人产生库存标的的基础凭证，如订单、商贸合同、入出库单据甚至能够佐证被保险人实际生产经营能力的用水用电记录等证据，力争从证据的真实性、合法性及关联性角度，防范被保险人报损资料或诉请事实的失真失实；三是对于确实无法识别的实际损失或存有真伪疑义的证据，应当及时申请损失评估或司法鉴定，积极借助保险公估、资产评估、司法会计等第三方专业机构的鉴定意见，确保保险标的实际损失的公允和客观。

案例供稿人：河北万里律师事务所　孙慧娟
评　析　人：河北省律师协会金融保险业务委员会委员　高东辉

实习期内驾驶重型牵引车出险，
商业险能否拒赔？

一、裁判要旨

驾驶员在实习期内驾驶重型半挂牵引车出险，导致本车车损，根据商业险保险条款的规定及《机动车驾驶证申领和适用规定》均明确将此种情况定性为"无证驾驶"，保险公司不予赔付；且因此种类型为法律明文规定的禁止性行为，无须保险公司进行明确的提示说明，仅尽到告知义务即可。

二、基本案情

（一）申请人诉称

申请人李××于 2014 年 11 月 5 日在××财产保险公司为其所有的冀DL44××投保了交强险、机动车第三者责任保险，为其所有的冀D××80挂车投保了机动车第三者责任保险。2015 年 6 月 19 日 18 时 20 分，冀DL44××、冀D××80挂车辆在招远市张星镇后大李村西边停驶期间，王××驾驶车辆由北向南行驶撞向李××的车辆，造成两车不同程度的损坏。事故发生时，李××车辆的驾驶司机是秦××，另一名乘车人是李××2。事故发生后李××让李××2在交警部门处理事故。经招远市公安交通警察大队道路交通事故认定书（简易程序）认定，事故双方承担同等责任。经交警大队调解，双方达成协议：王××的车损66757元，施救费2400元，评估费3300元，共计72457元；李××2的车损200元，以上损失由双方交强险内互赔，余额部分由李××2承担50%，李××2赔偿王××35228.5元。达成调解后，李××将35228.5元支付王××。但是当李××向被申请人××财产保险公司提出保险理赔时，被申请人却不按照保险合同约定支付理赔款。李××认为双方存在保险合同关系，且符合法律规定，投保却得不到保障，被申请人的拒赔已侵害了申请人的合法权益，为了维护申请人的合法权益，特依据《仲裁法》及相关法律规定，向邯郸市仲裁委员会申请仲裁，仲裁请求为：（1）请求裁决被申请人支付申请人保险理赔金35228.5元；（2）裁决仲裁费由被申请人承担。

（二）被申请人辩称

申请人车辆在被申请人处投有交强险和商业险，被申请人已于2015年7月6日向河北××汽车贸易有限公司下达拒赔通知书。理由如下：李××2是在实习期内驾驶被保险机动车，被申请人根据《机动车第三者责任保险条款》第五条约定，被保险机动车造成下列人身伤亡或者财产损失，不论在法律上是否应当有被保险人承担赔偿责任，保险人均不负责赔偿：……（七）……3. 实习期内驾驶营运客车或者载有爆炸物品、易燃易爆化学物品、剧毒或者放射性等危险品的被保险机动车，实习期内驾驶的被保险机动车牵引挂车。《营业用汽车损失保险条款》约定，实习期内不能驾驶被保险车辆牵引挂车，不属于保险责任。被申请人不承担赔偿责任，不承担仲裁费和鉴定费，交强险范围内的损失可以赔付。

（三）××仲裁委员会经公开质证查明

2014年11月5日河北××汽车贸易有限公司与被申请人签订的《机动车交通事故责任强制保险单》和两份《机动车辆保险单》，是双方的真实意思表示，不违反国家法律法规的强制性规定，且双方均无异议，该三份保险合同合法有效，三份保险单中均约定被保险人为河北××汽车贸易有限公司。

招远市公安交通警察大队道路交通事故认定书（简易程序）认定：2015年6月19日18时20分，申请人李××所有的冀DL44××、冀D××80挂车辆在招远市张星镇后大李村西边停驶期间，王××驾车由北向南行驶撞向李××的车辆，造成两车不同程度的损坏。事故发生时李××车辆的驾驶司机是李××2，而非申请人辩称的秦××，且在事故后申请人并未就相关部分申请复核且按照道路交通事故认定书实际履行，故该事故认定书真实、合法、有效。

申请人提交的李××2的驾驶证上载明："增驾A2，实习期至2016年3月29日"；行驶证记载："车辆类型：重型半挂牵引车"。事故发生在2015年6月19日，虽然事故发生在保险合同期间，但驾驶员李××2处于实习期内。

综上所述，申请人要求被申请人按照保险合同约定及赔偿凭证、施救费票据、倒库损失鉴定报告等相关证据赔付保险金35228.5元。而被申请人以出险驾驶员的驾驶证在实习期内，其驾驶重型半挂牵引车为免责事由，根据保险合同约定及相关法律规定拒绝赔付。

三、仲裁理由

审理本案的仲裁委员会认为，本案的争议所涉及的保险合同有效。以此为基础，本案的争议焦点在于：一是关于李××2是否具备驾驶本案车辆资格的问题；二是关于被申请人是否对免责条款尽到告知义务的问题。

（一）关于李××2是否具备驾驶本案车辆资格的问题

根据申请人提交的驾驶证及涉案车辆行驶证载明：增驾A2，实习期至2016年3月29日；车辆类型：重型半挂牵引车。本案事故发生在2015

年6月19日，虽在保险合同期间，但李××2处于实习期内，根据《机动车驾驶证申领和使用规定》（公安部令第123号）第六十五条："机动车驾驶人在实习期内不得驾驶公共汽车……驾驶的机动车不得牵引挂车……在增加准驾车型后的实习期内，驾驶原准驾车型的机动车时不受上述限制。"附件中明确了A2驾驶证的准驾车型为牵引车，涵盖重型、中型全挂、半挂汽车的规定。李××2在其驾驶证增驾至A2的实习期内不具备驾驶本案车辆的资格。在本案事故发生时，李××2属于无证驾驶。

（二）关于被申请人是否对免责条款尽到告知义务问题

被申请人向法庭出示了主挂车的商业险保险、投保单、责任免除说明书、主挂车保单及附件签收单，上面均有被保险人的签章认可，证明本次交通事故，商业险不属于赔偿责任，被申请人对上述免责条款已尽告知义务，并向法庭另行提交了保险条款。而申请人认为上述证据并不能证明被申请人已向申请人尽了明确的告知义务，法律规定要对免责的条款进行"足以引起投保人注意的标示"作出提示，但证据中被申请人主张的免责条款中，在内容形式上均未明确警示且此免责条款对本次交通事故并不适用，本案车辆处于停驶状态，不是处于行驶状态，不符合申请人提出的免责事由。被申请人出具证据证明被保险人河北××汽车贸易有限公司已在《机动车商业险责任免除明确说明书》《机动车商业保险投保单》《保险单及附件确认签收单》上加盖其印章确认，被申请人已在投保时对河北××汽车贸易有限公司尽了相应的告知义务，被申请人在保险单、投保单中均作出提示，免责条款用下划线标识，其将各险种的免责条款集中印制，被保险人河北××汽车贸易有限公司均加盖印章确认，故仲裁庭认为被申请人已尽到明确说明义务。

综上所述，仲裁庭认为，本案事故虽发生在保险期间，但申请人雇用的司机李××2在实习期内驾驶投保车辆，根据《机动车第三者责任保险条款》第五条第七款第三项的约定，属于保险合同约定的免责范围，故仲裁庭对申请人要求被申请人支付35228.5元保险理赔金的仲裁请求难以支持。

四、裁判结果

仲裁庭根据相关法律规定及保险合同约定裁决：驳回申请人李××要求被申请人××财产保险公司支付35228.5元的仲裁请求；本案仲裁费由申请人全部承担。

五、案例评析

本案的争议焦点有两个：一是关于李××2是否具备驾驶本案车辆资格的问题；二是关于被申请人是否对免责条款履行了说明义务的问题。

（一）关于实习期内驾车的相关规定

1.《中国保险行业协会机动车综合商业保险示范条款》第八条、第二十四条、第四十条规定，不论任何原因造成被保险机动车的任何损失和费用，保险人均不负责赔偿，包括实习期内驾驶公共汽车、营运客车或者执行任务的警车、载有危险物品的机动车或牵引挂车的机动车。可见，实习期内不准驾驶牵引挂车的机动车。保险公司的车险条款大多是参照该条款制定的。

2.《道路交通安全法实施条例》（以下简称《条例》）第二十二条规定："机动车驾驶证的有效期为6年，本条例另有规定的除外。机动车驾驶人初次申领机动车驾驶证后的12个月为实习期。在实习期内驾驶机动车的，应当在车身后部粘贴或者悬挂统一式样的实习标志。机动车驾驶人在实习期内不得驾驶公共汽车、营运客车或者执行任务的警车、消防车、救护车、工程救险车以及载有爆炸物品、易燃易爆化学物品、剧毒或者放射性等危险物品的机动车；驾驶的机动车不得牵引挂车。"《条例》属于行政法规，实习期内不准驾驶牵引挂车的机动车属于法规禁止性规范。

3. 自2013年1月1日起施行的《机动车驾驶证申领和使用规定》第六十四条规定："机动车驾驶人初次申请机动车驾驶证和增加准驾车型后的12个月为实习期"。第六十五条规定："机动车驾驶人在实习期内不得驾驶公共汽车、营运客车或者执行任务的警车、消防车、救护车、工程救险车以及载有爆炸物品、易燃易爆化学物品、剧毒或者放射性等危险物品的机动车；驾驶的机动车不得牵引挂车。"上述规定非常明确，实习期内不准驾驶牵引挂车的机动车。

（二）关于李××2是否具备驾驶本案车辆资格的问题

根据李××提交的驾驶证及涉案车辆行驶证载明：增驾A2，实习期至2016年3月29日；车辆类型：重型半挂牵引车。本案事故发生在2015年6月19日，虽在保险合同期间，但李××2处于实习期内。A2驾驶证的准驾车型包括牵引车（重型、中型全挂、半挂汽车），李××2在驾驶证增驾至A2实习期内不具备驾驶本案车辆的资格。

（三）"实习期内不准驾驶牵引挂车的机动车"规定的效力

如果车险条款中有明确的约定，而且对该约定保险人已经作了充分的说明，投保人或被保险人已知晓，那么毫无疑问，该规定对双方都有约束力。

那么在本案中，保险公司是否对免责条款尽到了说明义务呢？

1. 关于保险人说明义务的法律规定。

《保险法》第十七条规定："订立保险合同，采用保险人提供的格式条款的，保险人向投保人提供的投保单应当附格式条款，保险人应当向投保人说明合同的内容。对保险合同中免除保险人责任的条款，保险人在订立合同时应当在投保单、保险单或者其他保险凭证上作出足以引起投保人注意的提示，并对该条款的内容以书面或者口头形式向投保人作出明确说明；未作提示或者明确说明的，该条款不产生效力。"该条文要求保险人履行提示和说明义务。

《最高人民法院关于适用〈保险法〉若干问题的解释（二）》第九条规定："保险人提供的格式合同文本中的责任免除条款、免赔额、免赔率、比例赔付或者给付等免除或者减轻保险人责任的条款，可以认定为保险法第十七条第二款规定的"免除保险人责任的条款。"本案中合同条款约定，实习期内不准驾驶牵引挂车的机动车，否则发生事故不赔，是典型的责任免除条款。

《最高人民法院关于适用〈保险法〉若干问题的解释（二）》第十条规定："保险人将法律、行政法规中的禁止性规定情形作为保险合同免责条款的免责事由，保险人对该条款作出提示后，投保人、被保险人或者受益人以保险人未履行明确说明义务为由主张该条款不生效的，人民法院不予支持。""实习期内不准驾驶牵引挂车的机动车"是否属于法律、行政法规中的禁止性规定？《条例》是国务院颁布的，属于行政法规。所以，本案可以适用《最高人民法院关于适用〈保险法〉若干问题的解释（二）》第十条的规定。也就是说，保险公司只须将该规定印制在条款中即可，无须说明。

2. 保险公司是否履行了免责条款的说明义务呢？

保险公司出示了被保险人河北××汽车贸易有限公司已在《机动车商业险责任免除明确说明书》《机动车商业保险投保单》《保险单及附件确认签收单》上加盖其印章确认。另外保险公司已在投保时对河北××汽车贸易有限公司尽了相应的告知义务，被申请人在保险单、投保单中均作出提示，免责条款用下划线标识，其将各险种的免责条款集中印制，被保险人河北××汽车贸易有限公司均加盖印章确认，故仲裁庭认为被申请人已尽到明确的说明义务。

《保险法司法解释（二）》第十三条规定："保险人对其履行了明确说明义务负举证责任。投保人对保险人履行了符合本解释第十一条第二款要求的明确说明义务在相关文书上签字、盖章或者以其他形式予以确认的，应当认定保险人履行了该项义务。但另有证据证明保险人未履行明确说明义务的除外。"在本案中，李××没有拿出证据证明保险公司未尽到说明义务，所以，仲裁庭认为保险公司已经履行了法律规定的义务。

综上所述，仲裁庭作出的裁决是正确的。

（四）解决本案的另一种思路

《保险法》第五十二条规定："在合同有效期内，保险标的的危险程度显著增加的，被保险人应当按照合同约定及时通知保险人，保险人可以按照合同约定增加保险费或者解除合同。保险人解除合同的，应当将已收取的保险费，按照合同约定扣除自保险责任开始之日起至合同解除之日止应收的部分后，退还投保人。被保险人未履行前款规定的通知义务的，因保险标的的危险程度显著增加而发生的保险事故，保险人不承担赔偿保险金的责任。"该规定是关于被保险人违反保险标的危险程度显著增加的通知义务后果的。

本案中李××2在实习期内驾驶牵引挂车的机动车是否属于保险标的的危险程度显著增加这种情况呢？一方面，从保险标的来看，由于涉及的险种是第三者责任险，第三者责任险属于责任保险。根据《保险法》第六十五条第四款的规定，责任保险是指以被保险人对第三者依法应负的赔偿责任为保险标的的保险，可见责任保险的标的是民事赔偿责任。结合本案，保险事故的发生与李××2在实习期内驾驶牵引挂车的机动车有因果关系，李××应承担民事赔偿责任，所以属于保险标的；另一方面，保险标的的危险程度是否显著增加了？从某种角度上讲，牵引挂车的机动车相较于一般车辆具有更大的危险性。如果没有较好的驾驶技术，不仅对自己是危险的，对他人更是危险的。所以，从公共安全的角度，规定实习期内不准驾驶牵引挂车的机动车是符合《道路交通安全法》的立法本意的。结合本案，我们认为危险程度已经显著增加，被保险人没有通知保险公司，应承担不利后果，保险人不承担赔偿保险金的责任。最后针对申请人提出的车辆处于停驶状态，不是处于行驶状态的抗辩，我们认为车辆的状态不影响定性。交警部门已经作出了事故责任认定，双方也认可该认定结果。那么，就应承担法律责任。

综上所述，保险公司不承担商业险赔偿责任于法有据。

案例供稿人：天安财产保险股份有限公司河北分公司　陈春彦
评　析　人：河北农业大学人文学院教授　王卫国

汽车养护修理期间，汽车所有人驾车过失致人死亡保险责任认定

一、调解要旨

根据《机动车交通事故责任强制保险条例》第三条和第四十四条规定，适用交强险的前提是发生的事故是交通事故，或者虽不是交通事故，但机动车是在通行时发生事故造成人身伤亡、财产损失。《中国保险行业协会机动车综合商业保险示范条款》的机动车第三者责任保险中责任免除第二十四条规定，被保险车辆在竞赛、测试期间，在营业性场所维修、保养、改装期间，不论任何原因造成的人身伤亡、财产损失和费用，保险人均不负责赔偿。本案事故发生在车辆修理厂内，其是否属于《道路交通安全法》规定的道路范畴，是否属于机动车通行状态，被保险车辆是否在养护修理期间必然导致保险责任免除，值得商榷。

二、基本案情

（一）申请人诉称

2014年12月2日，大货车冀A××××X车辆所有人赵××为车辆在××财产保险公司投保交强险、第三者责任险50万元、车损险并不计免赔。2015年7月29日晚7时30分左右，赵××在井陉县上安镇下安村许××汽修厂修理汽车时，在未观察汽车周围情况和发出警告的情况下打方向倒

车，将正在地沟内给车辆打黄油的许××挤伤，许××紧急送医后经抢救无效死亡。××县人民检察院以过失致人死亡罪对赵××提起公诉，××县人民法院刑事判决书认定：赵××驾驶汽车时对车辆周围的情况观察不到位，疏忽大意，致一人死亡，其行为已经构成过失致人死亡罪，考虑到赵××自首、无前科并积极赔偿被害人亲属损失，依法从轻或减轻处罚，判处有期徒刑两年、缓刑三年。赵××通过协议赔付许××家属277459元后，遂向××保险公司主张此次事故的理赔事宜。××财产保险公司在审核材料后认为事故发生在修理厂修理车辆时，时空上不属于交通事故和被保险车辆通行时的状态，发生在修理厂的意外致人死亡事故不属于保险合同所认可的保险责任，属于保险合同责任免除范围，故不属于交强险和商业险的理赔范围。

（二）被申请人辩称

《机动车交通事故责任强制保险条例》第四十四条规定："机动车在道路以外的地方通行时发生事故，造成人身伤亡、财产损失的赔偿，比照适用本条例"。也就是说只要车辆在道路以外的地方通行时发生事故，无论是意外事故还是交通事故，均属于该条规定的事故情形。本案事故发生时，车辆由赵××驾驶，本身属于在通行中，而且属于车辆维修完毕，在驶离修理厂时发生的意外事故，应理解为车辆通行时发生的意外事故，故保险公司应给予理赔。机动车第三者责任保险第二十二条约定，保险期间，被保险人或其允许的合法驾驶人在使用被保险机动车过程中发生意外事故，致使第三者遭受人身伤亡或财产直接损毁，依法应当对第三者承担的损害赔偿责任，保险人依照本保险合同的约定，对于超过机动车交通事故责任强制保险各分项赔偿限额的部分负责赔偿。赵××属于车辆所有人，也是被保险人，所以赵××驾驶被保险车辆造成第三者人身伤亡的，应该承担保险责任。

（三）××人民调解委员会针对双方提供证据认定

1. 赵××与××财产保险公司订立的机动车交强险和第三者责任险并不计免赔的保险合同合法有效，为双方真实意思表示，双方对合同的成立并生效均无异议，调解委员会予以认可。

2. ××省××县人民法院刑事判决书（2015）×刑初字第××××号认定赵××于2015年7月29日晚7时30分左右，在井陉县上安镇下安村许××汽修厂修理汽车时，在未观察汽车周围情况和发出警告的情况下打方向倒车，将正在地沟内给车辆打黄油的许××挤伤，许××紧急送医后经抢救无效死亡。法院认为，被告人赵××驾驶汽车对车辆周围的情况观察不到位，疏忽大意，致一人死亡，其行为已经构成过失致人死亡罪，鉴于赵××积极赔偿被害人亲属经济损失，且是自首，确有悔罪表现，依法从轻减轻处罚，以过失致人死亡罪，判处有期徒刑二年，缓刑三年。调解委员会对法院认定的上述事实予以确认。

3. 赵××与死者家属等人签订的赔偿协议，包括许××死亡赔偿金、丧葬费、被抚养人生活费及精神损害抚慰金等共计277459.5元，赵××已经全额支付给许××家属。

三、调解理由

调解委员会认为此次保险纠纷争议有三个要点：一是刑事判决书认定的事实能否作为本次理赔事故中保险公司理赔的事实依据；二是交强险是否应该赔付；三是第三者责任险是否应该赔付。

第一个争议要点，调解委员会认为判决书具有的效力是指发生法律效力的判决效力，主要分为三项：一是既判力，是指人民法院的生效判决一经宣判或送达，就发生确定力。对于当事人而言，人民法院对其与对方当事人之间发生争议的权利和义务关系已经作出认定；二是拘束力，是指对于当事人而言，应当自觉履行生效判决确定的义务，受其拘束。对于人民法院而言，非经法定程序，不能对生效的判决任意变更和撤销。既判力和拘束力都是为了保证行使国家赋予的审判权，经过法定程序审理作出的判决的权威性和严肃性；三是执行力，是指对于有给付内容的判决，如果当事人一方不自觉履行法定的义务，另一方有权向人民法院申请强制执行的效力。这是为了保护当事人的合法权益，用国家强制力保证判决内容的实现，以维护判决和国家法律的尊严。所以，本案中刑事判决书认定的事实，在无其他裁判文书推翻判决书认定事实的情况下，推定为真实的事实，无须再去论证和查实，可以作为理赔过程中的事实认定部分采信。2015年2月4日起施行的《最高人民法院关于适用〈中华人民共和国民事诉讼法〉的解释》第九十三条规定，下列事实，当事人无须举证证明，已为人民法院发生法律效力的裁判所确认的事实，故刑事判决书作为理赔事实依据没有任何问题。

第二个争议要点，调解委员会认为交通事故责任强制保险的赔付标准之一不应仅仅限于道路交通事故，不应把交通事故认定书的存在认定为交强险的赔付要件，其他国家机关依法出具的事实认定依据，可以作为交强险的赔付构成要件之一。此外，从交强险条例的立法本意、制度设计初衷和世界范围内交强险赔付范围扩大化趋势来看，只要不属于交强险法定除外责任赔付范围，交强险都应该给予理赔。

第三个争议要点，调解委员会认为在车辆养护修理期间造成的事故究竟如何界定是定案的决定因素。由于保险公司无法对车辆维修期间使用车辆人员的资质资格进行审核控制，因此，在车辆完全脱离被保险人而由维修养护场所监管的情况下，应当支持保险公司使用免责条款进行免责，反之，在车辆未完全脱离被保险人控制的情形下，则应区分具体情形区别对待。本案中刑事判决书已经认定造成事故的原因是"被保险人行车时未尽到观察义务"，驾驶员为被保险人本人，事故原因与是否在养护场所并无直接关联，同时事故与商业第三者责任险的定义"被保险人在使用车辆过程中发生的意外事故"完全符合，故本案中保险公司要求依据商业险免责条款免于赔偿的抗辩不应得到支持。故调解委员会制作调解建议书，建议保险公司在交强险与商业险范围内承担相应的赔偿责任。

四、调解结果

××财产保险公司经过综合考虑，接受××调解委员会的意见，赔付赵××共计23万元，案件调解获得了双方当事人的认可。

五、案例评析

本案主要涉及两个法律争议的问题：一是本案是否属于交通事故；二是本案是否属于道路外通行事故。

（一）"道路"及"道路以外的地方"的界定

《最高人民法院关于审理道路交通事故损害赔偿案件适用法律若干问题的解释》第二十八条规定："机动车在道路以外的地方通行时引发的损害赔偿案件，可以参照适用本解释的规定。"本条是关于机动车在道路以外的地方通行时引发的损害赔偿案件，如何适用本司法解释的规定，应首先从"道路"及"道路以外的地方"概念界定入手。何谓"道路以外的地方"？《道路交通安全法》第一百一十九条规定："道路"，是指公路、城市道路和虽在单位管辖范围但允许社会机动车通行的地方，包括广场、公共停车场等用于公众通行的场所。一般认为，在日常生活中，较为常见的可能通行机动车的"道路以外的地方"主要包括以下一些地方：（1）自建自管未列入规划的城市巷弄或村间路，或者自行修建并自行负责管理的路面；（2）用于田间耕作的农村铺设的水泥路、沥青路、砂石路等机耕路；（3）村民宅前宅后建造的路段或自然通车形成的路面；（4）封闭式住宅小区内楼群之间的路面；（5）机关、团体、单位的内部路面，厂矿、企事业单位、火车站、机场、港口、货场内的专用路面；（6）撤村建居后尚未移交公安交通部门管理的路段；（7）晾晒作物的场院内；（8）断路施工而且未竣工或已竣工未移交公安交通部门管理的路段；等等。①

本案事故发生于汽车修理厂内，该修理厂显然不属于"允许社会机动车通行的地方"，即非"道路"范畴。也正是如此，本案公安交警部门按照道路外交通事故处理程序进行处理并出具《道路交通事故认定书》，人民法院刑事审判部门也并未以"交通肇事罪"追究肇事者赵××驾车肇事的刑事法律责任，而是以"过失致人死亡罪"追究其刑事责任。人民法院作出的生效刑事判决书也足以证明本案意外事故非道路交通事故，而是道路外事故。

（二）本案是否属于通行事故，保险应如何理赔？

1. 关于交强险的理赔问题。

在实践中，应当注意《最高人民法院关于审理道路交通事故损害赔偿案件适用法律若干问题的解释》第二十八条规定的参照适用情形，不仅仅是机动车发生事故的地点在道路以外，还应当符合发生事故处于"通行"状态的条件。当机动车停放在道路以外的地方，或者机动车处于停车状态下的施工作业时发生的事故，不属于本条规定的应当参照适用本司法解释的情况。

交强险的保障范围，应当理解为对机动车通行事故受害人的权益保

---

① 最高人民法院民事审判第一庭编著. 最高人民法院关于道路交通损害赔偿司法解释理解与适用[M]. 北京：人民法院出版社，2012：370.

障，而不应扩大到所有与机动车相关的事故中，因为这不符合交强险的制度目的，同时也将增加保险公司的赔偿责任，从而加重交强险投保人的费率负担。对此类事故，应当结合具体案件情况，确定适用《侵权责任法》等法律中的相关规定。例如，对于挖掘机等从事施工作业的机动车引发的损害赔偿纠纷，应当结合《侵权责任法》第九章高度危险责任的相关规定，确定侵权责任的承担。①

本案意外事故发生在被保险人赵××驾驶保险车辆倒车过程中，符合"机动车在道路以外的地方通行引发的损害赔偿"的情形，依法应参照交强险的相关规定处理。鉴于本案驾驶人赵××不存在《机动车交通事故责任强制保险条例》第二十二条及《最高人民法院关于审理道路交通事故损害赔偿案件适用法律若干问题的解释》第十八条所规定的无证、醉驾、毒驾等交强险法定免责情形，故调解委员会认为案涉争议标的属于交强险理赔范围，符合法律规定，保险公司首先应在交强险死亡伤残赔偿限额项下赔偿保险金11万元。

2. 关于第三者责任险的理赔问题。

《最高人民法院关于审理道路交通事故损害赔偿案件适用法律若干问题的解释》第十六条规定：同时投保机动车第三者责任强制保险和第三者责任商业保险的机动车发生交通事故造成损害，当事人同时起诉侵权人和保险公司的，人民法院应当按照下列规则确定赔偿责任：（一）先由承保交强险的保险公司在责任限额范围内予以赔偿；（二）不足部分，由承保商业三者险的保险公司根据保险合同予以赔偿……据此第三者责任险的承保公司是否承担理赔责任以及如何承担理赔责任均应严格依据保险双方签订的商业保险合同约定予以确定。

① 最高人民法院民事审判第一庭编著. 最高人民法院关于道路交通损害赔偿司法解释理解与适用[M]. 北京：人民法院出版社，2012：372.

本案商业险理赔的争议焦点在于被保险人赵××在修理厂倒车致人损害是否属于第三者责任险条款所约定的"被保险机动车在营业性场所维修、保养、改装期间"的免责情形。中国保险行业协会《机动车综合商业保险示范条款》机动车第三者责任保险条款第二十四条规定：被保险机动车在竞赛、测试期间，在营业性场所维修、保养、改装期间，不论任何原因造成的人身伤亡、财产损失和费用，保险人均不负责赔偿。本案意外事故发生在营业性维修场所内，此无争议。关于"在营业性修理场所修理期间"的理解，中国保监会2000年6月15日《机动车辆保险条款解释》（保监发〔2000〕102号）解释如下："指保险车辆进入维修厂保养、修理期间，由于自然灾害或意外事故所造成的保险车辆或他人的损失。其中，营业性修理场所指保险车辆进入以盈利为目的修理厂；修理期间指保险车辆从进入修理厂开始到保养、修理结束并验收合格提车时止，包括保养、修理过程中的测试。"从涉案被保险人赵××驾驶保险车辆倒车准备离开修理厂来看，说明保险车辆不在"修理期间"，即不符合"在营业性场所维修期间"的界定。据此，保险公司以该条款拒赔商业第三者责任险，依据不足。此外，从该免责条款的设置目的来看，主要是因为修理期间的保险车辆已脱离被保险人的掌控范围，保险标的风险无法为被保险人所控制，且鉴于被保险人与修理厂之间存在有偿服务的合同法律关系，无论何种原因导致修理期间的保险车辆受损或者保险车辆致第三者损害，修理厂均应依法承担相应的法律责任。故此，保险公司将"在营业性场所维修期间"列为商业险免责事项，旨在加大修理厂的安全注意义务，避免修理厂以车辆购买保险为由而引发甚至制造保险事故的道德风险。具体到本案，本案保险车辆的操纵者是被保险人本人，根据《保险法》第六十五条"责任保险是指以被保险人对第三者依法应负的赔偿责任为保险标的的保险"的规定，对于人民法院依法确定被保险人赵××承担的赔偿责任理应由商业第三者责任险依约承担。赵××作为被保险人使用自己的车辆在修理厂内发生事故致人损害与驾车在道路上发生事故致人损害，在民事责任承担方面，并无区别。因此，调解委员会在商业第三者责任险范围内调解保险公司酌情赔付被保险人赵××保险金12万元，符合双方商业保险合同的约定。

案例供稿人： 中国人民财产保险股份有限公司河北省分公司　刘　铉
　　　　　　河北省保险行业协会　高永飞
评　析　人： 江西锦成律师事务所合伙人　余香成

被保险人赔付第三者后，
要求保险人赔付的证明责任

一、裁判要旨

交通事故发生后，被保险人为了尽快处理交通事故，经常先行赔付第三者损失后，再向其所投保的保险公司索赔。但此种情况下，保险人未参与定损，对于第三者的损失不能确定。被保险人赔付第三者后，要求保险人赔付需要承担的证明责任成为焦点。如何证明被保险人已赔付第三者，以及损失赔付的金额如何确定成为裁判者考虑的法律问题。

二、基本案情

（一）原告诉称

2015年9月23日原告为自有的车辆在被告××财产保险公司投保了交强险、商业第三者责任险。2016年3月22日原告雇用的驾驶人刘××驾驶该车辆在山西盂县发生交通事故。致使李××驾驶的车辆损坏，人员受伤。经交警认定，李××无责，刘××须负全部责任。原告赔偿了对方损失，加上自身的车损等损失共50000元，原告要求被告赔偿遭拒绝，诉至法院。

（二）被告答辩

××财产保险公司辩称，原告提供的证据不能证明已经赔付第三者，且对损失金额不认可，损失的确定未经××财产保险公司核定。

（三）法院审理查明

2015 年 9 月 23 日和 2015 年 9 月 24 日，原告所有的车辆分别在被告处投保交强险和第三者责任保险，且不计免赔。2016 年 3 月 22 日 17 时 30 分，刘××驾驶该车辆行驶至双阳线 29 公里+100 米路段时，与李××驾驶的车辆发生碰撞，致使李××受伤，车辆损坏。经交警认定，李××无责，刘××负全部责任。事故发生后，李××到医院治疗花费 1655.06 元，车辆损失 33517 元。原告要求赔偿的损失包括赔付李××的住院伙食补助 1600 元，误工费 3000 元，护理费 1600 元，交通费 500 元，施救费 4000 元，以及本车施救费 3000 元，处理事故费用 4483 元。

三、裁判理由

法院认为，原告已经赔付李××的损失，仅提供了一张 5000 元的道路交通事故经济赔偿凭证，被告××财产保险公司称第三者的损失远大于 5000 元，无法证实原告已经全部赔偿第三者的损失。本案的争议焦点是：被告是否应赔偿原告损失及应赔偿原告损失的数额。

交通事故发生后，对于当事人的损失，应依据相关法律规定和证据予以证实。被保险人赔付第三者损失的证明责任在于其在庭审中提供赔付第三者的证明，而不仅仅是损失数额的确定。此次事故，原告赔付李××的医药费、护理费、误工费、交通费等，均未提供相关证明。李××驾驶车辆的施救费在原告提交的机动车辆损失情况确认书中载明"施救费 1500 元"，说明已在 33157 元中，不应支持。

机动车发生交通事故造成损害的，应该依照有关规定承担赔偿责任。《保险法》第六十五条规定："责任保险的被保险人给第三者造成损害，被保险人未向该第三者赔付的，保险人不得向被保险人赔偿保险金"。本案中，原告作为被保险人仅提供了一张 5000 元的道路交通事故经济赔偿凭证，对主张的其他损失未提交任何书面证据，也没有接受赔偿的第三者的证人证言，因此没有证据证明原告已经赔偿第三者。被告××财产保险公司认为，已经赔偿第三者的事实存在异议，原告所主张的证据不足，对其超过5000元的诉讼请求无法支持。

四、判决结果

法院判决被告××财产保险公司承担赔偿原告5000元，驳回原告其他诉讼请求。

五、案例评析

随着我国机动车保有量的迅速增加，道路交通事故的数量也急剧增加。在交通事故发生后，侵权人第一时间抢救伤者是法律和道德的基本要求，在此过程中必然需垫付一定的医疗费费用，在伤者伤情平稳后，事故赔偿就成为必然面对的问题。由于我国广大车主及驾驶人对法律和保险知识缺乏了解，很多车主及驾驶人出于人道主义或迫于伤者等方面的压力，在未与保险公司沟通协商的情况下，就按照伤者的要求进行了赔偿，想当然的认为最终会由保险公司"全部买单"，但在随后的保险理赔过程中，往往会被告知有些费用是保险公司不予赔偿或与其赔偿伤者的金额有差距，因此导致被保险人与保险公司产生误解和纠纷，甚至诉诸法律。此外，还有一些被保险人通过虚构事实或隐瞒真相的方法扩大损失，意图获得保险公司的高额赔偿，从中牟利，有悖保险的最大诚信原则及补偿原则，损害法律的公正性和保险公司的利益。因此，要求被保险人承担证明责任，对被保险人提供的理赔资料的合法性、真实性及合理性进行严格审核，是确定交通事故的真实损失，保障赔偿法律关系各方的合法权益，维护社会公平正义的必然要求。笔者依据相关法律规定，结合自身办案经验，就被保险人要求保险人赔付的证明责任问题做以下简要分析。

（一）关于举证责任的法律规定

因道路交通事故引发的损害赔偿或保险合同纠纷诉讼，均属于民事诉讼，诉讼各方应按照民事诉讼的举证规则承担举证责任。依照我国《民事诉讼法》《最高人民法院关于民事诉讼证据的若干规定》（法释〔2001〕33号），当事人对自己提出的诉求所依据的事实或反驳对方诉讼请求所依据的事实有责任提供证据加以证明，否则将承担举证不能的法律后果。道路交通事故发生后，依照《保险法》的规定，在被保险人未对第三者进行赔偿前，保险人不得向被保险人赔偿保险金。所以，被保险人要求保险人赔偿保险金的，必须提供合法有效的证据，证明其已向第三者进行了必要的、合理的赔偿。

被保险人向保险人请求赔偿保险金需提供的证据范围及要求。证据是民事诉讼的核心问题，是法院认定案件事实作出裁判的根据。不同类型的诉讼对证据的要求是不同的，在本案的诉讼中，被保险人作为原告需要按照以下范围和要求提供证据。

1. 证明交通事故真实、客观存在的证据。

发生交通事故的事实是保险赔偿法律关系形成的起因。交通事故发生后，被保险人按照法律规定应迅速向交警部门报案。交警部门根据现场勘验、检查及鉴定等查明情况，作出道路交通事故认定书，一般包括事故基本事实、事故成因、各方责任等内容，可初步确定事故中是否有人身伤亡及财产损失的情况，机动车驾驶人是否存在违法驾驶的情况，机动车是否符合上路条件等。因此，道路交通事故认定书是最基础的证据。

2. 证明保险合同关系有效存续、保险人应当承担赔偿责任的证据。

我国的机动车交通事故责任保险分为交强险和商业险两种，所以存在交强险保单和商业险两类保险合同及保单。保单是证明被保险人与保险人之间存在保险合同关系的直接证据，同时，交强险属法定强制保险，未购买交强险的机动车不具备上路行驶资格，因此，交强险保单同时是证明被保险车辆具备上路资质的证据之一。

依照《道路交通安全法》《机动车交通事故责任强制保险条例》等法律法规的规定，交通事故发生后，承保交强险的保险人应向第三者承担赔偿责任，但承保商业险的保险人是按照保险合同的约定向第三者承担赔偿责任。因此，被保险人需提供商业险保单证明保险人应当依据约定向第三者承担赔偿责任。

保单中记载了保险标的、保险金额及保险期间等信息，除保险人举证证明或道路交通事故认定书记载了被保险人或驾驶人存在法定或合同约定的拒赔情节外，保险人均应在保险限额内承担赔偿责任。

3. 取得赔偿权利的证据。

我国财产保险的核心原则为损失补偿原则，即保险事故发生后，以实际损失和保险金额为限，由保险人承担赔偿责任，其体现的是财产保险的经济补偿职能。因此，同一事故中，被保险人和第三者仅有一方可获得赔偿，即实际受损方。依照《保险法》第六十五条的规定，赔偿责任确定的，根据被保险人的请求，保险人应当直接向第三者赔偿保险金。被保险人怠于请求的，第三者有权就其应获赔偿部分直接向保险人请求赔偿保险金。被保险人未向该第三者赔偿的，保险人不得向被保险人赔偿保险金。因此，第三者是赔偿权利人，为保护第三者的权利，被保险人直接向保险人请求赔偿的，必须提供其已向第三者赔偿的证据，才能取得相应的赔偿权利。具体内容如下。

（1）赔偿协议。即被保险人与第三者就交通事故赔偿事宜达成的赔偿协议，虽不限于具体形式，但基本内容应包括赔偿原因、赔偿关系主体、赔偿项目、赔偿比例、赔偿金额等。

（2）赔偿款支付凭证。即被保险人按照赔偿协议向第三者支付赔偿款的凭证。由于事故赔偿金额有高有低，支付凭证的类型必然有所差别，但基本包括收条或收款收据、转款凭证、汇款凭证、微信等电子支付凭证。

由于绝大部分被保险人对保险赔偿的专业知识并不了解，在其直接与第三者达成赔偿协议时，不能准确地判断赔偿项目范围及标准。有些被保险人仅与第三者口头达成赔偿金额，未明确赔偿的项目及标准，无法确定该赔偿款是否充分补偿了第三者的损失，容易导致第三者继续向保险人索赔的情况。因此，必须对赔偿协议的内容明确化、具体化。

4. 确定赔偿范围及赔偿标准的证据。

交通事故赔偿的赔偿范围是由法律规定和保险合同约定条款来确定的，不能随意扩大。我国《机动车交通事故责任强制保险条例》对交强险的赔偿范围进行了明确规定，对第三者的人身伤亡和财产损失，保险人在交强险的医疗费用赔偿限额、死亡伤残赔偿限额、财产损失赔偿限额内予以赔偿，超出限额的，根据商业保险合同约定的赔偿范围和保险限额赔偿。具体赔偿项目包括医疗费、住院伙食补助费、死亡赔偿金、丧葬费、误工费、护理费、交通费、住宿费、伤残赔偿金、残疾辅助器具费、被抚养人生活费、精神损害抚慰金、财产损失以及必要的后续医疗费、营养费等。针对每一个项目，均须提供相应的证据，且须具备民事诉讼证据的真实性、合法性及关联性，用以证明该项目的赔偿责任及赔偿标准。

（1）关于医疗费、后续医疗费、营养费、住院伙食补助费的证据。很多第三者在交通事故中遭受人身伤害后，存在小伤大治、新伤老病一起治等情况，所以必须提供门诊病历或住院病历、诊断证明书、医药费票据等证据，以证明其治疗花费与在事故中的损伤有因果关系，保险人参照国务院卫生主管部门制定的《交通事故人员创伤临床诊疗指南》《国家基本医疗保险标准》核定医疗费用的赔偿金额，并结合当地标准核定住院伙食补助费金额。第三者确有加强营养及后续治疗需要的，应提供医疗机构的诊断意见或鉴定机构的鉴定意见。

（2）关于死亡赔偿金、丧葬费的证据。第三者因事故导致死亡的，赔偿权利人应提供死亡医学证明、尸检报告等证据，用以证明死亡的事实及原因，确定因交通事故致死的，保险人应结合当地上一年度的城镇居民人均可支配收入或农村居民人均纯收入、在岗职工平均工资核算死亡赔偿金和丧葬费金额。

（3）关于伤残赔偿金、残疾辅助器具费、被抚养人生活费的证据。第三者在事故中所受损伤构成伤残的，应委托司法鉴定机构进行鉴定，确定达到伤残程度的，保险人应根据伤残等级，结合第三者的户籍性质和年龄核算伤残赔偿金。确需使用辅助器具的，应提供医疗机构的医嘱意见和购买器具费用的发票。第三者确有被扶养人的，除伤残鉴定意见外，应提供抚养关系证明等证据，保险人根据被扶养人的年龄、生活所在地等情况核算被扶养人的生活费。

（4）关于误工费、护理费的证据。第三者因受到人身伤害无法正常工作和劳动，导致收入减少的，应提供事故发生前的劳动收入证明、误工证明等，以证明其在事故发生前确有劳动收入，且因交通事故导致收入减少。第三者因人身伤害导致生活无法自理的，应提供医疗机构或鉴定机构出具的护理意见，确需专人护理的，还应提供护理费用支出的凭证或护理人因护理导致收入减少的证明。因不同的身体伤害程度导致的误工期限和护理期限不同，所以误工费和护理费的赔偿并不能直接依据第三者的证据来确定赔偿期限，应根据第三者的伤害程度、伤害部位、恢复情况、工作属性等情况综合确定，或可委托司法鉴定机构对误工及护理期限进行鉴定。

（5）关于交通费、住宿费的证据。第三者及必要的陪护人员因就医、转院治疗等活动产生的交通费、住宿费，或死者亲属因办理丧事等实际产生的交通费、住宿费，应提供与就医等活动时间相符的交通费、住宿费票据。

（6）关于财产损失的证据。第三者因交通事故导致车辆或其他财产损失的，应提供确定损失的证据，包括定损单或评估报告、车辆维修更换项目清单、车辆维修费用发票等。一般情况下，交通事故发生后保险人接到报案，会第一时间对现场进行查勘检验，对事故各方的财产损失进行估算，但也存在未定损或被保险人、第三者对保险人的定损金额有异议的情况，对此产生争议的，需共同委托或由法院指定评估机构对损失进行评估，以此确定真实、合理的财产损失。

综合以上意见，在道路交通事故发生后，被保险人直接向保险人请求赔偿保险金的，应当提供其已向第三者进行赔偿的证据。此外，由于其从第三者处取得了对保险人的赔偿权利，还应当提供第三者遭受的人身伤亡和财产损失的证据，方可从保险人处取得赔偿金。

在此作者建议被保险人及驾驶人，交通事故发生后，应当及时向交警部门和保险人报案，配合事故调查。若为第三者垫付相关费用的，需完整留存相关证据，并与保险人积极沟通，避免在保险人不知情的情况下为第三者垫付费用及与第三者达成赔偿协议，否则在向保险人理赔时会被告知超出保险赔偿范围、超出法定赔偿标准等情况，产生不必要的纠纷和经济损失。

案例供稿人：中国人寿财产保险股份有限公司河北省分公司　杨　勇
　　　　　　　张　茜
评　析　人：陕西新庆律师事务所事务所合伙人　陈小波

车辆发生事故报废后
当事人诉讼请求车辆停运损失

一、裁判要旨

本案原告的车辆损失已经由承保原告车损险的保险公司推定全损，进行了赔偿处理，且原告已经得到了合理的赔偿。随后，原告以受损车辆产生停运损失为由又向被告保险公司主张停运损失，但是其没有向法院证明保险标的车辆报废后产生的停运损失是否合理，是否应当由保险人承担相应的赔偿责任，因此法院对其诉讼请求不予支持。

二、基本案情

（一）原告诉称

2014年8月7日3时左右，寇××驾驶郑××所有的自卸货车沿大碱线由北向南行驶至老王庄西北街路口时，与沿大碱线由南向北行驶的佘××驾驶的冀B×××××自卸货车发生交通事故，造成冀B×××××自卸货车车辆受损。后经唐山市×××区公安交通警察支队第三大队事故认定寇××负此次事故的主要责任，佘××负此次事故的次要责任。本次事故给原告造成的经济损失和停运损失为171300元，公估费8565元，拆解费24800元，以上合计204665元。被告郑××所有的自卸货车在被告××财产保险公司投保，对于原告的损失应由保险公司首先在交强险限额内赔付，剩余部分按照

70%的责任比例予以赔偿，共计赔偿原告143865.50元。事故发生后，双方协商未果，特诉至法院。

（二）被告辩称

××财产保险公司辩称：郑××的自卸货车在××保险公司投保了交强险及商业第三者责任险（责任限额50万元，且不计免赔），保险期间为2014年6月18日起至2015年6月17日止；本车在报案时记载了驾驶人为寇××，在本次事故中应当提交寇××的驾驶证；根据商业第三者责任险条款，只赔付直接损失，对于原告诉请的公估费、拆解费、停运损失，均不属于商业第三者责任险赔偿范围；原告应当对其诉请的损失提交相应的证据。

被告郑××辩称：对方车辆已经报废，没有停运损失，其他损失应当由保险公司承担赔偿责任。

（三）法院经公开审理查明

寇××驾驶的自卸货车登记所有人为郑××，被告××财产保险公司是该车交强险及商业第三者责任险及机动车损失险的保险人，商业第三者责任险限额为50万元，且不计免赔，事故发生在保险期间。冀B×××××自卸货车所有人为赵××。2014年8月7日3时许，被告寇××驾驶车辆沿大碱线由北向南行驶至老王庄西北街路口时，与沿大碱线由南向北行驶的佘××驾驶的冀B×××××自卸货车发生交通事故，造成冀B×××××自卸货车受损。后经唐山市×××区公安交通警察支队第三大队事故认定，被告寇××负此次事故的主要责任，佘××负此次事故的次要责任。原告赵××请求赔偿停运损失171300元、公估费8565元及拆解费24800元，但是××财产保险公司以损失均不属于商业第三者责任险赔偿范围为由，拒绝赔偿。

本案审理过程中，原告赵××称其为查明车辆损失成因及损失程度进行了拆解并由相关专业公估公司进行损失公估，由此产生的费用票据已交法院。因事故车辆停运产生的停运损失费用也同时委托公估，鉴定费发票已提交法院，请求赔偿。但××财产保险公司依据机动车第三者保险条款第七条的规定，下列损失和费用，保险人不负责赔偿："被保险机动车发生意外事故，致使第三者停业、停驶、停电、停水、停气、停产、通信或者网络中断、数据丢失、电压变化等造成的损失"内容予以拒绝赔付。

三、裁判理由

审理本案的法院归纳本案的争议焦点在于：

一是××财产保险公司是否应当对于三者车辆的所有损失承担赔偿保险金的义务？二是该事故中的停运损失的合理性、必要性，以及该项损失费用是否应当由侵权人或者保险公司承担赔偿义务？

（一）本案争议所涉及的保险险种为机动车第三者责任保险

按照《保险法》第二条的规定："本法所称保险，是指投保人根据合同约定，向保险人支付保险费，保险人对于合同约定的可能发生的事故因其发生所造成的财产损失承担赔偿保险金责任，或者当被保险人死亡、伤残、疾病或者达到合同约定的年龄、期限等条件时承担给付保险金责任的商业保险行为。"

××财产保险公司在合同项下的义务在于，承担与被保险车辆有关的"约定范围之内的危险"，并且按照合同的"约定"，对于特定事件造成的三者的损失承担赔偿保险金的义务。由此，"合同的约定"是××财产保险公司承担危险以及赔偿损失的基本依据，××财不保险公司所承担的危险，以合同约定的保险责任范围为限。

但是，××财产保险公司机动车第三者责任保险条款已经明确列明，因被保险机动车发生意外事故，致使第三者停业、停驶、停电、停水、停气、停产、通信或者网络中断、数据丢失、电压变化等造成的损失，保险人不承担赔偿责任。

在本案审理过程中，保险公司向法院提交证据证明该公司在订立保险合同时将保险条款的文本交付许××，并且已经向投保人尽到了明确说明条款内容的义务。同时，保险公司向法院提出主张原告的车辆损失已经由承保原告车损险的保险公司推定全损赔偿处理，且原告已经得到了合理的赔偿，原告再次以受损车辆产生停运损失为由向被告保险公司主张，不符和损失的合法性和必要性。

（二）法院经审理后认为

唐山市××区公安交通警察支队第三大队出具的事故认定书于法有据，双方均无异议，法院予以采纳，认定寇××负事故的主要责任，承担70%的赔偿责任。原告赵××损失拆解费24800元，有拆解费票据等证据予以证明，事实清楚，证据充分，法院予以支持认定。对于原告的损失，经原告申请由相关公估机构评定为全损，同时其损失已由原告所投保的保险公司在保险限额内赔偿281700元，其中车辆损失及公估费276700元（投保车辆损失险为276700元）及施救费5000元，故原告再主张全损车辆的停运损失，于法无据，法院不予支持；原告为此而支出的停运损失公估费8565元不属于确定损失而支出的费用，属于原告扩大的损失，本院不予支持。保险公司辩称，拆解费不属于商业第三者责任险的险赔偿范围，不同意赔偿。原告支出拆解费是由专门的拆解单位拆解，为从性质上查明车辆损失成因及损失程度而支出的。依据《保险法》的规定，应由保险人承担，而保险公司对于不承担该项费用并没有提交就该费用免赔已向投保人明示的证据，且原告上述费用已经发生，并经收费单位出具票据，保险公司所辩法院不予支持。原告总损失24800元，因为驾驶员寇××为车辆的合法驾驶人并负事故70%的责任，寇××所驾驶的自卸货车在保险公司投保交强险、商业第三者责任险保额500000元，原告损失未超出该车投保交强险、商业第三者责任险赔偿限额，故应由保险公司赔偿17960元。

四、裁判结果

法院依照《保险法》第十条、第六十四条、第六十五条、第六十六条，《侵权责任法》第十六条、第十九条、《道路交通安全法》第七十六条、《最高人民法院关于民事诉讼证据的若干规定》第二条及其他相关法律的规定，判决如下：

1. 被告××财产保险公司于本判决生效之日起10日内，在寇××所驾驶车辆保险赔偿项下赔偿原告赵××损失17960元，赔偿款直接打入原告赵××的银行账户中。

2. 驳回原告其他诉讼请求。

五、案例评析

本案的争议焦点：车辆发生事故报废后当事人主张车辆停运损失能否支持。

停运损失，是指客运或货运车辆受损后，在修复期间因停止运输经营活动而造成的经济损失。最高人民法院《关于审理道路交通事故损害赔偿案件适用法律若干问题的解释》第十五条规定：交通事故中被侵权人可请求侵权人赔偿的财产损失范围包括依法从事货物运输、旅客运输等经营性活动的车辆因无法从事相应经营活动所产生的合理停运损失。该条明确了车辆停运损失属于财产损失。

那么，报废车辆是否存在停运损失呢？对此，最高人民法院《关于交通事故中的财产损失是否包括被损车辆停运损失问题的批复》指出："在交通事故损害赔偿案件中，如果受害人以被损车辆正用于货物运输或者旅客运输经营活动，要求赔偿被损车辆修复期间的停运损失的，交通事故责任者应当予以赔偿"。该批复明确了停运损失费的计算期间为"被损车辆的修复期间"。作者认为，车辆在发生交通事故后因严重受损而报废，该受损报废车辆是不存在"修复期间"的，已丧失了营运的条件和能力，不能继续营运了，显而易见，也并不存在所谓的停运损失。因此，报废车辆诉请车辆停运损失缺乏基本的事实依据，不应得到支持。

由此延伸开来，如车辆并未报废，存在修复期间，停运损失能否得到支持呢？无论是交强险合同，还是商业第三者责任险合同，都属于保险合同。在这两类合同条款中，均对停运损失作了免责约定，即"被保险机动车发生意外事故，致使第三者停业、停驶、停电、停水、停气、停产、通信或者网络中断、数据丢失、电压变化等造成的损失，保险人不负责赔偿"。对于该免责条款，依据《保险法》的规定，保险人在订立合同时应当在投保单、保险单或者其他保险凭证上作出足以引起投保人注意的提示，并对该条款的内容以书面形式或者口头形式向投保人作出明确说明，未作提示或明确说明的，该条款不产生效力。因此，在车辆未报废存在修复期间的情况下，停运损失费是否由保险公司承担在于其是否对该条予以了提示并对投保人履行了明确说明义务。

本案中，事故车辆已经报废，并不存在修复期间，诉请停运损失缺乏基本的事实依据，不应得到支持。

案例供稿人：中国人民财产保险股份有限公司唐山市分公司　田立军
评　析　人：江苏省淮安市清江浦区人民法院　刘　强

车辆改装后的保险责任如何认定

一、裁判要旨

合理科学的改装车能够使原车行驶更安全，性能更高。改装车辆一是个人个性的体现；二是提高行车性能及安全的需要。但是在第三者责任保险条款中，明确指出，在保险期间，被保险车辆改装、嫁妆或被保险家庭自用汽车、非营业汽车从事营业运输等，导致被保险机动车危险程度显著增加的，应当及时书面通知保险人。否则，因被保险机动车危险程度显著增加而发生保险事故，保险人不负赔偿责任。

二、基本案情

（一）原告诉称

2015年7月18日13时58分，张××驾驶原告李××所有的"龙帝"牌重型罐式货车，从东川区前往乌东镇，沿团翠线由南向北驶向禄劝县团街镇的途中，遇到停放在弯道内侧的周××驾驶的"东风"牌重型半挂牵引车，张××驾车在转弯过程中，车辆驶出道路外侧翻下山坡，导致车上的徐××受伤，经抢救无效徐××于次日死亡，张××和"龙帝"牌车辆受损，公路设施损坏，造成人员伤亡的交通事故。李××车辆损失经其所属的保险公司确认为152960元，原告李××将周××及其投保的保险公司诉至法院，要求按照责任比例赔偿损失。

（二）被告辩称

被告××财产保险公司答辩，原告的损失在交强险责任限额内承担赔偿责任，即赔偿李××车辆损失2000元，不承担超出交强险责任限额外的部分。理由如下：被告周××驾驶"东风"牌重型半挂牵引车辆未进行定期安全技术检验且擅自变更机动车已登记的结构，故不承担赔偿责任。周××未到庭，也未提交答辩状。

（三）民法院审理查明

2015年7月17日16时许，张××驾驶"龙帝"牌重型罐式货车从东川区华新水泥有限公司装载55900千克散装水泥（该车核载12270千克）前往禄劝县乌东镇。18日13时50分，张××驾车途经禄劝县团街镇时，驾驶室内搭载了徐××，然后沿团翠线向北行驶。13时58分，张××驾车行驶至团翠线K2+800米处，遇周××驾驶的未定期进行安全技术检验的"东风"牌重型半挂牵引车，牵引未进行安全技术检验且擅自改变机动车已登记结构的"扬天"牌平半挂车（该车注册登记外廓尺寸为1920毫米×3000毫米×3110毫米，实际现场测量为22800毫米×3900毫米×4500毫米）停放于弯道内侧（占水泥路面最宽处2.6米），张××驾车在转弯过程中，车辆驶出道路外侧翻下山坡，导致徐××受伤，徐××经抢救无效于次日死亡，张××受伤，车辆受损、道路设施、林木损坏的交通事故。经交警认定，对于此次交通事故张××负主要责任，周××负次要责任。"东风"牌重型半挂牵引车在××财产保险公司投有交强险及商业第三者责任险50万元。

三、裁判理由

审理法院认为，"东风"牌重型半挂牵引车是否存在商业第三者责任险免赔的情形。本案争议的焦点是××财产保险公司是否应该在商业第三者责任险范围内，对"龙帝"牌车辆损失进行赔偿。周××驾驶的"东风"牌重型半挂牵引车所牵引的"扬天"牌平半挂车，在与××财产保险公司签订的商业第三者责任保险条款中，已对免责条款作了明确约定，即第六条第一款约定："下列情况下，不论任何原因造成的对第三者的损害赔偿责任，保险人均不负赔偿责任。除另有约定外，发生保险事故时被保险机动车无公安机关交通管理部门核发的行驶证号牌，或未按规定检验或检验不合格。"第十八条第二款"在保险期间，被保险车辆改装或被保险家庭自用汽车、非营业汽车从事营业运输等，导致被保险机动车危险程度显著增加的，应当及时书面通知保险人。否则，因被保险机动车危险程度显著增加而发生保险事故，保险人不负赔偿责任"。

此次交通事故，经交警现场认定，是被告周××驾驶车辆未进行定期安全技术检验且擅自改变机动车已登记结构，并在道路上临时停车妨碍其他车辆通行所致，故对于原告车辆损失，××财产保险公司在交强险限额内承担赔偿责任，不足部分由周××承担。

四、裁判结果

法院依据《侵权责任法》第六条第一款、第十条、第十五条第一款第（六）项、第十九条、第四十八条、第四十九条以及《道路交通安全法》第二十三条的规定，判决××财产保险公司赔李××车辆损失2000元，剩余部分45288元（即150960×30%），由被告周××承担。

五、案例分析

本案涉及的法律问题是保险标的危险程度增加后被保险人的通知义务。

保险作为一种规避风险的产品，通过大数法则对不同风险进行衡量，进而计算出不同险种的费率，对投保人收取不同数额的保费，实现风险的集中与分散，最终达到弥补损失的目的。风险衡量的过程与保险事故发生风险的大小及性质密切相关。而保险合同属于继续性合同，在保险合同签订之后的漫长时间里，保险标的事故发生的风险往往会随客观情况发生变化。虽然我国《保险法》对投保人的如实告知义务进行了规定，但是在投保时的如实告知义务无法对合同成立至事故发生这一期间的各方义务进行控制。因此，我国《保险法》在如实告知义务的基础上，也规定了被保险人的危险增加的通知义务。

我国《保险法》第五十二条规定："在合同有效期内，保险标的的危险程度显著增加的，被保险人应当按照合同约定及时通知保险人，保险人可以按照合同约定增加保险费或者解除合同。保险人解除合同的，应当将已收取的保险费，按照合同约定扣除自保险责任开始之日起至合同解除之日止应收的部分后，退还投保人。被保险人未履行前款规定的通知义务的，因保险标的的危险程度显著增加而发生的保险事故，保险人不承担赔偿保险金的责任。"这一条对于保险标的的危险增加的通知义务进行了较为详细的规定。

（一）通知义务的主体

通知义务的主体限定于被保险人。由于保险合同成立后，保险标的通常在被保险人的控制中，被保险人对标的风险的变动也最为了解，因此将此义务的主体限定于被保险人最为合理。

（二）未履行危险增加通知义务的构成要件

对于未履行此义务的构成要件，我国学术界对此有一定的讨论。钟可慰法官将其总结为以下五点：第一，有危险显著增加的客观事实；第二，被保险人对于危险增加的事实须为明知或应知；第三，有被保险人未及时通知的客观事实；第四，危险与事故的发生存在因果联系；第五，不存在通知义务的免除情形。笔者赞同以此五点作为判断被保险人因未履行告知义务而承担法律责任的标准。

（三）危险程度"显著增加"

2009年《保险法》修订，关于危险增加通知义务条款，相较于之前显著的变化便是将"危险程度增加"变更为"危险程度显著增加"。现实中的"危险程度"有轻有重，有缓有急。若一概规定需要被保险人通知保险人，则必然会增加保险人的经营成本，若双方产生纠纷，最会导致司法资源的浪费，因此有必要将其限定为"显著增加"。

对于"显著增加"的定义，目前学术界及司法实践中存在不同的观点，但大致上围绕以下几个特点。第一，重要性，即如果保险人在合同订立时已经知晓保险标的增加的危险，其将会拒绝承保或以更高费率承保；第二，持续性，即保险契约订立后，原危险状况因某特定事情的发生而变换至另一种新的状况，且此新发生的状况须持续一段时间；第三，未被估价性，即发生在保险期间的危险增加是保险人在订立合同时未曾估计或未曾预料的情况。

在本案中，原告与被告的保险合同中已经明确约定："在保险期间内，被保险车辆改装、嫁妆或被保险家庭自用汽车、非营业汽车从事营业运输等，导致被保险机动车危险程度显著增加的，应当及时书面通知保险人。否则，因被保险机动车危险程度显著增加而发生保险事故，保险人不负赔偿责任。"但是双方未明确约定免责事由。经交警现场认定，此次交通事故是因被告车辆未进行定期安全技术检验且擅自改变机动车已登记结构，并在道路上临时停车妨碍其他车辆通行所致。因此，原告的行为使保险标的的风险显著增加，且危险增加与事故发生存在因果关系。原告作为机动车的实际控制者，明知其行为会导致保险标的发生事故的风险增加，但却未通知保险公司，应当承担未履行风险增加通知义务的法律后果。因此，保险人不应当在商业险的范围内承担责任。

案例供稿人：中国人寿财产保险股份有限公司河北分公司　杨　勇

张　茜

评　析　人：西南财经大学法学院副教授　黄丽娟

车损险与发动机特别损失险的责任范围

一、裁判要旨

被保险人在向保险人请求给付保险金时，应当证明财产致损的危险在保险人的保险责任范围内。此外，在保险人与被保险人已经达成赔偿协议并且履行完毕之后，如协议签订不是因显失公平或重大误解，则协议当事人不能就协议内容反悔。本案中，虽然协议达成的赔付保险金数额较被保险人实际维修费用差别较大，但是被保险人无法向法院证明其保险标的的损失属于所投保的保险责任范围内。因此，法院对其诉讼请求不予支持。

二、基本案情

（一）原告诉称

2015年5月2日零时10分许，洪××驾驶原告张××所有的冀A×××××轿车从鹿泉区上庄出发，由西向东行驶到中山西路西三环地道桥处时，在跟随前方车辆通过过程中在地道桥近出口处突然熄火，驾驶员随即下车查看情况，发现车辆已无法启动。随后，原告的员工李××拨打报警电话及保险公司电话，××财产保险公司未派员到场，原告将车拖至4S店维修。在维修之前，被告××财产保险公司曾派员对受损车辆进行了查勘、拍照，被告的查勘意见为：现场勘查，情况属实。原告在被告处为该车投保了机动车损失险 1123470 元及指定修理厂特约险、发动机特别损失险、不计免赔等险种，承保期间为 2015 年 3 月 20 日起至 2016 年 3 月 19 日止。原告车辆经××汽车贸易有限公司维修，共计支出维修费用为 137374.56 元及拖车费 800 元。被告对原告支出的费用及维修项目均认可，但是称事故发生之日为小雨天气，不能对车损进行赔偿，只能按照发动机特别损失险进行部分赔付，后××财产保险公司核定张××的车辆发动机维修项目支出 81527.9 元及拖车费 800 元，并按照 80% 的比例赔付了 65862.32 元。原告张××认为，既然原告为冀 A×××××汽车投保了机动车损失险、指定修理厂特约险、发动机特别损失险、不计免赔等险种，那么保险事故发生后，××财产保险公司应当对原告张××为维修车辆而支出的全部费用进行赔付，而不是部分赔付。据此，张××起诉××财产保险公司，其诉讼请求为：请求法院依法判令××财产保险公司赔偿原告维修车辆的损失共计 72312.24 元。

（二）被告辩称

对于此次事故保险责任范围内的损失，被告已经赔付完毕，不再承担任何其他赔偿责任。因该事故既非暴雨，也非碰撞事故，不属于保险责任范围，因此不同意张××的诉讼请求。

（三）法院经公开审理查明

2015 年 3 月 18 日，张××在××财产保险公司处为冀 A×××××车辆投保了机动车损失险 1123470 元及指定修理厂特约险、发动机特别损失险、不计免赔等险种，承保期间为 2015 年 3 月 20 日起至 2016 年 3 月 19 日止。《机动车损失保险条款》第四条保险责任项载明："保险期间，被保险人或其允许的合法驾驶人在使用被保险机动车过程中，因下列原因造成被保险机动车的损失，保险人依照本保险合同的约定负责赔偿：（一）碰撞、倾覆、坠落；（二）火灾、爆炸；（三）外界物体坠落、倒塌；（四）暴风、龙卷风；（五）雷击、雹灾、暴雨、洪水、海啸；（六）地陷、冰陷、崖崩、雪崩、泥石流、滑坡；（七）载运被保险机动车的渡船遭受自然灾害（只限于驾驶人随船的情形）。"被告公司《发动机特别损失险条款》第一条保险责任项载明："在保险期间，投保了本附加险的被保险机动车在使用过程中，因下列原因导致发动机进水而造成发动机的直接损毁，保险人负责赔偿：（一）被保险机动车在积水路面涉水行驶；（二）被保险机动车在水中启动；（三）发生上述保险事故时被保险人或其允许的驾驶人对被保险机动车采取施救、保护措施所支出的合理费用。"以及第二条第二项载明："本保险每次赔偿均实行20%的免赔率。"

2015年5月2日零时10分许，洪××驾驶冀A×××××轿车从鹿泉区上庄出发，由西向东行驶到中山西路西三环地道桥处时，因地下桥地段地面泛水导致车辆被淹后熄火，无法启动。随后，张××的员工李××拨打报警电话及保险公司电话，××财产保险公司未派员到场。之后，张××将车拖至××汽车贸易有限公司维修，共计支出更换零件及维修费用137374.56元（含发动机维修费用），支付拖车费800元。××财产保险公司对张××支出的费用及维修项目均认可，但是称事故发生之日为小雨天气，不能按车损险进行赔偿，只能按照发动机特别损失险进行部分赔付，后经××财产保险公司核定，其中，事故车辆发动机的维修费用共计81527.9元，拖车费为800元，两项损失合计82327.9元。经双方协商，××财产保险公司按照损失额80%的比例赔付了张××保险金65862.32元。

上述事实有以下证据证明：

（1）事故车辆的行驶证，证明该车辆的所有人为张××；

（2）机动车保险单一份，证明被保险人为张××，保险车辆号牌为冀A×××××；原告投保的险种包括机动车损失险、发动机特别损失险、不计免赔险等，被告应当按照机动车损失险的约定对原告进行赔偿；

（3）××银行××支行出具的证明，证明原告对车辆贷款不存在逾期还款及违约情况；

（4）事故现场查勘记录，证明被告对事故车辆出险情况已经确认；

（5）××××汽车贸易有限公司出具的账单及维修费发票，证明原告为其车辆支出维修费137374.56元；

（6）××汽车救援公司拖车费发票16张（每张均为50元），证明原告的拖车费用为800元；

（7）机动车保险车辆损失情况确认书一份，证明被告对原告车辆发动机损失核定为81527.9元；

（8）机动车保险赔付协议，证明被告最终赔付原告保险金65862.32元；

（9）接处警登记表一份，证明车辆被淹的原因为地下桥地段地面泛水，导致车辆被淹，原告车辆熄火后处于静止状态；

（10）机动车损失保险条款；

（11）附加险条款中发动机特别损失险条款。

三、裁判理由

本案所涉及的主要争议焦点为：被保险车辆受损的事件是否属于车损险保险责任范畴之内？

（一）保险人的保险责任

原告张××为其所有的车辆购买了机动车车辆损失保险及发动机特别损失附加险，本次事故发生在保险期间，××财产保险公司应当按照合同的约定，对保险车辆的合理损失在保险限额内履行给付保险金的义务。依照《保险法》第二条的规定，××财产保险公司在合同项下的义务为，承担与被保险车辆有关的且约定范围之内的危险，对于特定事件造成的被保险车辆的损失承担赔偿保险金的义务。原告张××要求保险人依照车损险约定进行赔付保险金，但其提供的证据无法证明该部分损失是由车损险条款中约定的暴雨或洪水所致。相反，原告车辆涉水行驶导致发动机损坏的事故符合双方签订的"发动机特别损失附加险"约定的保险责任范围，经双方协商，原告、被告就此达成了赔付协议，被告依照协议在发动机特别损失险限额内已经一次性赔付了原告的损失65862.32元。

（二）张××的证明义务

《民事诉讼法》第六十四条第一款规定："当事人对自己提出的主张，有责任提供证据。"《保险法》第二十二条第一款规定："保险事故发生后，按照保险合同请求保险人赔偿或者给付保险金时，投保人、被保险人或者受益人应当向保险人提供其所能提供的与确认保险事故的性质、原因、损失程度等有关的证明和资料。"

张××为其投保的车辆向××财产保险公司行使保险金请求权的前提之一是向保险人提供能证明保险事故的性质、原因等材料。张××要求××财产保险公司在车辆损失险限额内赔付其他损失，应当提供证据证明该部分损失是由车损险条款中约定的暴雨或洪水所致，而因涉水所致的损失实不属于车损险的赔偿范围。由于原告张××所举证据仅能证明损失是因涉水所致，故原告要求被告在车辆损失保险限额内赔付其他损失72312.24元的诉讼主张缺乏事实及法律依据。

因此，原告要求被告××财产保险公司在车辆损失险保险责任范围内予以赔偿保险金的诉讼请求，无事实和法律依据，法院对张××的诉讼请求不予支持。

四、裁判结果

法院依照《保险法》第二条、第十四条及《民事诉讼法》第六十四条第一款的规定，对本案判决如下：

驳回原告张××的诉讼请求。

五、案例评析

在本案中，被保险车辆投保了机动车损失险、指定修理厂特约险、发动机特别损失险、不计免赔等险种。保险期间，被保险车辆在行驶过程中因地下桥地段地面泛水导致车辆被淹后熄火，无法启动，造成车辆受损。在理赔过程中，保险公司对被保险人支出的维修费用（包括发动机维修费用）及维修项目均认可，双方争议的焦点是上述损失是否应该在机动车损失保险中理赔？被保险人主张车损险也应赔偿；保险人则认为，事故发生当日为小雨天气，因小雨导致地面泛水进而造成被保险机动车的损失，不在机动车损失保险合同约定的保险责任范围内，故车损险不应赔偿。其中被保险车辆涉水行驶导致发动机损坏的事故属于发动机特别损失险的保险责任范围，对这部分损失保险人按照合同约定予以赔偿。

（一）保险责任范围与近因原则

本案中的保险合同内容合法有效，事故也发生在保险期间。在此基础上，判断保险公司应否赔偿，以及依据哪一个险种予以赔偿，关键是判断导致事故的近因以及近因是否属于保险责任。在保险合同履行过程中，损失原因的确定对于决定保险人是否应当承担保险合同所约定的保险责任至关重要。因果关系的存在是确定承担保险责任的前提。在保险事故发生后，保险人承担保险赔偿责任的前提在于被保险人所遭受的损失与承保风险之间存在因果关系，如果两者之间不存在因果关系，则保险人不承担保险赔偿责任，这正是《保险法》中因果关系意义最重要的所在。①《1906年英国海上保险法》规定，保险人对以承保危险为近因的损失承担赔偿责任，对非以承保危险为近因所造成的损失不承担赔偿责任。保险中确定损失原因的这一原则被称为近因原则。虽然我国《保险法》中还没有明文规定近因原则，但该原则仍然是目前我国保险学和保险法理论界的主流学说。司法实践中，法院也经常在保险案件的审理中运用近因原则。②

具体分析本案中各险种的责任范围，《××财产保险股份有限公司家庭自用汽车损失保险条款》第四条保险责任第五项中列明的承保风险包括雷击、雹灾、暴雨、洪水、海啸。经法院查明，事故发生当天是小雨天气导致地面泛水，这是造成事故损失的近因，它是否属于暴雨或者洪水呢？对此要看合同条款中关于暴雨或者洪水的解释。本案的车损险条款中没有对暴雨和洪水作出释义，按照《中国保险行业协会机动车综合商业保险示范条款（2014）》中的释义，暴雨是指每小时降雨量达16毫米以上，或连续12小时降雨量达30毫米以上，或连续24小时降雨量达50毫米以上。洪水是指山洪暴发、江河泛滥、潮水上岸及倒灌。但规律性的涨潮、自动灭火设施漏水以及在常年水位以下或地下渗水、水管爆裂不属于洪水责任。由小雨天气导致地面泛水并未达到上述暴雨或者洪水的标准，故该近因不属于机动车损失保险的保险责任范围。

至于上述条款中对保险术语所作的解释是否能够被采纳，需要由人民法院来判断。《最高人民法院关于适用〈中华人民共和国保险法〉若干问题的解释（二）》第十七条规定："保险人在其提供的保险合同格式条款中对非保险术语所作的解释符合专业意义，或者虽不符合专业意义，

---

① 江朝国. 保险法基础理论［M］. 北京：中国政法大学出版社，2002：338.

② 王静. 保险类案裁判规则与法律适用［M］. 北京：人民法院出版社，2013：207.

但有利于投保人、被保险人或者受益人的，人民法院应予认可。"

《发动机特别损失险条款》第一条保险责任，其中规定因下列原因导致发动机进水而造成发动机的直接损毁，保险人负责赔偿：（一）被保险机动车在积水路面涉水行驶……。本案中由小雨天气导致地面泛水进而导致发动机受损，该近因属于发动机特别损失险的保险责任范围，故保险人也依据该条款的约定作出了赔偿。

（二）启示与建议

本案中，法院判决认为，原告要求被告在车辆损失险限额内赔付其他损失，应当提供证据证明该部分损失是由暴雨或洪水所致，因涉水所致的损失则不属于车损险的赔偿范围。由于原告提供的证据仅能证明损失是因涉水所致，故原告要求被告在车辆损失保险限额内赔付其他损失的诉讼主张缺乏事实及法律依据，法院不予支持。

本案纠纷虽然通过诉讼得以解决，但提示我们在保险实践中仍有不少需要完善之处。第一，应在《保险法》中明确规定近因原则。尽管《最高人民法院关于适用〈中华人民共和国保险法〉若干问题的解释（三）》第二十五条[①]在实践中被解读为近因原则，并在司法解释中首次被确认，但该规定本身并未出现近因的表述，只是规定了在损失原因难以确定的情况下，比例因果关系的适用。第二，保险合同条款设计应更加严谨，对容易产生争议的词汇等应在保单释义部分作出明确的定义，以尽量减少争议。

案例供稿人：中国人民财产保险股份有限公司石家庄分公司　封少锴

评　析　人：中国人民大学财政金融学院副教授　张俊岩

---

① 《最高人民法院关于适用〈中华人民共和国保险法〉若干问题的解释（三）》第二十五条规定，被保险人的损失系由承保事故或者非承保事故、免责事由造成难以确定，当事人请求保险人给付保险金的，人民法院可以按照相应比例予以支持。

交通事故参与度鉴定，在确定保险赔偿责任中的作用

一、裁判要旨

因交通事故造成人员受伤，在把伤者送医治疗后，交通事故导致的外伤已经好转。但治疗迁延一段时间后，由于病人自身存在内科疾病，且因内科疾病加重导致死亡。此种情况下，死亡的结果并非此次交通事故的原因，或者并非完全是此次交通事故的原因造成的，需要对交通事故原因致死参与度进行客观的鉴定，对于争议的解决具有重要的参考价值和意义。本案中，伤者为老年人，交通事故发生前其就患有高血压、糖尿病以及陈旧性脑梗塞等原发疾病，伤者住院时间较长，住院后期因出现肺部感染及多器官衰竭而死亡。交通事故致死参与度鉴定为交通事故并非单一致死原因，法院按照交通事故判决保险公司以及肇事方承担全部赔偿责任值得商榷。

二、基本案情

（一）原告诉称

2014年6月8日，郭××作为投保人和被保险人，以登记于其本人名下的长安客车为保险标的，与××财产保险公司订立了保险合同，承保交强险。2015年1月19日14时左右，田××醉酒后驾驶被保险车辆在鸡泽县九

鼎路由东向西行驶至祖望大街丁字路口，与行人贾××相撞，造成贾××受伤，交警认定事故责任为田××承担全部责任。贾××伤情为颅骨骨折伴颅内血肿，同时本人患有高血压、糖尿病以及陈旧性脑梗塞等原发疾病，住院治疗110天，住院后期因出现肺部感染及多器官衰竭而死亡。其家属认为贾××为交通事故致死，起诉至法院，其诉讼请求为：保险公司和肇事司机承担死者损失223800元。

（二）被告辩称

本案件就死者贾××的致死原因进行了尸体检查和交通事故参与度鉴定。检查显示，交通事故致伤的颅骨骨折已经愈合，颅内血肿已经吸收，死因为肺部感染及多器官功能衰竭，鉴于贾××存在多种原发疾病，且交通事故导致的伤情已经愈合。保险公司对造成贾××死亡的原因申请了交通事故参与度鉴定。2016年6月24日，北京××司法科学证据鉴定中心出具鉴定意见书，结论为：2015年1月19日交通事故外伤对被鉴定人贾××最终死亡结果的影响为同等关系程度。

因此，保险公司质证对死亡赔偿金、丧葬费部分的总损失，应先按照50%的比例，确定为交通事故的总损失，然后按照保险理算原则对此部分损失进行赔偿计算。

肇事司机田××未出庭答辩。

（三）法院经公开审理查明

2014年6月8日，郭××作为投保人和被保险人，以登记于其本人名下的长安客车为保险标的，与××财产保险公司订立了保险合同，承保交强险。2015年1月19日14时左右，田××醉酒后驾驶被保险车辆在鸡泽县九鼎路由东向西行驶至祖望大街丁字路口，与行人贾××相撞，造成贾××受伤，交警认定田××承担此次事故的全部责任。贾××伤情为颅骨骨折伴有颅内血肿，同时本人患有高血压、糖尿病以及陈旧性脑梗塞等原发疾病，住院治疗110天，住院后期因出现肺部感染及多器官衰竭而死亡。在庭审准备阶段，对死者贾××进行了尸体检查和交通事故死亡参与度鉴定，鉴定结果为2015年1月19日交通事故外伤对被鉴定人贾××最终死亡结果的影响为同等关系程度。经查明，本案事实清楚，责任划分得当，各项证据齐全。

本案审理过程中，除其他刑事责任的认定和总损失的认定之外，主要争议焦点为死者交通事故致死原因参与度为50%的因果关系，保险公司和肇事方如何承担损失赔偿责任的问题。死者家属认为，贾××因此次事故受伤住院，且一直未出院，身体素质下降造成死亡，应由交通事故赔偿责任方全部承担损失赔偿责任。保险公司的质证意见为，贾××本身患有多种原发疾病，根据尸检结果显示交通事故致伤已经好转，且参与度鉴定为50%的因果关系，应该认定死亡赔偿金以及丧葬费部分的50%为交通事故部分的损失，保险公司只对此部分的损失进行赔偿。

三、裁判理由

审理本案的法院认为，交通事故致死原因参与度鉴定仅对驾驶员田××的量刑产生影响，对于民事审判部分的损失分配，并未给出合理的解释和产生影响。

四、裁判结果

法院除刑事判决部分外，认定由保险公司在机动车强制保险责任限额范围内予以赔偿，不足部分，由机动车使用人承担赔偿责任：判决××财产保险公司交强险赔偿民事诉讼原告120000元，被告田××承担民事诉讼原告103880.13元（其余略）。

一审判决后，××财产保险公司认为损失计算并未参照交通事故致死原因参与度鉴定比例进行计算，提起上诉。二审法院开庭认为（除其他争议外）：原审附带民事诉讼被告××致死原因保险公司上诉提出的本次事故因田××醉酒驾驶，其公司不应该承担赔偿责任以及应当按照50%承担损失的意见，经查，根据《最高人民法院关于〈道路交通事故损害赔偿司法解释〉理解与适用》第十八条第一款第（二）项的规定，醉酒驾驶机动车发生交通事故，导致第三者人身损害，当事人请求保险公司在交强险责任限额范围内予以赔偿，人民法院应予支持，故对该上诉意见不予支持。二审法院以此为由驳回上诉，维持原判。

五、案例评析

本案涉及保险近因的认定及比例赔偿问题。

（一）传统近因理论及其局限性

关于因果关系的研究有很多，对它的判断标准也有较多的说法，其中有条件说、相当因果关系说、比例因果关系说以及最近因果关系说等。什么是近因？最高人民法院曾于2003年12月9日发布的《关于审理保险纠纷案件若干问题的解释（征求意见稿）》第十九条规定：人民法院对保险人提出的其赔偿责任限于以承保风险为近因造成的损失的主张应当支持。近因是指对造成承保损失起决定性、有效性的原因。由于该司法解释最终没有通过，所以在我国目前的保险立法中还没有对近因进行界定。

《保险法》对近因没有定义，但不妨碍学界和实务界对近因理论的运用。近因是指对造成承保损失起决定性、有效性及直接性的原因。[1]但保险公司设计的条款中往往强调"直接且单独"的原因，这样的定义显然

---

① 王卫国. 保险法[M]. 北京：中国财政经济出版社，2009：43.

强调其唯一性。但是，在多因一果或多因多果中，很难确定到底是哪一个原因导致损失的发生。所以，保险条款对近因的定义有强人所难之嫌。

如果把近因定义为在风险和损害之间，导致损害发生的最直接、最有效及起决定作用的原因，就会导致对近因的判断过于绝对化。按照这一个观点，保险公司对因果关系进行判定，只有两种可能，第一种是"有"因果关系；第二种是"没有"因果关系，不存在第三种结论，即某种原因不是导致损害发生的最直接的原因，而是某种诱因，它对损害结果的发生虽然不是最直接的原因，但绝不是一点关系也没有。没有诱因，就不可能导致后来的事故发生。换句话说，这种诱因在整个事件的原因中是占有一定比例的。

"传统的保险近因理论认为，其是来源于民法的近因理论，尤其是来源于侵权因果关系理论，研究保险的近因应当以侵权法的因果关系理论为基础。确实，保险的近因与侵权的近因同属近因，都是对结果具有决定性作用的原因，又都足以引发法律责任的产生。但是，保险法与侵权法分属商法与民法领域，在制度设计与法律价值等方面都存在差异。"[①]但关键是这种差异表现在因果关系上究竟有何不同？是否意味着不能把侵权法中的因果关系运用到保险法中？保险公司在设计条款或厘定费率时是否考虑到了这种差异？

传统近因判断方法存在着明显缺陷，对被保险人而言是非常不公平的。因为因果关系理论本身就很复杂，加之社会生活千变万化，所以，简单的用"有"因果关系，还是"没有"因果关系来判定是不合理的，应该具体问题具体分析，结合不同案情进行分析判断。

---

① 杜万华主编. 最高人民法院关于保险法司法解释（三）理解与适用[M]. 北京：人民法院出版社，2015：580.

（二）近因理论的突破

《最高人民法院关于适用〈中华人民共和国保险法〉若干问题的解释（三）》（以下简称《司法解释三》）第二十五条规定："被保险人的损失系由承保事故或者非承保事故、免责事由造成难以确定，当事人请求保险人给付保险金的，人民法院可以按照相应比例予以支持。"该条规定是对传统近因理论的一大突破。

（三）比例分摊原则的提出

鉴于"全有全无原则"存在的弊端，人们开始尝试将"比例分摊原则"运用于保险理赔。该原则认为：当保险标的损失是由多个不同原因造成时，其中有一项或多项不属于承保风险范围的，应当依据各个风险对保险标的的损害程度进行推定，由各个风险分摊损失，最后保险公司仅就自身承保的风险所造成的那部分损失进行赔偿。也就是当承保危险和未承保危险共同导致损害时，按比例给付保险金。这种创新冲击了传统近因理论的主导地位，充分考虑了各种风险对于最终损害的原因力大小来进一步确定保险人的赔偿比例。

在许多司法实践中，有的法院已经将分摊原则运用于保险案件审理中，如《广东省高级人民法院关于审理保险合同纠纷案件若干问题的指导意见》（粤高法发〔2011〕44号，2011年9月2日印发）第十七条规定：多个原因造成保险事故，其中既有承保风险又有非承保风险的，被保险人主张保险人按承保风险占事故原因的比例或程度承担保险责任的，人民法院应予以支持。上海某法院在某保险案件中同样适用了比例分摊原则，按照保险人承保风险与非承保风险对于损害结果的参与度比例来确定保险人的具体赔付责任。[1]

---

① 上海名家敬老院诉都邦财产保险股份有限公司上海分公司人身保险理赔纠纷案[J]. 人民司法，2010（10）.

（四）观点之争

本案中，第三者（伤者）为老年人，患有高血压、糖尿病以及陈旧性脑梗塞等原发疾病，伤者住院时间较长，住院后期因发生肺部感染及多器官衰竭而死亡，而交通事故致死原因参与度鉴定为50%。那么保险公司是否按50%的比例赔偿呢？

对于意外事故导致自身疾病加重，最终因病死亡的这种情形，保险公司是否应该承担责任？承担责任的比例又如何确定？有以下三种观点：

第一种观点，根据除外优先原则，也就是如果与承保危险发生竞合的是保险合同或法律明确排除不保的危险，则保险人不负赔偿责任。在本案例中，与意外事故发生竞合的是受害人自身的疾病，而受害人自身的疾病属于保险合同明确排除不保的危险，因此认为保险公司不承担赔偿责任。

第二种观点，根据相当因果关系规则，只要承保危险和保险损害之间具有相当因果关系，保险人赔偿责任的要件就已具备，而不管该危险是否可以单独造成该损害，也不管其所占比例。本案中，受害人的死亡与意外事故之间具有相当的因果关系，并且本案中的意外事故属于承保风险，因此认为保险公司应承担赔偿责任。

第三种观点，认为保险公司应该按照比例分摊原则，承担属于可保风险的那一部分责任，对不属于承保风险的那一部分则不承担赔偿责任。本案中，交通事故属于交强险的保险责任范围，保险公司应对这一部分进行赔偿，相反，受害人自身的疾病引发的死亡，属于免责事由，保险公司对疾病造成的损失不承担赔偿责任。

（五）域外比例因果关系在保险理赔裁判中的运用

近年来，日本等国家的司法实践发展出了比例因果关系说。所谓比例因果关系说，是指在判断承保危险与承保损失之间是否具有因果关系上，不采用"有"还是"没有"的做法，而是根据事实关系判断在具体的事件中，承保危险对承保损失的发生在原因力上占有多大比例，并根据该比例来决定保险公司的保险赔偿责任。

下面通过一个判例来研究什么是比例因果关系。①

A（受害者）驾驶的两轮摩托车在进入一个弯道口时，遇到Y1（加害者，被告）驾驶的装有货物的卡车从正面疾驶而来。由于Y1在进入弯道时车速过快，抢入对方行驶的车道，撞上正常行驶中的A。A在事故中身受重伤，经抢救脱险。但是，腿部遭到重创，腰部的肌肉受到损伤，这些伤害直接引起了急性肾功能衰竭。接着，由于大腿的肌肉坏死引起的感染无法控制，被迫截肢以求保命。由于A在遇到交通事故之前，患有严重的肝功能不全的疾病，因此，遇车祸后，原有疾病各项指标急速上升。A在饱受车祸带来的痛苦和原有疾病并发的情况下，在事故发生一年半后死亡。

X（A的家属，原告）向Y2（保险公司，被告）提出要求支付保险金的请求。保险公司以A的死因是源于肝脏病，死因与交通事故造成的伤害之间没有直接的因果关系为由拒绝支付保险金。X以Y1和Y2为被告向地方裁判所提起诉讼。

关于A的死因和交通事故所造成的伤害之间有无因果关系，成为本案原告、被告之间争论的焦点。由于本案的事实关系错综复杂，因为A是由于上消化道出血、肺炎、肾脏、肝脏、心脏功能衰竭、败血症等并发导致死亡的，所以从医学角度也比较难以作出十分权威的结论。

裁判所对上述事实进行了分析。第一，由于右腿开放性骨折造成了A的右下肢血流不畅，导致败血症感染形成肌肉坏死，为了保全受害者生命而进行了截肢。但是，手术后并没有阻止败血症的进一步感染，最终

---

① 沙银华. 日本经典保险判例评释[M]. 北京：法律出版社，2002：111.

导致受害者死亡。第二，肝脏功能不全的加重，GTO指标的急增是由于受害者右腿肌肉坏死导致败血症感染而致。第三，由于Y1和Y2无法证实A的死亡是直接源于肝脏疾病，但是不排除加速死亡的可能性。

裁判所从主要病因着手，从中找到受害者死亡的主要原因和次要原因，借助比例因果关系理论，认定A的死因与交通事故所造成的伤害之间有因果关系，但不是全部，只有80%。另外20%的死因与交通事故所造成的伤害之间没有因果关系。因此，裁判所判决保险公司应该赔付80%的保险金，而剩下的20%的请求则予以驳回。Y1和Y2不服，向高等裁判所提起控诉。二审裁判所支持了一审裁判所的判决，这是运用比例因果关系来审理案件的一个比较成功的案例。

（六）分摊原则在本案中的适用

本案中，一方面，受害人贾××在遭受意外事故之前就患有较为严重的疾病；另一方面，交通事故使其自身疾病加重也是不争的事实。假如受害人在交通事故发生前并没有严重的疾病，在发生交通事故后，可能仅仅造成皮外伤，不会导致病情的加重，甚至最后导致死亡。相反，假如受害人贾××没有遭遇交通事故，仅仅是自身存在的疾病也还不至于马上导致其死亡。因此，我们认为交通事故和疾病与最终的死亡都存在因果关系，交通事故是导致其疾病加重的诱因，不能把这两个原因分割开来认定，在很多时候，某种损害是由多种原因共同造成的。其中意外事故属于承保风险的情形，自身疾病属于免责事由，如果没有承保风险和除外风险中的任何一个，损失可能都不会发生，两者对于结果的出现都具有不可或缺的作用，不存在"效果"的强弱、大小之分。如果采用"全有或全无"的近因原则，在承保风险和除外风险同时存在的案件中，不同的国家或地区对于相同的案件，可能会作出不一样的判决，如何处理被保险人和保险人的利益均衡就成了关键的问题，为了达到两者相对均衡的状态，完全可以认定多个原因同时作用产生了损失，实现利益在双方当事人之间的均摊。鉴于传统近因理论的局限性，同时本案的案情符合比例分摊原则的前提条件，即受害人的死亡是由承保风险和非承保风险等多种原因共同造成的，因此采用比例分摊原则是公平、合理及合法的，应按照交通事故致死原因参与度50%比例来确定肇事者及其投保的保险公司的责任。本案法院判决保险公司以及肇事方承担全部赔偿责任是值得商榷的。

案例供稿人： 华农财产保险股份有限公司河北省分公司　刘新华

评　析　人： 河北农业大学人文学院教授　王卫国

被保险人与事故第三者重合时，
保险公司如何承担赔偿责任

一、裁判要旨

驾驶人在车体外被其所驾驶的车辆撞伤，可以依据何种险种进行理赔？首先，因其不符合《交强险条例》第三条关于第三者的界定，故其所遭受的人身损害不在交强险赔付范围内。其次，商业第三者责任险属于责任保险，其承保的是被保险人作为侵权人对受害人应承担的赔偿责任，在同一责任保险事故中，被保险人不能既是侵权人又是受害人。如果两者是同一人，就会造成责任保险事故的基础侵权法律关系不存在，那么，因被保险人的机动车事故导致的被保险人人身损害或财产损失，其不能作为本车的责任保险受害人向保险人请求赔偿。最后，车上人员责任险同样属于责任险范畴，且依据保险条款中的关于车上人员的约定，是指保险事故发生时在被保险机动车上的自然人。对于是否属于该险种的理赔范围，也应依据条款约定，不宜擅自扩大车上人员范围。

二、基本案情

（一）原告诉称

2015年10月18日7时30分许，蒋××在沙河服务区内发现其驾驶的冀A×××××和冀A××××挂车辆因故障无法启动，在其下车检修时该车突然启动并向前移动，造成蒋××受伤以及车辆和路产损坏。事故经××交通警察总队××大队作出道路交通事故认定书，认定蒋××负事故的全部责任。原告作为车辆的实际所有人和驾驶员，对车辆投有交强险、商业第三者责任险、驾驶人员险及车辆损失险，发生事故时不是"车上人员"就是"第三者"，两种角色是非此即彼的关系，不管依据哪种保险规定，被告都应当赔偿原告的实际损失。根据相关法律规定，被告需赔偿原告的款项包括医疗费57860.85元、伙食补助费2300元、营养费2700元、误工费21846.16元、护理费6000元、鉴定费600元、交通费1000元、住宿费2000元和施救费2000元，以上共计96307元。为了维护原告的合法权利，特诉至法院，请求依法判令被告赔偿原告各项损失共计96307元并承担本案全部诉讼费。

原告蒋××向法院提交以下证据予以证明：

（1）原告蒋××的身份证、驾驶证、行驶证、车辆买卖协议、元氏××汽车运输有限公司出具的证明及营业执照（复印件），上述证据证明原告具有诉讼主体资格；

（2）交强险、商业险保险单，证明双方合同关系及投保情况；

（3）道路交通事故认定书，证明事故发生的经过及责任比例；

（4）××市医院证明、蒋××住院病历、医疗费票据（8张），证明医疗费用为57860.85元以及住院伙食补助费2300元；

（5）《误工、护理、营养期鉴定意见书》及鉴定费发票，证明误工期为150日，护理期为90日，护理人数为1人，营养期为90日以及鉴定费用600元；

（6）蒋××的从业资格证、护理人高××的身份证和户口本、误工证明、工资表，证明营养费2700元（30元/天×90天）、误工费21846.16元（53159元÷365天×150天）、护理费6000元（2000元/月÷30天×90天）；

（7）施救费发票，证明施救费2000元。

（二）被告辩称

原告是车辆驾驶人员，而非事故中的第三者，故依据《机动车第三者责任保险条款》第四条、第五条的规定，本案的原告无权向保险公司主张赔偿，请求法院依法驳回原告的起诉。

被告向法院提交《机动车第三者责任保险条款》（第四条、第五条）、《车上人员责任险保险条款》，证明被保险机动车本车驾驶人的伤亡既不属于第三者责任险赔偿事项，也不属于车上人员责任险赔偿范围。

（三）法院经庭审质证

被告对原告提交的证据1、证据2、证据3的真实性、合法性及关联性无异议，法院对上述证据予以确认。被告对原告提交的证据4中编号为049518049号收费票据有异议，认为该票据收费项目为"病历取证"，不属于医疗费，不应当支持。法院认为，049518049号收费票据是调取病历所产生的费用，属于医疗相关费用，与涉案事故具有关联性，故法院对该证据予以采信。被告对原告提交的证据4的其他证据无异议，法院予以采信。被告对原告提交的证据5中的《鉴定报告》的真实性无异议，但鉴定机构业务范围为法医临床鉴定、法医病理鉴定及血液酒精浓度鉴定，不能证明鉴定机构具有关于对误工期、营养期的评定资格。经法院审查，并结合《司法鉴定执业分类规定（试行）》《司法鉴定收费项目和收费标准基准价（试行）》，可以认定误工期、护理期、营养期时限评定属于法医病理鉴定范围，故上述鉴定机构依法具有相关鉴定内容的鉴定资质，法院对上述《鉴定报告》予以确认。被告对原告提交的鉴定费发票的真实性无异议，但认为该费用是原告单方委托鉴定所产生的，不符合《民事诉讼法》的规定，不应当由被告承担。法院认为，鉴定费用的承担问题并不影响该证据本身的证据效力，故法院对该证据予以确认。被告对原告提交的证据6中的蒋××的从业资格证、护理人高××的身份证和户口本无异议，法院对该证据予以确认。被告对原告提交的证据6中的误工证明、工资表的真实性不予认可，认为原告应当提供该单位的营业执照及劳动合同予以佐证。法院认为，原告提交的误工证明及工资表上均加盖有农标××饲料有限公司山西分公司的印章，被告对此虽提出异议，但其未提供足以反驳的相关证据，故法院对上述证据予以确认。被告对原告提交的证据7有异议，认为该费用不属于车损险的理赔范围，不应得到支持。法院认为是否属于保险赔付范围不影响证据本身的证据效力，故法院对该证据予以确认。

原告对于被告提交的证据的真实性无异议，但认为上述条款属于格式条款，免责条款的规定是无效的。法院认为，保险条款是合同的组成部分，是否发生法律效力不影响证据本身效力的认定，故法院对该证据予以确认。

（四）法院经审理查明

2015年8月10日，元氏××汽车运输有限公司将冀A×××××和冀A××××挂车辆出售给蒋××，但未办理过户手续。2015年10月4日，元氏××汽车运输有限公司为登记在其名下的冀A×××××车辆在××财产保险公司处投保交强险、商业第三者责任险、车损险、车上人员责任险（驾驶人），商业第三者责任险、车损险附加不计免赔特约险。交强险保险金额为122000元，商业第三者责任险保险金额为1000000元，车损险保险金额为199760元，车上人员责任险（驾驶人）保险金额为100000元，保险期间自2015年10月14日零时起至2016年10月13日24时止。被保险人是元氏××汽车运输有限公司，保险费19935.16元已足额交纳。《交强险保险条款》第四条约定：交强险合同中的被保险人是指投保人及其允许的合法驾驶人。投保人是指与保险人订立交强险合同，并按照合同负有支付保险费义务的机动车的所有人、管理人。该条款第五条约定：交强险合同中的受害人是指因被保险机动车发生交通事故遭受人身伤亡或者财产损失的人，不包括被保险机动车本车车上人员、被保险人。《机动车第三者责任保险条款》第四条约定：保险期间，被保险人或其允许的合法驾驶人在使用被保险机动车过程中发生意外事故，致使第三者遭受人身伤亡或财产直接损毁，依法应当由被保险人承担的损害赔偿责任，保险人依照本保险合同的约定，对于超过机动车交通事故责任强制保险各分项赔偿限额以上的部分负责赔偿。《车上人员责任险保险条款》第三条约定：本保险合同中的车上人员是指保险事故发生时在被保险机动车上的自然人。

2015年10月18日7时30分许，蒋××在京港澳高速公路沙河服务区东区广场内发现其驾驶的冀A×××××和冀A××××挂"福田—骏强"牌重型半挂车因故障无法启动，在下车检修时该车突然启动并向前移动（蒋××在检修车辆时该车点火开关处于开启状态且挡位处于1挡，手刹也未拉起），致使该车牵引车中桥右侧轮胎从正在车下检修车辆的蒋××身上轧过，后该车冲入右侧绿化带，造成蒋××受伤以及车辆和路产损坏的道路交通事故。该事故由××交通警察总队××大队作出道路交通事故认定书，以蒋××驾车未按操作规范安全驾驶，其行为违反了《道路交通安全法》第二十二条第一款规定为由，认定蒋××负事故的全部责任。事故产生施救费用2000元。事故发生当日，蒋××通过门诊入住××市人民医院，入院诊断为：（1）右坐骨骨折；（2）左耻骨上下支骨折；（3）腹部皮肤挫伤。住院期间行X线、CT等辅助检查，给予补液以及对症治疗，病情无明显变更，恢复顺利，并于2015年10月19日出院，次日办理出院手续。此次住院共计2天，发生医药费用4582.47元。2015年10月19日，蒋××通过门诊入院至××矿业集团有限责任公司总医院，入院诊断为骨盆骨折，于2015年10月22日行骨盆骨折切开复位内固定术。2015年11月11日，蒋××术后伤口愈合良好，办理出院手续。出院医嘱：（1）术后4周方可逐渐坐起，双下肢禁止负重，双上肢功能锻炼；（2）建议继续口服接骨药物仙灵骨葆胶囊，复查血常规、肝肾功能；（3）建议继续低分子肝素5000u皮下注射预防下肢静脉血栓形成，加强双下肢非负重锻炼预防下肢静脉血栓形成；（4）术后8周、12周、24周……来院复查，依据复查情况决定扶双拐下床活动时间；（5）出现下肢肿胀等情况随诊。此次住院共计23天，花费医疗费53278.38元。两次住院共计25天，产生医疗费用57860.85元。2016年1月29日，××司法医学鉴定中心接受蒋××委托，对误工期、护理期、营养期进行评定。2016年2月10日，该鉴定中心出具司法鉴定意见书，评定误工期为150日，护理期为90日，护理人数为1人，营养期为90日。蒋××支付评定费用600元。

另查明，蒋××与护理人高××是夫妻关系。高××是农标××饲料有限公司山西分公司的职工，2015年7月、8月、9月各月工资均为2000元。河北省2015年道路交通事故人身损害赔偿标准：交通运输、仓储和邮政业在岗职工年平均工资53159元。《河北省省级机关差旅费管理办法》规定，出差人员的伙食补助标准为每人每天100元。

上述事实，有双方当事人提交的证据材料及当庭陈述在案佐证。

三、裁判理由

法院认为，元氏××汽车运输有限公司就登记在其名下的冀A×××××车辆在××财产保险公司处投保交强险、商业第三者责任险、车损险并不计免赔以及车上人员责任险（驾驶人）并不计免赔，××财产保险公司出具了保险单，元氏××汽车运输有限公司与××财产保险公司已形成保险合同关系。该合同是双方当事人的真实意思表示，内容不违反法律、行政法规的强制性规定，合法有效，双方当事人依据合同约定享有权利、承担义务。蒋××作为实际车主依法对保险车辆具有保险利益。

在保险期间，被保险车辆冀A×××××发生交通事故，将驾驶人蒋××辗轧致伤，该事故是否属于保险赔偿范围成为原告、被告双方争议的焦点问题。就此，法院认为：首先，事故发生时，蒋××为冀A×××××车辆驾驶人员，同时其作为该车辆的实际车主也为保险合同的实际被保险人。依据《交强险条例》第三条的规定：保险公司对被保险机动车发生道路交通事故造成本车人员、被保险人以外的受害人的人身伤亡、财产损失予以赔偿。可见，交强险中的第三者被划定为被保险车辆本车人员、被保险人以外的受害人。《交强险保险条款》也对此作了相关约定：被保险人是指投保人及其允许的合法驾驶人，而受害人不包括被保险人。虽然原告是在车外受伤，但其作为被保险人及驾驶人的身份并未改变。故原告所遭受的人身损害不在交强险赔付范围内。其次，对于是否适用商业第三者责任险赔付的问题。根据《机动车第三者责任保险条款》的约定，保险人只对被保险人或其允许的合法驾驶人在使用被保险机动车过程中发生意外事故而导致的第三者遭受的人身伤亡或财产直接损毁负有赔偿保险金的义务。商业第三者责任险属于责任保险，其承保的是被保险人作为侵权人对受害人应承担的赔偿责任，而在同一责任保险事故中，被保险人不能既是侵权人又是受害人。如果两者身份同一，就会造成责任保险事故的基础侵权法律关系不存在。因被保险人的机动车事故导致的被保险人人身伤亡或财产损失，其不能作为本车的责任保险受害人向保险人请求赔偿。故原告要求××财产保险公司在商业第三者责任险保险范围内承担其损失的主张于法无据，法院不予采信。最后，对于是否可以适用车上人员险进行赔付的问题。车上人员责任险同样属于责任险范畴，原告要求保险赔偿无法律依据。同时，依据《车上人员责任险保险条款》约定，该险种中的车上人员是指保险事故发生时在被保险机动车上的自然人。本案事故发生时，原告身处车外，其损失也不属于车上人员责任险的保险赔付范围，故其主张赔偿无合同依据。

综上所述，原告要求××财产保险公司在车上人员责任险保险限额内承担赔偿责任的主张既无法律依据，又无合同依据，对其主张法院不予采信。关于施救费用的承担问题，本案中，涉案事故造成冀A×××××和冀A××××挂车辆损坏，蒋××为防止或减少保险标的的损失，支付施救费用2000元，该费用符合《保险法》第五十七条规定的必要性以及合理性，依法应由保险人承担。

四、裁判结果

法院依照《保险法》第二条、第十四条、第五十七条以及《机动车交通事故责任强制保险条例》第三条的规定，判决如下：

1. 被告××财产保险公司于本判决生效后10日内给付原告蒋××保险金2000元。

2. 驳回原告蒋××的其他诉讼请求。

五、案例评析

本案争议焦点的关键词为：驾驶人、被保险人、车下、检修车辆。

本案主要涉及以下法律争议问题：一是驾驶人下车检修车辆过程中遭本车碾压致伤的情形，车下驾驶人是否转化为"第三者"？二是车下驾驶人是否属于（司机）车上人员责任险的理赔范围？

（一）驾驶人下车检修车辆过程中遭本车碾压致伤的情形

车上驾驶人是否转化为"第三者"？

关于本车驾驶人是否构成"第三者"的问题，作者引用以下相关权威法律著述及规范性法律文件予以阐明。

1. 最高人民法院：车上人员与第三者不能转化，驾驶人是被保险人，不属于第三者。

根据侵权法原理，"任何危险作业的直接操作者不能构成此类侵权案件的受害人。当他们因此而受到损害时，应基于其他理由（如劳动安全）请求赔偿"。机动车驾驶人因其本人的行为，造成自身损害，他不可能成为其本人利益的侵权人，并对其自身损害要求自己保险的赔偿。因此，被保险人作为驾驶人时，不能纳入第三者的范围，驾驶人可以通过购买意外伤害险来承保自己遭受的损害。

至于驾驶人下车查看车辆状况时，被未熄火的车辆碾压致死的情形，争议更大。这种情况下，驾驶人本人就是被保险人，且对机动车有实际的控制能力。同时，因行为人自己的行为造成自身受损害，对其赔偿不符合我国交强险的规定。故在现有法律规定下，这种情况下的驾驶人不属于"第三者"①。

2. 最高人民法院：驾驶人为被保险人时，均不属于"第三者"。

被保险人能否成为第三者。因为被保险人不能成为自己的侵权人，也就是构成责任保险事故基础的侵权法律关系并不存在，所以，因被保险的机动车事故导致被保险人人身伤亡或者财产损失，不能作为本车的机动车责任保险受害人向保险人请求赔偿，否则就违反了责任保险的最基本原则。在同一个责任保险事故中，被保险人不能成为第三者。被保险人的人身伤亡或者财物损失风险可以通过人身意外险或者是其他非责任保险予以化解。

---

① 最高人民法院民事审判第一庭编著. 最高人民法院关于道路交通损害赔偿司法解释理解与适用[M]. 北京：人民法院出版社，2012：232。

车辆驾驶人是否可以作为商业第三者责任险的第三者。首先要明确，如果驾驶人同时又是被保险人，那么，根据前面的分析，就不能成为本车的第三者。[1]

3. 江西省高级人民法院、南昌市中级人民法院：本车驾驶人属于被保险人，不能转化为第三者。

关于被保险人是否可以转化为第三者的问题。交强险作为责任保险，是以投保人、被保险人对第三者依法应承担的赔偿责任为保险标的。依照侵权法原理，自己不能成为自己权益的侵害者并因此承担赔偿责任。被保险人不能对自己承担赔偿责任。故不存在被保险人与第三者之间的身份转化问题。

关于本车人员是否可以转化为第三者的问题。本车人员包括驾驶人和乘客。依照《机动车交通事故责任强制保险条例》第四十二条的规定："被保险人，是指投保人及其允许的合法驾驶人。"驾驶人属于被保险人，其也不能转化为第三者成为交强险的赔偿对象。[2~4]

4. 江苏省高级人民法院：被保险人自身无论何种情形都不构成第三者。

界定机动车第三者责任险中的第三者，应以被保险人是否对其依法

[1] 最高人民法院保险法司法解释起草小组编著.《中华人民共和国保险法》保险合同章条文理解与适用[M]. 北京：中国法制出版社，2010：431-432。

[2] 江西省高级人民法院《关于中国人民财产保险股份有限公司吉州支公司与帅军霞、郑婕、郑浩权、杨友娣、郑亮平机动车交通事故责任强制保险合同纠纷一案请示的答复》（〔2012〕赣民一他字第5号）。

[3] 江西省高级人民法院《关于中国人民财产保险股份有限公司新干支公司与熊香连、邓一航、邓鹤延、邓则老、邓金兰机动车交通事故责任强制保险合同纠纷一案请示的答复》（〔2012〕赣民一他字第10号）。

[4] 南昌市中级人民法院《关于本车人员或被保险人能否转化为机动车交通事故责任强制保险中的第三者的通知》（洪中法民一〔2012〕2号）。

承担赔偿责任为标准。被保险人自身无论何种情形都不构成第三者。①

上述司法观点及规范性文件均表明，作为侵权人的驾驶人无论如何不能构成本车第三者。首先，从第三者的概念角度分析，第三者是相对于保险合同双方当事人而言的。第三者的概念最早明确见于中国保监会2000年颁布的《机动车辆保险条款解释》（保监发〔2000〕102号）"第三者：在保险合同中，保险人是第一方，也叫第一者；被保险人或使用保险车辆的致害人是第二方，也叫第二者；除保险人与被保险人之外的，因保险车辆的意外事故致使保险车辆下的人员或财产遭受损害的，在车下的受害人是第三方，也叫第三者。同一被保险人的车辆之间发生意外事故，相对方均不构成第三者。"很显然，驾驶人作为"被保险人或使用保险车辆的致害人"属于保险合同当事人即第二者，不属于"第三者"的范畴。首先，从责任保险原理角度分析，责任保险的保险标的即赔偿责任，无责任即无责任保险。根据《侵权责任法》的规定，行为人侵害他人民事权益应当承担侵权责任。很显然，行为人侵害自身权益无须承担侵权责任。驾驶人因自身行为导致自身受损害，不存在侵权行为及侵权责任的承担，故责任保险难以成立。其次，从现行法律法规的规定角度出发，我国《保险法》第六十五条对责任保险明确定义为"责任保险是指以被保险人对第三者依法应负的赔偿责任为保险标的的保险"。同时该条明确："责任保险的被保险人给第三者造成损害，被保险人未向该第三者赔偿的，保险人不得向被保险人赔偿保险金。"鉴于上述法律明确规定责任保险的索赔前提是被保险人已承担赔偿责任，而根据《侵权责任法》规定，行为人造成自身损害无须承担侵权责任，故责任保险依法不能成立。此外，《交强险条例》第三条和第四十二条也明确将被保险人即

---

① 江苏省高级人民法院《关于审理保险合同纠纷案件若干问题的讨论纪要》（苏高法审委〔2011〕1号）。

投保人允许的合法驾驶人纳入交强险的理赔对象之外。

综上所述，本案驾驶人蒋××驾车致自身伤害，蒋××既是致害方又是受害方，其本身无须对自己承担损害赔偿责任，故本案不存在侵权责任。根据无责任即无责任保险的原理，蒋××主张保险公司给付责任保险金于法无据。本案判决结果符合上述法律规定及责任保险原理。

（二）车下驾驶人是否属于（司机）车上人员责任险的理赔范围

根据《中国保险行业协会机动车商业保险行业基本条款（B款）》对车上人员的释义为："车上人员是指发生意外事故的瞬间，在被保险机动车车体内或车体上的人员，包括正在上下车的人员。"同时该车上人员责任险条款将"车上人员在车下时所受的人身伤亡"列为除外责任。中国保险行业协会《机动车综合商业保险示范条款（2014版）》第四条做了相同的规定。据此，首先可以认定涉案驾驶人蒋××于意外事故发生的瞬间，其并非在保险车辆车体内，也并非正在上下车的人员，故不符合"车上人员"的概念。《机动车车上人员责任保险条款》第三条规定："本保险合同中的车上人员是指保险事故发生时在被保险机动车上的自然人。"即判断是否属于"车上人员"必须以自然人在事故发生时这一特定的时刻是否身处被保险机动车上为依据，本案事故发生时蒋××在车下，属于车下人员。因此，蒋××虽是本车驾驶人，但事故发生时其已身处车下而非车上，故不受（驾驶人）车上人员责任险的保险保障。

（三）关于本案引申出的两个需要探讨的法律问题

1. 事发时位于车下的驾驶人是否属于车上人员责任险的理赔范围？

中国保监会2000年颁布的《机动车辆保险条款解释》（保监发〔2000〕102号）曾对"本车上一切人员和财产"的范围解释如下："本车上的一切人员和财产：意外事故发生的瞬间，在本保险车辆上的一切人员和财产，包括此时在车下的驾驶员。这里包括车辆行驶中或车辆未停稳时非正常下车的人员，以及吊车正在吊装的财产。"据此，保险监管部门曾将"意外事故发生的瞬间在车下的驾驶员"纳入"车上人员"的范畴，车上人员责任险应予理赔。但在本案中，适用现行车险条款应如何解释和适用？值得探讨。

2. 车下被保险人被其允许的合法驾驶人驾车致伤情形下，保险公司是否应当理赔交强险（被保险人与驾驶人非同一人）？

《最高人民法院关于审理道路交通事故损害赔偿案件适用法律若干问题的解释》第十七条规定："投保人允许的驾驶人驾驶机动车致使投保人遭受损害，当事人请求承保交强险的保险公司在责任限额范围内予以赔偿的，人民法院应予支持，但投保人为本车上人员的除外。"交强险中的所谓被保险人，是需要特定化的概念，只有在交通事故发生时才能确定。因此，投保人允许的驾驶人驾驶机动车造成非本车上人员的投保人损害时，被保险人为投保人允许的合法驾驶人而非投保人，投保人此时与其他人一样，处于第三者的地位，交强险应予赔偿。[①]当驾驶人与被保险人不是同一人时，驾驶人驾车致使被保险人受到损害，交强险是否应该理赔？值得探讨。

案例供稿人：石家庄铁路运输法院　李丽梅
评　析　人：江西锦成律师事务所合伙人　余香成

---

① 最高人民法院民事审判第一庭编著. 最高人民法院关于道路交通损害赔偿司法解释理解与适用[M]. 北京：人民法院出版社，2012：227.

赠送专修服务，出险后的理赔标准

一、裁判要旨

被保险车辆未投保指定专修险，但另行作出特别约定，即本车辆参加××车友俱乐部，出险后回本4S店维修。该约定是双方就特定情况下保险人依据4S店价格进行赔付的约定，而非对车辆修理地点的限制，投保人对此也未交纳相应的保险费，故该约定实则是在基本险种的基础上增加的附加服务，不存在限制或剥夺投保人权利的内容。因此，在涉案车辆未回约定4S店进行修理的情况下，保险人原则上按照普通修理厂的市场价格赔付车辆损失。

二、基本案情

（一）原告诉称

2016年4月25日，原告王××驾驶冀A×××××车辆沿石家庄市南二环辅道由西向东行驶至南二环汇文街口西侧50米处时，由于道路湿滑、操作不当致车辆失控与石铜路南二环桥桥体碰撞，造成车辆及桥体损坏的交通事故，后经××市公安局交通管理局××交警大队勘察认定，王××负事故全部责任。上述事故造成原告车辆损失263662元、施救费150元。为维护原告的合法权益，特诉至法院，请求依法判令被告支付原告车辆损失、救援费用共计263812元，并承担本案全部诉讼费用。

原告王××向法院提交以下证据予以证明：

（1）宝马汽车金融（中国）有限公司提供的车辆贷款结清证明及车辆登记证书各1份，证明原告具有主体诉讼资格；

（2）《道路交通事故认定书》，证明本次事故发生的时间、经过及责任划分；

（3）机动车商业保险单，证明原告在被告处投保机动车车辆损失险，并约定不计免赔，事故发生在保险期间；

（4）冀A×××××车辆行驶证、司机王××的驾驶证，证明原告车辆正常年检且驾驶人驾驶资格合法有效；

（5）××汽车救援中心救援服务实施确认单，证明施救费用150元。

（二）被告辩称

根据保险合同约定承担相应的赔偿责任。诉讼费、公估费等间接损失不予承担。被告××财产保险公司未向法院提交证据。

本案在审理期间，原告王××向法院提交鉴定申请，请求对冀A×××××车辆损失进行鉴定。河北××保险公估有限公司接受法院委托进行了鉴定并出具《公估报告书》《补正意见书》。

（三）法院经庭审质证

被告对原告提交的证据1~4的真实性、合法性及关联性无异议，法院对上述证据予以确认。被告对原告提交的证据5不予认可，认为其不属于正式票据。法院认为，救援服务实施确认单非正规税务收费票据，不具有合法性，故法院对该证据不予确认。

原告对河北××保险公估有限公司出具的《公估报告书》无异议，不认可《补正意见书》确定的车辆损失数额。被告对《公估报告书》的真实性、合法性无异议，但认为《公估报告书》确定车辆损失标准为4S店价格，本案车辆损失应当适用普通修理厂价格。对于《补正意见书》不认可其数额，认为定损金额过高。法院认为，鉴定机构是原告、被告双方协商选定，鉴定程序、鉴定资料合法，故法院对上述证据予以确认。

（四）法院经审理查明

2016年3月2日，王××为其所有的车牌号为冀A×××××的非营运小型轿车（宝马牌BMW7200CF、车辆识别代号为LBV3A5402FMB×××××）在××财产保险公司处投保机动车辆损失险（以下简称车损险）并附加不计免赔率，保险金额为340000元，保险期间自2016年3月29日零时至2017年3月28日24时，被保险人是王××，保险费9776.32元已足额交纳。机动车保险单特别约定载明：本车辆参加（××汽车销售服务有限公司车友俱乐部），出险后回本4S店维修。且重要提示载明：收到本保险单、承保险种对应的保险条款后，请立即核对，如有不符或疏漏，请在48小时内通知保险人并办理变更或补充手续；超过48小时未通知的，视为投保人无异议。

2016年4月25日22时许，王××驾驶冀A×××××车辆沿石家庄市南二环辅道由西向东行驶至南二环汇文街口西侧50米处时，由于道路湿滑、操作不当，致车辆失控，与石铜路南二环桥桥体碰撞，造成机动车、桥体损坏。该事故经×××市公安局交通管理局××交警大队处理，并出具第×××××号《道路交通事故认定书》（简易程序），认定王××负事故的全部责任。在诉讼过程中，王××向法院申请，请求对冀A×××××车辆损失进行鉴定，法院依法准许。2016年5月9日，原告、被告双方协商选定鉴定机构，法院依法委托河北××保险公估有限公司对冀A×××××车辆损失进行鉴定。2016年5月24日，河北××保险公估有限公司出具的《公估报告书》，是依据4S店价格核定的冀A×××××车辆损失金额为263662元。2016年6月12日，河北××保险公估有限公司出具《补正意见书》，依据市场价格核定冀A×××××车辆损失金额为201160元。公估费13200元，由王××预付。

上述事实，有双方当事人提交的证据材料及当庭陈述在案佐证。

三、裁判理由

王××就其所有的冀A×××××车辆在××财产保险公司投保车损险附加不计免赔率，××财产保险公司出具了保险单，王××与××财产保险公司已形成保险合同关系。该合同是双方当事人的真实意思表示，内容不违反法律、行政法规的强制性规定，合法有效，双方当事人依据合同约定享有权利、承担义务。

在保险期间，王××投保的车辆发生单方事故致损，属于本案财产保险合同约定的保险责任范围。对此××财产保险公司不持异议。但对于涉案车辆损失金额是否可以依据4S店价格予以核定双方产生争议。对此，法院认为，王××投保时未单独投保指定专修险，而是在特别约定处与保险人约定：本车辆参加××汽车销售服务有限公司车友俱乐部，出险后回本4S店维修。对于原告主张保单中特别约定内容并非投保人和保险人双方的共同意愿，其作为投保人并不完全知晓并同意，约定了车辆参加××汽车销售服务有限公司车友俱乐部，就应当依据4S店价格进行赔偿，而对于"出险之后回本4S店维修"的约定，实际上是限制了投保人选择维修单位的权利，应属无效的意见。法院认为，王××为冀A×××××车辆投保险种时未投保指定专修险，原则上保险人应当依据普通修理厂价格进行赔偿，但除基本险种外，王××与保险人另行作出特别约定，即出险后可以回××汽车销售服务有限公司（宝马4S店）进行维修，该约定仅是对特定情况下保险人依据4S店价格进行赔付的约定，而非对车辆修理地点的限制，王××对此也未交纳相应的保险费，故该约定实则是在基本险种的基础上增加的附加服务，不存在限制或剥夺投保人权利的内容。同时，依据保险单重要提示内容，投保人在收到保险单后，如对保险单等内容有异议可以在48小时内申请变更，现王××持有保险单原件，也未对保险单内容提出异议，故保险单特别约定内容是合同双方真实意思表示，不存在违反法律、法规规定的情形，合法有效。王××的上述意见于法无据，法院不予采信。发生事故后原告并未到4S店维修，而是在诉讼过程中要求通过公估来确定车辆损失。如果按4S店标准确定损失，则与合同约定不符；按照普通修理厂的市场价格确定车辆损失既符合合同约定也符合客观实际，故被告应当依据《补正意见书》所确定的普通修理厂的市场价格（201160元）予以赔付。

关于施救费用的确定及承担问题。依据《保险法》第五十七条的规定，被保险人为防止或减少保险标的的损失所支付的必要的、合理的费用，依法应当由保险人承担。本案中，王××主张施救费用，但其仅提供了××汽车救援中心救援服务实施确认单，而该证据也未被法院作为证据所采信，故在没有其他证据相佐证的情况下，施救费用是否实际发生无法确定，故王××主张施救费用的诉讼主张于法无据，法院不予采信。

关于公估费13200元的承担问题。依据《保险法》第六十四条的规定，该费用属于为确定保险标的的损失程度所支付的必要的、合理的费用，应由保险人承担。

四、裁判结果

法院依照《保险法》第二条、第十四条、第五十七条、第六十四条的规定，判决如下：

1. 被告××财产保险公司于本判决生效后10日内给付原告王××车辆损失、公估费共计214360元。

2. 驳回原告王××的其他诉讼请求。

五、案例评析

车辆损失案件中的"评估确定维修所需金额"与人身损害中的"后续治疗费"项目赔偿有类似之处，都是通过预估的方式确定未来必然发生的实际花费，需要注意当下预估与必然发生、实际发生之间存在的偏差，以及普通价格、标准价格与个别价格、非标准价格之间的法律适用。

本案中，一方面，保险单虽特别约定"出险后回本 4S 店维修"，但被保险人在实际修理前，已通过诉讼委托评估方式预估未来的维修金额，外在折射一种重在获得金钱，而非追求维修品质结果的内心表现。该车辆在无证据证明、无法确定将来必然于本 4S 店或其他同类等级 4S 店进行修理的情形下，按普通修理厂的市场价格评估确定未来修理金额，甚为公平合理。同时，也最大限度地避免了不当获利的空间出现，也对机动车市场环境中长期存在的投机心理起到了很好的教育作用，值得我们肯定和学习。

另一方面，评析人认为，对于本保险单中出现的"特别约定"内容，也有值得保险行业反思之处。

（一）特别约定不能由保险人随心所欲，特约条款增加、调整及变更合同各方原有条款权利与义务的做法，风险极大

1. 就车辆损失保险条款内容而言，对出险后的损失如何维修，保险人仅有要求协商确定的权利以及未协商确定时的重新核定的权利，而没有指定或限定修理厂的权利。

2. 重新核定权的行使范围包括对损失项目的修复、更换、重置方式进行核定，也包括对单个项目的价格高低进行核定。附加险指定修理厂险的投保意义在于排除保险人的重新核定权（异议权），若车辆投保了该附加险，保险人对修理的项目、方式、金额不再拥有异议权，而以该指定修理厂实际维修金额或者以指定修理厂的等级为依据标准，预估、评估维修金额。当然，车辆实际修理与保险事故无关项目时，保险人针对关联性提出的异议另当别论。

（二）特别约定条款能否产生法律效果，值得保险人关注

1. 投保实务中，常见保险人未经投保人同意，径直在保险单上单方打印"特约条款"内容的表现，此类情形，时常被人民法院加以"未经协商的格式条款免除责任、加重责任、排除权利而无效"认定。

2. 一方面，从此前最高人民法院网站公布的信箱答复内容看，对特别约定内容一般认为是双方意思表示一致的约定，尚不属于格式条款；另一方面，从保险单正本载明特别约定、提示投保人阅读，投保人又未提出异议的行为表现来看，也无证据证明投保时投保人不认可该内容，此时，强行乃至暴力的认定特别约定无效或不产生效力，不值得苟同。当然，我们提倡保险人提供投保人签字、盖章确认的，内容与保险单中载明特别约定相符的投保单，证明是双方协议一致的结果。

3. 本案保险单中"出险后回本4S店维修"的特别约定不值得推崇。此类约定，表现为4S店增加权利及利益，相反还使保险人因4S店维修价格高而造成多支付保险金，究其原因可能为4S店车商的合作要求，也有推修换保费市场规则的无奈。但对保险人本身而言，通过特别约定限定被保险人选择修理机构，既有监管风险，又容易被误认为赠送了指定维修机构以及维修级别。对于被保险人既不选择该特约维修机构，又要求按此机构维修等级确定赔偿标准，使保险人陷入了尴尬境地，既无从主张对方违约惩罚，又无法举证对方违约造成何种损失。

综上所述，附加险指定修理厂险重在排除保险人的维修重新核定权，还赋予了被保险人要求按照指定修理厂维修级别（如4S店）标准赔偿的权利。但本案中的特别约定"出险后回本4S店维修"，只能视为保险人提供的高标准维修理赔服务，该表述与附加险指定修理厂险不同，若被保险人未在约定4S店维修，则保险人对维修金额仍有重新核定权（异议权）；若无法确定被保险人将来在何种级别的维修机构进行维修，则按照普通修理机构的市场价格确定保险人赔偿义务，更加公平合理。

本案裁判中，准确把握了格式条款与特别约定的界限，主险与附加险的定位以及险种目的与条款表述之间的差异，正当权衡评判了行为义务与事后发言、损失填补与获利空间两者的矛盾。

评析人对该案裁判者表现出的保险理论造诣和实务研习水平表示敬佩和称赞。

案例供稿人：石家庄铁路运输法院　李丽梅
评　析　人：安徽省保险行业协会法律顾问、安徽省律师协会金融保险法律专业委员会副主任　陈建军

财产保险合同约定第一受益人，在未征得第一受益人同意的情况下，被保险人或相关权利人是否可以直接向保险公司主张车辆损失赔偿

一、裁判要旨

《保险法》第十八条第三款明确规定受益人的概念仅存在于人身保险合同中，故财产保险合同中关于受益人的约定不符合法律规定。且财产保险合同通常是以补偿因保险事故的发生致使被保险人受到的财产实际损失为目的，根据保险补偿原则，只有享有保险利益的人才有可能在保险事故发生后受到损害，因此才有权获得保险赔偿金。若合同中约定受益人为第三者，那么第三者的利益并未受到损害却能取得保险金与保险补偿原则相违背。同时，在按揭买车的情况下，银行的权益并非得不到保障。根据《担保法》的规定，若发生保险事故导致抵押财产毁损或灭失，因毁损或灭失所得的赔偿金，应当作为抵押财产，抵押权所担保的债权未届满清偿期的，抵押权人可以请求人民法院对保险金、赔偿金或补偿金等采取保全措施。这就意味着借款人取得的保险金仍要作为担保银行债权实现的抵押财产，银行的抵押权不受影响。若发生保险事故时还款期限尚未届满，贷款银行按照保险合同约定取得保险金，实际上造成了借款人提前还款的事故，损害了借款人的利益，对借款人是不公平的。

二、基本案情

（一）原告诉称

原告请求依法判令被告××财产保险公司在保险责任范围内赔偿原告各项财产损失共计163102.56元；诉讼费用、鉴定费用由被告承担。事实和理由：2016年9月24日零时许，孙××驾驶冀A××××W和冀AF×××挂重型半挂牵引车（车上乘载冯××）沿307国道线由东向西行驶至北京石化加油站段时，与同向在前行驶的史××驾驶的晋C××××和晋CA×××挂重型半挂车相撞，致孙××及乘车人冯××受伤，双方车辆受损的交通事故。经石家庄市××区公安交通警察大队认定：孙××负此次事故的全部责任。冀A××××W和冀AF×××挂车辆所有人为原告，该车在被告××财产保险公司处投保交强险、商业第三者责任险和车辆损失险并不计免赔，事故发生在保险期间。事故发生后，被告未能依法履行保险责任，拒绝对原告的合法合理损失予以赔偿，遂诉至法院。

（二）被告辩称

认可原告在本案中所主张的事实，但认为涉案保单约定了第一受益人为××汽车金融有限公司，该公司应当出具同意保险权益转让给原告的证明。同意依照法律和保险合同的约定依法承担赔偿责任，但冀A××××W和冀AF×××挂车辆损失应当扣除对方车辆交强险无责代赔100元，车上人员损失应当扣除对方车辆交强险无责医疗费赔偿限额1000元，死亡伤残限额11000元（包括误工费、护理费、交通费）。鉴定费等间接损失不予承担。

（三）法院经审理查明

冀A××××W和冀AF×××挂车辆实际车主为郑××，该车辆登记在石家庄××运输有限公司名下。2015年10月8日，石家庄××运输有限公司为冀

A××××W车辆在××财产保险公司处投保车辆损失险、车上人员责任险（驾驶人）、车上人员责任险（乘客）并附加不计免赔率，车辆损失险保险金额为269000元，车上人员责任险（驾驶人）保险金额为50000元，车上人员责任险（乘客）保险金额为50000元，保险期间自2015年10月9日零时至2016年10月8日24时，保险费21853.88元已足额交纳。《车辆损失险保险条款》第四条约定："保险期间，被保险人或其允许的合法驾驶人在使用被保险机动车过程中，因下列原因造成被保险机动车的损失，保险人依照本保险合同的约定负责赔偿：（一）碰撞、倾覆、坠落……"《车上人员责任险保险条款》第四条约定："保险期间，被保险人或其允许的合法驾驶人在使用被保险机动车过程中发生意外事故，致使车上人员遭受人身伤亡，依法应当由被保险人承担的损害赔偿责任，保险人依照本保险合同的约定负责赔偿。"2016年9月24日零时许，孙××驾驶冀A××××W和冀AF×××挂重型半挂车（车上乘载冯××），沿307国道由东向西行驶至307国道北京石化加油站段时，与同向在前行驶的史××驾驶的晋C×××××和晋CA××挂重型半挂车相撞，致孙××及乘车人冯××受伤以及双方车辆受损的交通事故。事故经石家庄市××区公安交通警察大队处理并出具《道路交通事故认定书》，认定孙××负此次事故的全部责任；史××、冯××无责任。事发当日，孙××、冯××被送至石家庄市××人民医院住院治疗。2016年9月27日孙××办理出院手续，共计住院3天，花费医疗费用2104.64元；2016年10月2日，冯××办理出院手续，共计住院8天，花费医疗费用3385.12元。2016年10月10日，郑××分别与孙××、冯××签订赔偿协议，约定赔偿孙××医药费、误工费、护理费、营养费、伙食补助费等各项损失共计10000元；赔偿冯××医药费、误工费、护理费、营养费、伙食补助费等各项损失共计15000元。孙××、冯××分别出具收款凭证。就冀A××××W车辆损失，经郑××与××财产保险公司共同协商确定，由法院委托××保险公估有限公司进行公估，该公司出具《公估报告书》，核定冀A××××W车辆损失135045元，公估费用6750元，由郑××垫付。

三、裁判理由

冀A××××W和冀AF×××挂车辆登记在石家庄××运输有限公司名下，该公司在被告××财产保险公司处为冀A××××W车辆投保车辆损失险、车上人员责任险并附加不计免赔率，已足额交纳保险费，××财产保险公司出具了保险单，石家庄××运输有限公司与××财产保险公司之间形成了保险合同关系。上述合同是双方当事人的真实意思表示，内容不违反法律、行政法规的强制性规定，合法有效，双方当事人依据合同约定享有权利、承担义务。在保险期间，冀A××××W车辆在使用过程中发生交通事故造成自有车辆及其车上人员损失，属于本案财产保险合同约定的保险责任范围，被告××财产保险公司应当在保险责任限额内予以赔偿。保险事故发生时，郑××为冀A××××W车辆实际车主，对冀A××××W车辆具有保险利益。

对于××财产保险公司答辩称涉案保险合同约定了第一受益人，在未得到第一受益人同意的情况下，不能直接将保险金支付给郑××的意见，法院认为：首先，《保险法》第十八条第三款明确规定，受益人是指人身保险合同中由被保险人或者投保人指定的享有保险金请求权的人。根据该规定受益人的概念仅存在于人身保险合同中，而本案双方签订的是财产保险合同，故该合同中关于受益人的约定不符合法律规定。其次，财产保险合同通常是以补偿因保险事故的发生致使被保险人受到的财产实际损失为目的，根据保险补偿原则，只有享有保险利益的人才有可能在保险事故发生后受到损害，因此才有权获得保险赔偿金。若合同中约定受益人为第三者，那么第三者的利益并未受到损害却能取得保险金与保险补偿原则相违背。最后，在按揭买车的情况下，银行的权益并非得不到保障。根据《担保法》的规定，若发生保险事故导致抵押财产毁损或灭失，因毁损或灭失所得的赔偿金，应当作为抵押财产，抵押权所担保的债权未届满清偿期的，抵押权人可以请求人民法院对保险金、赔偿金或补偿金等采取保全措施。这就意味着借款人取得的保险金仍要作为担保银行债权实现的抵押财产，银行的抵押权不受影响。同时，若发生保险事故时还款期限尚未届满，贷款银行按照保险合同约定取得保险金，实际上造成了借款人提前还款的事实，损害了借款人的利益，对借款人是不公平的。故郑××是否得到第一受益人同意，并不影响郑××依据保险合同约定向××财产保险公司主张保险赔偿。

对于冀A××××W车辆损失，经原告、被告共同协商选定，由法院委托××保险公估有限公司进行公估，该公司出具《公估报告书》，核定冀A××××W车辆损失135045元。××财产保险公司对此不持异议，故其应当以此报告核定的数额为依据在保险限额内承担保险赔付责任。对于公估费用6750元，该费用属于《保险法》第六十四条规定的为确定保险标的的损失程度而支付的必要的、合理的费用，应当由保险人承担。

四、裁判结果

法院依照《保险法》第二条、第十四条、第十七条、第五十七条、第六十四条，《最高人民法院关于审理道路交通事故损害赔偿案件适用法律若干问题的解释》第十六条，《最高人民法院关于审理人身损害赔偿案件适用法律若干问题的解释》第十七条、第十九、第二十条、第二十一条、第二十二条、第二十三条的规定，判决如下：

1. 被告××财产保险公司于本判决生效后10日内赔偿原告郑××保险金

151936.76元。

2. 驳回原告郑××的其他诉讼请求。

五、案例评析

案例主要涉及财产保险合同中约定了第一受益人，被保险人及相关权利人在向保险公司主张车辆损失时是否需要经过第一受益人同意。我国《保险法》第十八条第三款规定，受益人是指人身保险合同中由被保险人或者投保人指定的享有保险金请求权的人。该条规定的受益人仅限于人身保险合同当中，而本案中属于财产保险合同，故受益人为指定的享受保险金请求权这一规定并不符合法律规定。

同时《保险法》第十二条第二款规定，财产保险的被保险人在保险事故发生时，对保险标的应当具有保险利益。第四款规定，财产保险是以财产及其有关利益为保险标的的保险。本案中事故车辆实际车主为郑××，但登记在石家庄××运输有限公司名下，并且该运输公司为事故车辆在××财产保险公司处投保车辆损失险、车上人员责任险（驾驶人）、车上人员责任险（乘客）并附加不计免赔率，保险费已足额交纳，且事故发生在保险期间。石家庄××运输公司与××财产保险公司之间形成财产保险合同关系。依据《保险法》的四大基本原则之一损失补偿原则，"无危险无保险""无损失无赔偿"，经济补偿是保险的基本功能之一，该功能的实现表现为意在投保人遭受危险损失时，为其提供经济保障。因此，经济补偿是保险事业的出发点和归宿点，损失补偿原则也是保险最基本和最核心的原则。损失补偿原则指当被保险人因保险事故而遭受损失时，其从保险人处所能获得的赔偿只能以其实际损失为限。被保险人请求损失赔偿需要满足以下几个条件：一是对保险标的必须具有可保利益，根据可保利益原则，财产保险不仅要求投保人或者被保险人在投保时对保险标的具有保险利益，而且要求在保险合同履行过程中，特别是保险事故发生时，被保险人对保险标的必须具有可保利益；二是遭受损失必须在保险责任范围之内，必须依据保险合同中约定的承保责任；三是遭受的损失必须能用货币进行衡量，财产保险的标的都必须能用货币加以衡量，即使是人身保险中的意外伤害险和健康险等保障的经济利益，也必须能用货币进行衡量。否则，保险人无从核定损失，也无法支付保险赔偿金。本案中，事故车辆实际所有人郑××对该车辆具有可保利益，而且车辆所遭受的损失在保险期内并且属于车辆损失险的保险责任范围之内，车辆损失的金额经过公估公司进行公估，保险公司对损失数额没有异议，故保险公司应在车辆损失险保险限额内对事故车辆进行理赔。

财产保险合同中约定的第一受益人为第三人的话，而实际上第三人的利益并未受到损害。如在日常生活中按揭买车的情形中，银行的权益并非得不到保障。根据《担保法》第四十六条的规定，抵押担保的范围包括主债权及利息、违约金、损害赔偿金和实现抵押权的费用。抵押合同另有约定的，按照约定。该条文明确规定了借款人取得的保险金仍要作为担保银行债权实现的抵押财产，故此银行的抵押权并不受影响。另外，按揭买车时间还款时限会长一些，若此时将车辆损失取得的保险金给付银行的话，会造成借款人提前还款，损害了借款人的利益。故在财产保险合同中即便约定了第一受益人，被保险人或相关权利人也可直接向保险公司主张车辆损失赔偿。

案例供稿人：石家庄铁路运输法院　李丽梅
评　析　人：河北省保定市满城区法院　闫　爽

交通事故原因不明，法院依证据划分事故责任并分配赔偿责任

一、裁判要旨

交通事故中，在交警部门经侦查不能找到肇事方的情况下，法院可以综合案件证据，根据高度盖然性的标准对责任方作出认定。本案中，事故发生后肇事车辆驶离，交警部门未能确定交通事故的肇事车辆和肇事司机。法院通过对全案证据的分析推理，在本案证据可以达到高度盖然性的情况下，推定出肇事车辆及驾驶人，并据此作出事故责任划分及判决。

二、基本案情

（一）原告诉称

2012年6月29日4时许，原告郭××驾驶电动自行车经过107国道时被王××驾驶的由被告王×、王×祥所有的冀EB3×××货车撞伤，致原告开放性脑损伤。原告受伤后被送到××县医院治疗，后因伤势过重又转送到河北省××医院治疗，给原告造成严重损失。冀EB3×××货车在被告××财产保险公司投有保险，要求被告赔偿原告各项损失676792.34元。

（二）被告辩称

被告王×、王×祥辩称：冀EB3×××货车投有交强险及商业第三者责任

险，原告受伤时在保险期间。被告的司机王××具有有效驾驶证和从业资格。原告无交警部门认定书，未确定其受伤由被告车辆造成。原告请求缺乏事实和法律依据，要求驳回原告诉讼请求。

被告××财产保险公司辩称：原告没有直接证据证明交通事故事实。对原告损失是否由保险公司承保的车辆造成没有证据证明，因此不承担对原告的赔偿责任。

（三）法院经公开审理查明

原告郭××驾驶电动自行车在107线341公里+994米处发生交通事故。事故发生后，交警大队对事故进行了侦查，对事故发生时经过事故地点的车辆司乘人员进行了询问，并调取了事故地点的监控录像。被告王×祥称：三辆车一块从山西拉铁粉，经过107线高邑县城时，行驶顺序为王×文驾驶的冀EB9×××在第一位，王×祥驾驶的冀EA9×××在第二位，王××驾驶的冀EB3×××在最后。王×祥称经过高邑县城的时间为4时15分，经过高邑县城时"没有看到有交通事故和其他情况"。王×文也证实三辆车在一起行进，并称"我车在最前面，后面两辆车顺序我不清楚"，"经过高邑县城时没有超车，也没有别的车超我，我前面也没有跟近的车"，经过高邑县城时在路上"没有发现其他情况"，"经过高邑时应该是4时左右"。另外车辆驾驶人段××称："我们从京广高速元氏收费站下了高速，然后上了107线自北向南行驶走了一段。我在前面，高××在后面。然后我跟上了一辆邢台车，只知道车号前面有冀E字样"，"之后我一直跟着邢台车，走到一个修路路段，我跟着邢台车先转向东边车道，然后又驶回西边车道。在西边车道中间部位跟着邢台车走了一会儿，见邢台车向左靠了一下，我也跟着向左靠。这时发现前方右侧翻了一辆车。过去后，我赶紧给高××打对讲机，老高回答也看见了"，"之后我继续跟着邢台车往南走，走到一个宽路附近，邢台车靠边停下了，这时，我看见还停着几辆车，具体几辆说不清"。刘×亭称：我驾车沿107线自北向南行驶至高邑县城南立交桥北时发现107线上路西倒着一辆车，没有看清是摩托车还是电动自行车，就叫同车乘车人刘×昌看一下，后刘×昌就给车后一起走的张×打电话，告诉他路上有东西，别轧上。并称"我翻了手机通话记录，给张×打电话是4时10分"。李××称："早晨我大约5:30分门市开门后就看到对面公路上有一个人和一辆电动自行车躺在那里，我就打了报警电话和120，等120急救车到现场后我才跟着过去看到是一个男的躺在公路上，后来你们交警队就到了现场一块帮忙抬到救护车上"。被告王×、王×祥均称三辆车往南走到临城麒麟岗靠边停的车。原告提供的交警大队事发后在事发地点调取的监控录像显示，事发时有四辆半挂车连续通过，原告驾驶电动自行车遇到第三辆车时被刮到，监控录像显示时间是4时8分55秒。监控录像显示，事发时间及事发点前后半个小时没有四辆半挂车连续通过的情况。

王××驾驶的冀EB3×××车登记车主为被告王×祥，实际为被告王×、王×祥共同所有。王××具有驾驶资格。该车在被告××财产保险公司投有交强险，商业第三者责任险，保险金额分别为500000元及50000元，并投有不计免赔。事故发生时，保险合同在有效期间。

原告郭××受伤后，于2012年6月29日至2012年9月19日分别在高邑县医院、河北省××医院住院治疗，后又于2012年10月29日至2012年11月29日在河北省××医院住院治疗，共住院115天，支付医疗费211155.68元。2013年8月29日经××司法医学鉴定中心司法鉴定，原告郭××伤残程度为一级伤残，支付鉴定费800元。原告郭××住院前在高邑县××制衣公司工作，事故发生前3个月平均工资为3100元/月，事故发生后未上班，单位停发工资。原告住院期间由儿子郭×朝陪护。郭×朝在石家庄××商行工作，事故发生前3个月平均工资为3388元/月，陪护期间单位停发工资。原告郭××于2010年3月在高邑县城居住。原告因交通事故支出交通费409元。

三、裁判理由

审理本案的法院认为，机动车发生交通事故造成人身伤亡及财产损失，应由承保交强险的保险公司在责任限额内予以赔偿，不足部分，按各方当事人的责任比例分担，并由承保商业第三者责任险的保险公司根据保险合同予以赔偿，仍有不足的，由侵权人按责任比例予以赔偿。

2012年6月29日4时许，原告郭××驾驶电动自行车在107线341公里+994米处发生交通事故。事故发生后，高邑县交警大队对事故发生时经过事故地点的车辆司乘人员进行了询问，并调取了事故地点的监控录像。以上证据证实，王×文驾驶的冀EB9×××车辆在第一位，被告王×祥驾驶的冀EA9×××车辆在第二位，王××驾驶的冀EB3×××车辆在第三位，段××驾驶的冀DF××××紧跟其后，共同组成一个四车"车队"。该四车"车队"连续通过事发地点的时间为4时多一点，监控录像显示，原告被"车队"的第三辆车撞倒。而监控录像同时显示，事发时间及事发地点前后各半个小时内没有四辆半挂车连续通过的情况。结合证人证言，可以充分推定是王××驾驶的冀EB3×××车辆将原告撞伤。事故发生后，因无事故现场，原告昏迷不醒，机动车驾驶人王××未到庭，交通事故事实无法查清。根据公平原则确定，原告郭××与机动车驾驶人王××负事故同等责任。

四、裁判结果

法院依照《民法通则》第一百一十九条、《最高人民法院关于审理人身损害赔偿案件适用法律若干问题的解释》第十七条、第十八条，《道路交通安全法》第七十六条、《最高人民法院关于审理道路交通事故损害赔偿案件适用法律若干问题的解释》第十六条的规定，判决如下：

被告××财产保险公司在交强险范围内赔偿原告各项损失240000元（其中包括精神抚慰金30000元），在商业第三者责任险范围内赔偿原告各项损失405079元，共计645079.34元。

五、案例评析

（一）交警队无法出具事故认定书的原因

交警队在勘察交通事故现场后，认为这是一起严重的肇事逃逸案件，立即组织调取卡扣系统信息，对事发时间通过该路段的车辆进行摸排，对监控录像进行分析，交警也认为王××驾驶的冀EB3×××车辆有重大肇事嫌疑，但是没有直接证据证实就是该车肇事，交警队集体讨论后认为，认定王××就是肇事司机的证据不充分。交警无法认定肇事司机的原因有以下几点：（1）嫌疑司机王××一直躲避交警，交警始终没有获取该司机的口供，虽然一直强调以审判为中心，但是，口供是证据之王的观点很难改变。（2）经过对车辆进行检查，未发现碰撞痕迹，也许是由于案发时有小雨，肇事嫌疑车辆车身全是泥，没有留下痕迹。（3）如果交警认为是王××驾驶的冀EB3×××车辆，那么司机王××就属于逃逸，现场状态无法进行转让认定，司机王××应该承担事故全部责任，构成交通肇事罪，现有证据又达不到刑事案件的证明标准。（4）现场视频显示，原告骑乘电动车的灯光倒地熄灭，倒地的原因不清晰，是和车辆发生碰撞还是自己摔倒的不清楚。在所有证据中，只有嫌疑车后边的司机段××称：看到前车往左靠了一下，但是没有直接发现碰撞。根据以上情况，在现有证据下，交警队无法确定肇事车辆。

（二）法院根据证据的高度盖然性认定肇事车辆是否合理合法

最高人民法院《关于民事诉讼证据的若干规定》第七十三条规定："双方当事人对同一事实分别举出相反的证据，但都没有足够的依据否定对方证据的，人民法院应当结合案件情况，判断一方提供证据的证明力是否明显大于另一方提供证据的证明力，并对证明力较大的证据予以确认。"法院正确裁判案件需要两个环节的正确，一是查清案件事实；二是正确适用法律，这是对裁判每一个案件的基本要求。对于案件的证明标准，司法实践中有以下两种观点：一种观点认为是法律真实的证明要求，其定义为司法机关在诉讼证明的过程中，运用证据对案件事实的认定应当符合实体法和程序法的规定，应当达到从法律上的角度认为是真实的程度。最高人民法院《关于民事诉讼证据的若干规定》第六十三条规定："人民法院应当以证据能够证明的案件事实为依据依法作出裁判。"另一种观点认为是客观真实的证明要求，其定义为查明案件的客观真实或案件的真实状况，其归根到底，就是要求司法人员的主观认识必须完全符合实际。在最高人民法院《关于民事诉讼证据的若干规定》颁布以前，我国没有关于证据高度盖然性的规定。高度盖然性证明标准也叫高度盖然性占优势标准，或高度盖然性规则，是指在双方当事人举证、质证后，由审判人员判断哪一方的证据更有优势，即认定该证据材料符合法律真实的要求，对该证据予以采信。本案而言，监控资料显示第三辆车与一个电动车灯光发生接触，而后电动车灯光倒地消失，车辆灯光照射，事发路段多出一堆反光物，天亮以后发现就是原告郭××所有车辆掉落物，说明当时与汽车接触的灯光就是原告郭××。事发时间前后半小时监控显示，再没有4辆车连续通过的情况，只有在事发时间一次4辆车连续通过。根据司机证言，4辆车通过事发路段的时间与监控显示的时间相吻合。4辆车先后顺序清楚，能准确确定第三辆车的驾驶人和所有人。上述证据虽然不能直接确认第三辆车与原告郭××发生碰撞，但是，发生碰撞的证据明显具有优势，一审法院根据该优势证据认定发生碰撞的事实，符合法律规定，法院认定碰撞的事实并对责任进行划分。法院对交通事故的认定以及责任的划分具有最终决定权，《最高人民法院关于审理道路交通事故损害赔偿案件适用法律若干问题的解释》第二十七条规定："公安机关交通管理部门制作的交通事故认定书，人民法院应依法审查并确认其相应的证明力，但有相反证据推翻的除外。"保险公司不能以本案没有交警部门作出的事故认定书而拒绝承担保险责任。

（三）刑事案件与民事案件的证明标准

证明标准是指衡量证明主体的证明活动是否符合法律规定的证明要求的具体尺度，是衡量当事人的证明是否证明其主张成立的具体的量度，如"无合理怀疑"证明标准、"高度盖然性""确实、充分"证明标准等。《刑事诉讼法》第五十三条规定："没有被告人供述，证据确实、充分的，可以认定被告人有罪和处以刑罚。"这也是我们平时所说的刑事案件证明标准达到证据确实、充分，排除任何合理怀疑，证据推论的结果具有唯一性，该条第二款对证据确实、充分，进行了具体的规定："（一）定罪量刑的事实都有证据证明；（二）据已定案的证据均经法定程序查证属实；（三）综合全案证据，对所认定事实已排除合理怀疑。"《民事诉讼法》《刑事诉讼法》在诉讼目的、作用等方面不同，就要求民事案件不能适用刑事诉讼的证明标准。（1）民事诉讼与刑事诉讼的目的根本不同。刑事诉讼活动的目的主要是惩罚犯罪；而民事诉讼的目的则主要是解决纠纷，保障民事主体的合法权益，并不过分追求事实清楚，盖然性占优的证明标准足以达到解纷止争的目的。（2）民事诉讼与刑事诉讼活动的后果性质不同。刑事诉讼活动一般都涉及剥夺人的生命、自由，一旦错判，其损失一般很难挽回；民事诉讼只涉及当事人的一般民事权益主要是财产。（3）从民事诉讼与刑事诉讼主体的举证能力看，其差距可谓"天壤之别"，所以民事诉讼中不应采用刑事诉讼的证明标准。《最高人民法院关于适用〈中华人民共和国民事诉讼法〉的解释》第一百零八条规定："对负有举证证明责任的当事人提供的证据，人民法院经审查并结合相关事实，确信待证事实的存在具有高度可能性的，应当认定该事实存在。对一方当事人为反驳负有举证证明责任的当事人所主张事实而提供的证据，人民法院经审查并结合相关事实，认为待证事实真伪不明的，应当认定该事实不存在。法律对于待证事实所应达到的证明标准另有规定的，从其规定。"这是民事诉讼法关于民事案件证明标准的最新规定，该规定再次强调证据高度盖然性原则，也就是说只要负有举证责任的一方提供的证据明显优于对方，待证事实成立的可能性达到50%以上的，就可以认定该事实的存在。本案中，原告郭××提供的证据达到上述标准，一审法院判决正确。

案例供稿及评析人：河北凌众律师事务所合伙人　李同建

企财险保险赔偿责任范围的认定

一、裁判要旨

《保险法》第十二条规定："财产保险的被保险人在保险事故发生时，对保险标的应当具有保险利益。"财产综合险合同条款（2009版）第二条："本保险合同载明地址内的下列财产可作为保险标的：（一）属于被保险人所有或与他人共有而由被保险人负责的财产；（二）由被保险人经营管理或替他人保管的财产；（三）其他具有法律上承认的与被保险人有经济利害关系的财产。"本案中，原告与被告之间为租赁合同关系，并非代储商品关系，被保险人对原告的损失不具有保险利益，原告损失的财产与上述保险条款规定的保险标的不一致，因此保险人不承担保险赔偿责任。

二、基本案情

（一）原告诉称

原告李××与被告××贸易公司、被告××贸易分公司签订租赁合同，合同约定：两名被告的一号仓库为原告提供仓储服务，原告于2012年9月29日交纳2012年9月24日至2013年9月23日仓储费，共计40000元。2013年5月25日晚，被告仓库起火，由于被告提供的仓库不符合国家消防安全规范，以致酿成火灾，将原告的物品烧毁。后经消防部门勘验，最终起火原因未查清。原告认为被告仓库消防不达标且日常管理混乱，存在火灾隐患。本次事故的发生，被告方存在重大过错，原告依据《消防法》《河北省消防条例》的规定，向法院提起诉讼，要求判令两名被告及第三人保险公司赔偿原告损失及公估费 360000 元，并承担案件诉讼费用。

（二）被告辩称

1. 原告起诉被告主体不适格。涉案仓库出租方是被告的分公司，该分公司领取了营业执照，具备主体资格。

2. 原告所述火灾经过不实，涉案租赁协议仅为仓库出租，不是仓储。原告实际掌控仓库门锁，被告的分公司无保管权利。火灾是由于原告租赁的仓库起火引起，并导致了被告和其他租户严重损失的后果。原告以被告消防违规为由，逃避责任是错误的。涉案火灾不仅仅是原告仓库导致了起火，而是在有关人员发现原告仓库着火后，电话通知其开门救火时，其始终不接电话，造成火势的不断蔓延，最终导致火灾发生。

3. 涉案火灾经消防部门勘察，已认定起火原因及部位，原告应起诉侵权人而非被告。

4. 涉案火灾的发生与被告的分公司出租的仓库设施无关。分公司的仓库无火灾隐患且仓库由原告控制，不存在分公司妥善保管不当。公安消防大队出具的《火灾事故认定书》，也排除了涉案仓库电器线路故障引发火灾的可能性，不排除小孩玩火引发事故的可能。这一认定说明，涉案火灾与仓库设施及防火无关。被告出租的涉案仓库不存在消防安全隐患。

5. 该起火灾有触犯刑律的重大嫌疑，公安机关已接受报案，该案应终止审理。

综上所述，原告不论主体选择或是责任主张，均与被告无关，请求法院依法驳回原告诉讼请求。

（三）保险公司辩称

被告××贸易公司在保险公司投保的财产综合险（2009版条款）约定免赔额为2000元或损失金额的5%，两者以高者为准，该保险条款第四十三条明确约定，本公司承保的火灾必须是偶然发生的，根据公安消防大队出具的火灾事故认定书，该火灾的发生不排除小孩玩火引起的火灾，因此本公司不对人为故意或重大过失行为引发的火灾承担保险责任。被保险人××贸易公司对仓库和代储商品均不是足额投保，即使法院认定该火灾为意外火灾，保险公司也仅对被告××贸易公司承担的赔偿责任所相应的比例承担保险责任，《保险法》和保险条款均明确规定投保金额小于保险价值时，保险人按保险金额与保险价值的比例对保险损失承担保险责任。

（四）法院经公开审理查明

原告李××于2012年9月29日，向××贸易公司交纳2012年9月24日至2013年9月23日仓储费，共计40000元，被告××贸易分公司也为原告出具了相应的收据。原告在被告提供的1号仓库储存了建材。2013年5月25日晚20时许，被告1号仓库西南角西数第二间东北角原告处发生火灾，造成原告等人财产损失。经公安消防大队调查并出具的《火灾事故认定书》认定：起火部位位于1号仓库西南角西数第二间装饰材料库房内北墙细木板堆垛东侧，可以排除雷击、生产作业、静电、电气线路故障引起火灾的可能，不能排除小孩玩火引起火灾。原告、被告对该事故认定书均未申请复核。被告××贸易公司的经营范围为自营和代理各类商品和技术的进出口业务、仓储业务。××贸易分公司也经工商部门核准登记，其经营范围仅限仓储业务。2013年1月14日被告××贸易公司向第三人××保险公司投保财产综合险（2009版），保险标的项目包括代储商品，保险金额为1500000元。另查明，被告××贸易公司所属的仓库未经公安消防验收。该案件诉讼期间，法院依法委托保险公估公司对原告的损失进行了公估，公估原告李××的损失为279465元。被告××贸易公司对该估损金额提出异议，但没有提供任何证据。

三、一审法院裁判理由

审理本案的法院认为，根据工商部门核发的营业执照，被告××贸易公司及其分公司经营范围均不包括租赁业务。通过被告××贸易分公司为原告出具的仓储费收据来看，双方之间实为仓储合同。××贸易公司及其分公司作为具备仓储资格的主体负有保证原告仓储货物安全的义务，故原告的货物在××贸易公司的仓库内受损，××贸易公司应承担赔偿责任。××贸易公司明知其仓库未经公安消防验收，仍提供给他人使用过错明显，其免责抗辩缺乏理据。本次事故发生于第三人××保险公司承保的财产综合险（2009版）保险期间，保险公司也应当承担理赔责任。保险公司以该起火灾不属于意外事件进行的免责抗辩，无据佐证，不予采信。

四、裁判结果

（一）一审法院裁判结果

一审法院依照《合同法》第三百九十四条、《保险法》第十四条的规定，判决如下：

1. 被告××贸易分公司于本判决生效之日起15日内赔偿原告李××279465元；

2. 被告××贸易公司对上述款项承担补充责任；

3. 第三人××保险公司在保险合同约定范围内承担理赔责任。

一审法院判决后，被告××贸易公司以及分公司不服，向中级人民法院提起上诉称：（1）根据消防大队火灾认定，起火点在李××存货处，完全排除了被告××贸易公司仓储分公司的一切责任。（2）被上诉人诉请数额不正确、不真实，虚报夸大损失额。（3）上诉人是足额投保，一审法院应判保险公司足额赔付。

被上诉人李××答辩称，原审法院判决认定事实清楚；原审法院判决程序合法；李××依照约定向上诉人交纳了仓储费，上诉人作为消防责任主体，依法应当对火灾事故造成的李××的损失进行赔偿。

被上诉人××保险公司答辩称，上诉人属于不足额投保，一审法院既然将保险公司追加为当事人，判决就应当确定数额。

（二）二审法院裁判结果

二审法院认为，原判未查清本案所涉火灾的起火原因与被告××贸易公司以及其分公司未办理消防验收手续有无因果关系，基本事实不清。另外，原审判决："第三人××保险公司在保险合同约定范围内承担理赔责任。"判令第三人××保险公司承担理赔责任的数额不清楚、不具体，明显错误。因此，二审法院裁定本案发回重审。

（三）第一次发回重审裁判理由

一审法院重新组成合议庭审理，法院认为：

本案争议焦点一：此次火灾的起火原因及火灾给原告李××造成的财产损失应由谁负责赔偿。对于此次火灾的起火及成灾原因，公安消防部门出具的火灾事故认定书并未查明火灾的原因，公安机关立案侦查仓库失火案至今未有结果。故法院对火灾的起火原因现无法认定。根据工商部门核发的营业执照，被告××贸易公司及其分公司经营范围均不包括租赁业务。通过××贸易分公司为原告出具的仓储费收据来看，双方之间实为仓储合同。××贸易公司及其分公司作为具备仓储资格的主体，负有保证原告仓储货物安全和不受损害的义务，故原告的货物在××贸易公司的仓库内受损，××贸易公司应承担赔偿责任。被告关于因涉案仓库失火一案已由公安机关立案侦查，本案应当中止审理的主张，因原告是基于仓储合同关系请求提供仓储服务的被告依据合同进行赔偿，故本案不应中止审理。

本案争议焦点二：此次火灾给原告造成的财产损失数额。法院对原告财产损失 279465 元予以认定。

本案争议焦点三：第三人是否应当按照保险合同足额赔偿。本次事故发生于第三人承保的财产综合险（2009 版）保险期间，第三人应当承担理赔责任。第三人以该起火灾不属于意外事件进行的免责抗辩，因公安机关未对起火原因进行认定，故第三人的抗辩理由没有事实依据。第三人主张被告的代储商品保险价值高于投保金额，属于不足额投保。然而，被告经营的仓库代储业务决定了其仓库中的代储货物始终处于一种流动状态，保险价值也处于变化状态，故不能以发生火灾时的代储货物价值作为评判被告是否足额投保的依据，故第三人应当按照保险合同约定全额赔偿原告的财产损失。根据合同约定，第三人免赔额为损失金额的 5% 即 13973.25 元，免赔部分由被告 ×× 贸易公司赔偿。

（四）第一次发回重审裁判结果

一审法院依据《合同法》第三百九十四条、《保险法》第十四条、《公司法》第十四条的规定，判决如下：

被告 ×× 贸易公司赔偿原告 13973.25 元，第三人保险公司赔偿原告 265491.75 元。

（五）第二次上诉及发回重审裁判

1. 上诉人上诉请求与被上诉人答辩意见。

一审法院判决后，被告 ×× 贸易公司、被告 ×× 贸易公司分公司和 ×× 保险公司不服，向中级人民法院提起上诉称：被上诉人李 ×× 对仓库火灾的发生有直接和重大责任关联，理由如下：（1）被上诉人李 ×× 是 2013 年 5

月 25 日晚上 19 时 30 分带着两名工人和他自己的小孩到的仓库，当晚 19 时 56 分关门离开的仓库，19 时 58 分发现火灾报警，这足以证明李××离开仓库时本人就发现了起火。（2）仓库火灾发生后，公安消防大队的火灾认定书认定起火部位就是李××自己存放货物的地方，火灾认定书中排除了雷击、生产作业、静电、电气线路故障引发火灾的可能性，不能排除小孩玩火引发火灾的可能性，这足以排除××贸易公司仓库的一切责任。

上诉人××保险公司诉称：（1）本案是租赁合同而非仓储合同，一审法院认定××贸易公司承担赔偿责任明显错误。本案承租人实际掌控仓库门锁，自行负责货物进出，双方也实际上以租赁的权利和义务关系进行各自的行为，一审法院不顾双方的实际权利和义务关系，仅以××贸易公司营业执照上的经营范围不包括租赁业务就认定被上诉人李××与××贸易公司之间为仓储合同关系明显错误。（2）本案火灾原因确定，且不排除小孩玩火导致，一审法院判决上诉人承担保险责任明显错误。一审法院明确声称其无法认定火灾原因，自然无法排除火灾事故认定书中体现的"小孩玩火引起火灾"的可能。保险公司与××贸易公司签订的保险合同约定，保险公司仅对偶然、意外导致的火灾承担赔偿责任，因此，在没有进一步证据确定引发火灾原因的情况下，保险公司认为该火灾原因属于保险除外责任。（3）即使法院认定本案火灾属于保险事故，因××贸易公司为不足额投保，应按投保比例承担赔偿责任。

被上诉人李××辩称：原审法院判决认定事实清楚，适用法律正确，其上诉理由不能成立，理由为：（1）本案属于仓储合同纠纷，原审法院判决上诉人向被上诉人承担赔付火灾损失是正确的。消防机构的事故认定书并未明确认定是小孩玩火引起的火灾，××贸易公司一方以假设的或然性作为上诉理由不能成立。（2）××贸易公司在仓库根本未配备灭火器，起火后找来灭火的灭火器是商户的存货，而非××贸易公司在仓库中配备的，正是因为××贸易公司未履行消防责任义务，才造成了火灾。（3）本案属于仓储合同纠纷，在事故中代储商品受损，属于保险公司的保险范围。因此应当驳回上诉，维持原判。

（六）二审法院裁定

二审法院认为，关于本案火灾是否为人为原因所致，现无法确定，原判决认定的基本事实不清。因此，二审法院依据《民事诉讼法》第一百六十九条第一款、第一百七十条第一款第（三）项的规定，裁定本案发回重审。

（七）第二次发回重审裁判理由

被告××贸易公司辩称：（1）涉案合同不是仓储合同而是租赁合同，原告掌握仓库钥匙，自由存放货物。（2）火灾事故认定书排除了生产作业、线路故障引发火灾的可能性，不排除小孩玩火引发火灾，根据实际情况可以认定是原告及其孩子引发火灾。××贸易公司消防设施符合规定，不存在过错。（3）涉案火灾已经公安机关调查，应中止本案审理。

被告××贸易分公司辩称：（1）涉案合同是租赁合同，费用为袁××所交，原告并没有交过费用。（2）涉案仓库不存在安全隐患，事故认定书没有排除小孩玩火引起火灾的可能，原告曾经申请复议而后撤回，证明原告认可失火原因，被告不应承担赔偿责任。

第三人××保险公司辩称：应根据合同实际履行情况确定合同性质，该案实际为租赁合同关系。火灾与原告李××有直接关系，保险公司认为，该火灾是典型的人为原因造成的，李××是该火灾的直接责任人，本案火灾原因和消防是否通过验收没有直接因果关系。因此，根据保险合同约定，故意或重大过失造成损失的，保险公司不承担责任。

法院组织各方到现场进行查勘，发现原告使用的仓库由原告自己掌管钥匙，自己按照面积交纳费用，被告××贸易公司有部分仓库是仓储业务。

法院认为：

本案争议焦点一：原告李××与被告××贸易分公司之间的合同性质是仓储还是租赁。被告××贸易分公司的收款收据写明收款事由为仓储费，其营业执照登记的营业范围包括仓储业务，不包括房屋租赁。但上述事实均不能说明两者之间法律关系的性质。仓储合同的实质是保管人储存存货人交付的仓储物，保管人要对入库仓储物进行验收，存货人凭仓单提取仓储物，仓储期间，仓储物转移占有。而房屋租赁合同实质是出租人将房屋交付承租人使用，承租人支付租金。本案中，原告与××贸易分公司未签订书面合同，从双方实际履行情况看，原告将货物存放于被告××贸易分公司1号库，起火视频录像以及原告、被告陈述显示，被告××贸易分公司员工救火时是砸开的仓库门，并没有原告仓库的钥匙，也无仓单及货物出入库清点单据，原告货物的进出均由其自行管理。因此，被告××贸易分公司只是为原告提供了存放货物的场所，仓储物不转移占有，双方之间实为房屋租赁合同关系。

本案争议焦点二：此次火灾的成因。公安消防大队作出的火灾事故认定书排除了雷击、生产作业、静电、电气线路故障引发火灾的可能性，不能排除小孩玩火引发火灾。公安局虽已对本案火灾立案侦查，但一直未有侦查结果。从消防部门作出的事故认定书看，虽然存在原告家小孩玩火引发火灾的可能性，但起火原因无法确定。至于××贸易分公司消防设备、建筑设计等是否为造成火灾损失的原因，火灾事故认定书中并未提及，火灾发生后，消防部门也未对××贸易分公司进行处罚，因此法院无法作出认定。

原告货物在被告提供的仓库内毁损、灭失，如果双方是仓储关系，则存储期间，因保管人保管不善造成仓储物毁损灭失的，保管人应承担损害赔偿责任。本案原告与××贸易分公司之间为房屋租赁合同关系，如果原告的货损不是由于××贸易分公司提供的场地及附属设施原因引发火灾造成的，则被告××贸易分公司不承担赔偿责任。本案火灾事故认定书已排除了雷击、生产作业、静电、电气线路故障引发火灾的可能性，没有排除原告过错引发火灾的可能性，因此，被告××贸易分公司对原告的货物损失不承担赔偿责任。

被告××贸易公司所投保险包括代储商品，但鉴于原告与被告××贸易分公司之间为租赁合同关系，并非由××贸易分公司代为保管原告的货物，不符合保险约定的代储商品保险责任范围，第三人保险公司不应承担保险责任。

（八）第二次发回重审裁判结果

一审法院依据《合同法》第二百一十二条、第三百八十一条、第三百八十五条、第三百九十四条的规定，判决如下：

驳回原告诉讼请求。

判决后，各方均未提出上诉。

五、案例评析

保险利益是指投保人或者被保险人对保险标的具有的法律上承认的利益。这就是保险利益原则。所谓保险利益，一是法律上承认的利益，即合法的利益；二是经济上的利益，即可以用金钱估计的利益；三是可以确定的利益。《保险法》第十二条第二款规定，财产保险的被保险人在保险事故发生时，对保险标的应当具有保险利益。本案的要点在于，确定发生保险事故时，被保险人对损失的财产是否具有保险利益。财产综合险合同条款（2009版）第二条规定了保险标的的范围。而在本案中，原告存放于其向被保险人租赁的仓库中的商品不属于被保险人的代储商品，不属于上述保险标的的范围，可以认定，被保险人对原告的损失不具有保险利益，故保险公司不应承担赔偿责任。代储商品损失属于财产综合险的范围，只有在保险事故发生后，才能确定是否属于足额投保。对不足额投保的财产损失，保险公司在理赔时，应当按照投保比例进行赔偿。

保险标的就是保险的对象，也叫保险标的物，它是保险利益的载体，是指保险人对其承担保险责任的各类危险载体，包括两大类：一类是财产及其有关利益；另一类是人的寿命和身体。研究保险标的具有重要的意义：保险标的可以判断投保人是否对其具有保险利益；保险人根据保险标的的危险程度厘定保险费率；根据保险标的的损失程度计算赔付数额；发生保险事故后，还可以根据保险标的所在地确定诉讼管辖范围等。本案中被告××贸易公司经营一部分仓储业务，为自己代储的商品投保财产综合险。根据仓储合同的规定，仓储物在仓储期间灭失的，由仓储人承担赔偿责任。可以认为被告××贸易公司对仓储物具有保险利益，可以为仓储物投保，如果这次火灾造成仓储物的损失，保险公司应按照合同约定承担保险责任。《保险法》第十二条第二款规定：财产保险的被保险人在保险事故发生时，对保险标的应当具有保险利益。如果在发生保险事故时，被保险人对仓储物不具有保险利益，即使投保了保险，被保险人也不能向保险人主张权利。保险利益原则是所有财产保险案件中，保险人理赔时应首先考虑的原则。

合同性质应该按照合同实际履行情况认定。《最高人民法院关于经济合同的名称与内容不一致时如何确定管辖权问题的批复》（法复〔1966〕16号）第一条规定，当事人签订的经济合同虽具有明确、规范的名称，但合同约定的权利和义务的内容与名称不一致的，应当以该合同约定的权利和义务的内容确定合同的性质，从而确定合同的履行地和法院的管辖权。"2001年6月15日《全国法院知识产权审判工作会议关于审理技术合同纠纷案件若干问题的纪要》规定，技术合同名称与合同约定的权利、义务关系不一致的，应当按照合同约定的权利、义务内容，确定合同的类型和案由，适用相应的法律、法规。本案中，被告××贸易公司分公司考虑到自己不经营租赁业务，因此给原告开具的收据中记载为仓储费。但实际上，原告李××自己管理仓库钥匙，自己决定仓库货物的储存位置、方式，不管储存货物多少，均按照仓库面积交纳费用。而仓储合同中，由仓储人管理仓库，决定货物存放位置、方式，根据仓储物的面积、体积、质量决定收费标准。根据本案实际履行情况看，本案中原告与被告××贸易公司分公司签订的合同属于租赁合同，而不是仓储合同。法院第二次一审判决只是根据被告××贸易公司分公司开具收据中记载为仓储费，根据其营业执照经营业务范围不包括租赁业务，从而确定该合同属于仓储合同是错误的，也是片面的，超过营业执照业务范围而签订的合同并不是无效合同。

关于足额投保与不足额投保问题。《保险法》第五十五条规定：保险金额低于保险价值的，除合同另有约定外，保险人按照保险金额与保险价值的比例承担赔偿保险金的责任。保险金额与保险价值的比值不超过1倍的保险合同为不足额保险合同，发生保险责任事故后，按照保险金额与保险价值的比例进行赔偿。本案中，经保险公估公司公估，代储商品险为不足额投保，投保比例为38%。庭审中，被告××保险公司提出，即使法院认为属于保险责任，也应该按照投保比例进行赔偿。法院判决中称："被告经营的仓库代储业务决定了其仓库中的代储货物始终处于一种流动状态，保险价值也处于变化状态，故不能以发生火灾时的代储货物价值作为评判被告是否足额投保的依据，故第三人应当按照保险合同约定全额赔偿原告的财产损失。"法院这种认为毫无依据，发生火灾的时间是确定的，发生火灾时所有仓库代储商品也是一定的，不管货物如何流动，保险公估公司可以准确测定该时间货物的价值。法院如此判决，也说明法官对财产综合险的曲解，财产综合险投保时，首先确定保险金额，然后确定保险价值的计算方法，当发生保险事故时，才根据确定的方法计算保险价值，计算保险价值后，根据保险价值与保险金额的比值才能确定是否足额投保。与财产综合险相比，责任保险中只有保险金额的概念，如果发生属于保险责任范围内的事故，保险公司会根据保险责任向受害人进行赔偿，保险合同中约定的最高赔偿金额就是保险金额，对超过保险金额的损失，保险公司不承担赔偿责任。第二次一审法院裁判，法官混淆了这两种保险的范围，错误的将财产综合险等同于责任保险。

本案的启示：每一个被保险人都想通过投保保险的形式规避自己的风险，但是险种的选择十分重要，并不是只要投保了保险就万事大吉，不能认为只要发生风险，保险公司就要承担全部责任。就本案而言，被保险人为自己代储的商品投保了财产综合险，如果对自己出租的仓库投保责任险，只要法院判决自己承担责任，保险公司就会在责任险保险金额内，代替被保险人承担责任。因此，根据自己的生活、生产经营情况，选择适合自己的险种是十分必要的。

案例供稿及评析人：河北凌众律师事务所合伙人　李同建

发动机进水导致的车辆损失的赔偿责任

一、裁判要旨

保险人对于保险合同中有关责任免除条款的概念、内容及其法律后果以书面或者口头形式向投保人作出常人能够理解的解释说明的，应当认定保险人履行了《保险法》第十七条第二款规定的"明确说明义务"。保险人对是否履行了明确说明义务负举证责任。投保人在相关文书上对保险人履行了符合要求的明确说明义务签字、盖章或者以其他形式确认的，应当认定保险人履行了该项义务。但另有证据证明保险人未履行明确说明义务的除外。

因发动机进水后导致的发动机损坏属于保险合同条款中的免责条款，该免责条款进行了加粗加黑处理，并将该免责条款送达投保人，投保人在投保单中"投保人声明"一栏签字，保险人对该免责条款尽到了提示和明确说明义务，该免责条款对投保人产生法律效力，故因发动机进水后导致的发动机损坏不属于保险人的赔偿范围，予以免赔。

二、基本案情

（一）原告诉称

2016年2月，原告赵××所有的车辆冀A×××××在被告××财产保险公司处投保了机动车交通事故责任强制保险和机动车商业险，其中机动车辆损失险保险金额为411655元，并附加不计免赔率保险。2016年7月20日13时左右，原告车辆在正定县常山西路正常行驶时，突遇大暴雨，致使车辆在常山西路县医院十字路口被淹熄火，造成车辆严重损坏。事故发生后，原告赵××向被告××财产保险公司报案，并将受损车辆送至4S店维修，花费维修费共计165207.73元，但被告××财产保险公司拒不赔付原告赵××上述损失，为维护原告的合法权益，特诉至法院。请求判令被告赔偿原告各项损失共计165207.73元，并由被告承担本案的诉讼费用。

（二）被告辩称

1. 原告赵××所有的事故车辆在××财产保险公司投保车辆损失险并附加不计免赔保险，并未投保发动机损失险，对发动机的损失不予承担；

2. ××财产保险公司在原告赵××能证明事故真实，且行驶证、驾驶证在有效检验期内的情形下，依法承担赔偿责任；

3. 公司不承担诉讼费。

（三）法院经公开审理查明

2016年2月3日，赵××在××财产保险公司为其所有的冀A×××××车辆投保机动车损失保险，保险金额为411655元，并附加不计免赔率保险，保险期间自2016年2月4日至2017年2月3日止。2016年7月19~20日，正定县出现强降雨天气，其中19日8~20时降水38.4毫米，20日降水量160.5毫米，达到大暴雨级别。2016年7月20日13时7分，赵××向××财产保险公司报案称，行驶时被水淹，未二次打火。事故发生后，该车被送到4S店进行维修，花费维修费为165207.73元，其中发动机维修费为140407.73元。

另查明，××财产保险公司家庭自用汽车损失保险条款第四条载明：保险期间，被保险人或其允许的合法驾驶人在使用被保险机动车过程中，因下列原因造成被保险机动车的损失，保险人依照本保险合同的约定负责赔偿：……（五）雷击、雹灾、暴雨、洪水、海啸；……第七条载明，被保险机动车的下列损失和费用，保险人不负责赔偿：……（十）发动机进水后导致的发动机损坏……"赵××在投保单"投保人声明"一栏签字，"投保人声明"内容：保险人已向本人详细介绍并提供了投保险种所使用的条款，并对其中免除保险人责任的条款（包括但不限于责任免除、投保人被保险人义务、赔偿处理、附则等），以及本保险合同中付费约定和特别约定的内容向本人做了明确说明，本人已充分理解并接受上述内容，同意以此作为订立保险合同的依据，本人自愿投保上述险种。

三、裁判理由

审理本案的法院认为，原告赵××为其所有的冀A×××××车辆在被告××财产保险公司处投保了车辆损失险，并附加不计免赔率保险，足额交纳了保险费，被告出具了保险单，原告、被告之间形成了保险合同关系。上述合同是双方当事人的真实意思表示，内容不违反法律、行政法规的强制性规定，合法有效，法院予以确认，双方当事人应依据合同约定享有权利、承担义务。在保险期间，被保险车辆发生保险事故，属于保险合同约定的保险责任范围，被告应当在相应的保险责任限额内赔偿损失。对于原告赵××主张的车辆损失，法院认为，因发动机进水后导致的发动机损坏属于保险合同条款中的免责条款，根据原告赵××在投保单中"投保人声明"一栏签名，被告已将该保险条款送达原告，并对该免责条款进行了加粗加黑处理，足以引起投保人的注意，同时对免责条款的内容向原告做了明确说明，尽到了提示和明确说明义务，故该免责条款对原告具有约束力，被告据此应当免除其对发动机损失的赔偿责任。对于其他损失，根据保险合同条款第四条保险责任约定的暴雨造成的被保险机动车损失，被告应当予以赔付，故被告应赔偿原告保险金24800元（165207.73元-140407.73元）。综上所述，原告赵××要求被告××财产保险公司在保险责任限额范围内赔偿其合理的车辆损失的诉讼请求，符合合同约定和法律规定，法院应予支持。

四、裁判结果

法院依照《保险法》第二条、第十四条、第十七条的规定，对本案判决如下：

1. 被告××财产保险公司于本判决生效之日起10日内给付原告赵××保险金24800元。

2. 驳回原告赵××的其他诉讼请求。

五、案例评析

保险合同中有关责任免除的条款，往往涉及保险人承担风险的种类或者是损失赔偿的范围，这些条款是否生效，直接关系到保险人是否承担保险责任以及承担保险责任的范围。所以，有关保险人责任免除条款说明义务的认定就成为保险合同法中最常见的问题之一，几乎每一起保险合同纠纷案件中都会涉及，而且也是保险合同纠纷案件审理中最易产生争议之处，同样的情形，不同的法院对于保险人是否已经履行了说明义务会作出截然相反的认定，法官如何判断往往成为影响案件最终处理结果的决定性因素。

本案的审判要点在于，保险人是否履行了对责任免除条款的提示和明确说明义务，"发动机进水后导致的发动机损坏，保险人不负责赔偿"。属于责任免除条款，如保险人对该责任免除条款尽到了提示和明确说明义务，其就可以免除赔偿责任。

对于提示义务，首先保险人要把责任免除条款送达投保人，如果连责任免除条款都没有送达，就没有履行提示义务。责任免除条款怎样标识才能证明其履行了提示义务，如《浙江省高级人民法院关于审理财产保险合同纠纷案件若干问题的指导意见》第十条规定：保险人在投保单、保险单或其他保险凭证对免责条款有显著标志（如字体加粗、加大、相异颜色等），对全部免责条款及对条款的说明内容集中单独印刷，并对此附有投保人声明，或附有单独制作投保人声明书，投保人已签字确认并同时表示对免责条款的概念、内容及其法律后果均已经明了的，一般可认定保险人已履行提示和明确说明义务，除非投保人、被保险人能提供充分的反驳证据。从上述指导意见可以看出，对责任免除条款的字体和颜色要与其他条款内容有显著区别，方可认定对责任免除条款尽到了提示义务。

要确立保险人履行了明确说明义务的认定标准，首先应当正确理解保险人明确说明义务的法律特征。从《保险法》第十七条的规定来看，保险人的明确说明义务有三方面特点：一是法定性，保险人明确说明义务是法律明确规定，是保险人的法定义务，不履行该义务的法律后果是相关条款不生效，对此当事人不能在保险合同中予以限制或者免除；二是先合同性，是指明确说明义务应当在合同订立时履行，以确保投保人缔约意思准确、真实；三是主动性，保险人对于自己所提供的格式条款，无须对方询问就应当主动进行明确说明。而且，依照《最高人民法院关于民事诉讼证据的若干规定》第五条第二款关于"对合同是否履行发生争议的，由负有履行义务的当事人承担举证责任"的规定，保险人对是否履行了明确说明义务承担举证责任。

《保险法》第十七条第二款就保险人提供的格式条款中有关免除保险人责任的条款，为保险人设定了提示以及明确说明两项法定义务，提示不能代替明确说明。而且，保监会作为保险行业监督部门，在规范性文件中也认为，仅仅采用将保险条款送交投保人阅读的方式，不能构成对明确说明义务的履行，保监会关于《机动车辆保险条款》的性质等有关问题的批复中指出：《保险法》《合同法》规定有关明确说明义务的同时，并没有具体规定明确说明义务的履行方式，但一般来说，仅仅采用将保险条款送交投保人阅读的方式，不构成对说明义务的履行，保险公司应当根据保险合同签订的具体情况，采用适当、充分的方式明确提示投保人，尽量使其明确合同中责任免除条款的内容，确保投保人的利益不受损害。保险公司的行为是否构成了对明确说明义务的履行，有司法机关和仲裁机构依法认定。所以，无论是提示阅读条款本身还是强迫投保人延期阅读，都不能认定保险人履行了明确说明义务。

实务中，不少保险公司都在投保单上投保人声明栏印制如下内容："贵公司已向本人详细介绍并提供了投保险种所使用的条款，并对其中免除保险人责任的条款，以及本保险合同中付费约定和特别约定的内容向本人做了明确说明，本人已对有关责任免除条款的概念、内容及法律后果充分理解，同意以此作为订立保险合同的依据，本人自愿投保上述险种。"并由投保人签字盖章确认。还有的保险公司印制了专门的责任免除条款内容告知说明书，在投保时，作为投保单的组成部分，也要经投保人签字盖章确认。这样是否可以认定保险人已经履行了明确说明义务？有人认为，该声明过于空洞，而且，这类声明也是保险人印制好的格式条款，流于形式，效果很差。作者认为，如果连投保人签字盖章都不认可，对保险人则过于苛刻了。首先，从证据效力上说，书面证据是最有效力的一种证据，投保人以书面形式认可保险人已经按照司法标准对免责条款作了说明，足以证明保险人已经履行了该义务。其次，从当事人之间的利益平衡角度来看，《保险法》对保险人明确说明义务的要求非常之高，举证证明在事实上非常困难。如果对此类书证的证据效力都不予承认，则保险人只能采用录音、录像等方式来再现其说明过程，成本过高，而且最终还会转嫁给投保人，实际上对投保人等危险共同体不利。而且，投保人作为理性人与他人签订合同时，要审慎地对待自己的权利，对自己的签名盖章应当承担相应的法律后果，这不但符合各国保险业界通行的惯例，也符合合同法的基本法理。通常认为，只要合同相对方在载有格式条款的文件上签字，不论他是否阅读过这些条款，除非存在欺诈、胁迫等因素，应当认为格式条款是已订立合同，保险合同作为合同的一种，与此同样适用。最后，特别需要强调的是，承认此种证据的效力，并不会因此而损害投保人、被保险人的利益。审查保险人是否履行了明确说明义务，只是为确保订约意思真实，只是确定这些条款能否纳入合同内容的范围，这只是对保险合同审核的第一步。《保险法》第十七条第二款实质上是对保险合同格式条款中有关免除保险人责任条款进行的合同准入审查，审查的对象是保险人就有关责任免除条款实施的缔约行为是否符合法律规定。至于这些条款的内容是否公平合理，是否具有法律效力，是否对各方当事人产生约束力，成为各自权利与义务的依据，还需要结合《保险法》第十九条格式条款内容的法律控制，第三十条不利解释两种制度，以合理性和公平性为基本标准，对保险合同的格式条款进行规范和调整。三种制度相互配合，足以保障投保人、被保险人的利益。

综上所述，如果投保人对保险公司已就保险合同中的免责条款向其履行了明确说明义务，且投保人对责任免除条款的概念、内容及法律后果均已知悉签字盖章确认的，可以认定保险人履行了说明义务。当然，如果有相反证据证明保险人未履行明确说明义务的除外。

案例供稿及评析人：石家庄铁路运输法院　吕　伟

车辆"贬值损失"的法理认定

一、裁判要旨

车辆贬值损失的认定。保险事故发生后，保险人未赔偿保险金之前，被保险人与第三者约定"贬值损失"，被保险人以第三者给付"贬值损失"为条件申请向法院撤销对第三者侵权车辆的保全。对于"贬值损失"，三方各有其解：第三者认为给付被保险人"贬值损失"、被保险人向法院申请撤销对其车辆保全的约定和行为应视为两者就此已经"两清"，其不再向被保险人负有任何其他赔偿义务，保险人通过对第三者的询问调查，也认为被保险人已放弃对第三者请求赔偿的权利，被保险人则认为，"贬值损失"字如其意，仅是对保险车辆因与第三者碰撞造成贬值的赔偿。法院从被保险人与第三者签订"贬值损失"的目的探求合同双方签订合同的真实意思和贬值损失的真实性质，基于双方都认可贬值损失13000元是以撤销车辆保全为对价，约定中不写"两清"是因为13000元不足修车费的事实，法院认定双方签订协议的真实意思并非是谋取或赔偿车辆因碰撞造成的贬值损失，本案贬值损失的性质应属车辆部分损失。

在损失补偿原则之下，赔偿不得超过损失，虽然原告委托公估机构对车辆的损失进行了公估，但因其在此之前就已对车辆进行了修理，修理费用才是其车辆的实际损失，而公估的车损仅是对车辆损失的预估而非实际损失，故原告的实际损失应按修理费用确定。

二、基本案情

（一）原告诉称

2015年5月16日15时30分，张××驾驶名下车牌号为冀A××XF×大众迈腾小轿车行驶至学府路与中华大街交叉口与孙××驾驶的京GUN×××小轿车发生交通事故，致使原告车辆受损。经××市交通管理局××交警大队认定，原告无责任，孙××承担全部责任。发生事故后，原告在被告指定修理厂进行了维修，原告为此花费修理费22864元，公估费1385元，停车费1300元，共计25549元。原告名下车牌号为冀A××XF×大众迈腾小轿车在被告处投有机动车损失险，被告应当在车损险责任范围内对原告进行赔偿。据此，原告请求法院判令被告给付原告修理费22864元，公估费1385元，停车费1300元，共计25549元，诉讼费用由被告承担。

原告张××向法院提交以下证据予以证明：

（1）驾驶证、行驶证，证明原告出事故时具有合法的驾驶资格；

（2）道路交通事故认定书，证明事故发生的经过及责任划分情况；

（3）商业险保单及保险条款和交纳保险费票据，证明原告在被告处的投保情况；

（4）第三者与原告签订的协议，证明肇事方孙××没有赔偿原告的车辆损失，只是对车辆贬值费进行赔偿；

（5）修车发票3张，证明原告车损为22862元；

（6）××公估公司出具的公估报告及公估费票据，证明车辆损失为22864元，公估费为1385元。

（二）被告辩称

原告已经向第三者放弃了请求赔偿的权利，依据《保险法》第六十一条的规定，被保险人放弃对第三者请求赔偿的权利的，保险人不承担赔偿保险金的责任，故对原告的所有损失不予承担。同时申请第三者孙××出庭作证，法院予以了准许。

被告××财产保险公司向法院提交以下证据予以证明：

（1）询问笔录1份；（2）证人证言、录音资料，证明原告放弃向第三者的追偿权。

（三）法院经公开审理查明

2014年7月18日，张××为其所有车辆（牌号为：冀A××XF×）在××财产保险公司处进行了投保，其中投保了220800元车辆损失险及不计免赔，交纳保险费3706.28元，保险期间自2014年7月19日零时至2015年7月18日24时止。2015年5月16日15时30分，张××驾驶被保险车辆行驶至学府路与中华大街交叉口与孙××驾驶的京GUN×××小轿车发生交通事故，张××车辆受损。××市交通管理局××交警大队认定，孙××承担全部责任，张××无责任。事故发生后，张××将被保险车辆进行了维修，支付修理费22862元，后又委托河北××保险公估有限公司对车辆损失进行了公估，估损金额为22864元，支付公估费1385元。2015年6月24日，孙××与张××签订一份协议，内容是：基于孙××驾驶的京GUN×××小轿车于2015年5月16日将张××驾驶的冀A××XF×汽车后方撞击损坏，孙××愿意赔偿张××车辆贬值损失13000元，张××同意将法院扣押孙××的车辆撤销保全。2015年7月6日，孙××在回复被告××财产保险公司理赔中心的询问中称："发生事故后，交警将我们的车扣到事故车辆停车场，在此期间，对方把我的车保全到××区人民法院。法院保全后，双方后来协商约定我给对方13000元，对方到法院解除对我车辆的保全……当时对方让我给付13000元的条件是：第一，申请解除对我车的保全；第二，张××在任何部门要求赔偿跟我没有任何关系……张××还说'证明上只有写贬值损失才能向保险公司要钱（因为车有保险）如果不这样写我担着很大的风险，我担心你向保险公司说我骗保怎么办。'当时张××并没有说以后可能保险公司向我追偿，我才签的字。"

另查明，证人孙××当庭陈述，知道张××修车费是2万多元，但认为赔偿张××13000元后，车辆能被撤销保全，此事故就与其无关了，之所以在协议上只写"贬值损失"不写"修车费等费用全包括"是因为张××说13000元修车费不够，还要向保险公司申请赔偿。张××当庭陈述，事故发生后，经向保险公司报险，保险公司让其先行要求孙××赔偿，如果孙××没有赔偿能力，保险公司再予赔付。因孙××没有赔偿能力，只有一部车，虽然向法院申请保全了13000元，但却认为孙××的车并不值13000元，故与孙××协商，支付13000元，同意撤销对孙××车辆的保全。协议中之所以写13000元是"贬值损失"不写"全部清"的字眼是因为13000元不足以修车，还要继续向保险公司索赔。

三、裁判理由

审理本案的法院认为，张××与××财产保险公司所签订的保险合同是双方当事人的真实意思表示，不违反法律、行政法规的强制性规定，合法有效。保险单及保险条款所约定的内容均为保险合同内容，双方当事人应当依据保险合同的约定履行各自的义务。保险车辆在保险期限内发生交通事故，致使车辆受损，该情形属于双方约定的保险责任范围，张××作为被保险人对保险车辆依法享有保险利益，有权要求××财产保险公司给予相应的赔偿。本案的第一个争议焦点是被告是否应当承担保险责任。依据《保险法》第六十一条第一款规定，保险事故发生后，保险人未赔偿保险金之前，被保险人放弃对第三者请求赔偿的权利的，保险人不承担赔偿保险金的责任。本案被告××财产保险公司以张××已放弃向孙××的赔偿权为由抗辩免责，因此，解决此争议点的关键在于确认原告张××是否已向第三者放弃请求赔偿的权利。

本案中，首先，张××与孙××签订协议的原因是基于其认为孙××的被保全车辆价值不足13000元，保全没有意义，才与孙××签订协议，让孙××给付13000元，并同意撤销保全。其次，张××和孙××都明知孙××赔偿张××的13000元不足修车费，但为了获得保险赔偿，所以协议中不写"两清"字眼。最后，张××和孙××都明知协议中写"贬值损失"不写"两清"的目的并非真正索取贬值损失，而是张××还要继续保留向保险公司的索赔权。由此可见，双方签订协议的目的及真实意思并不是证实双方权利、义务已经两清，实非放弃对孙××请求赔偿的权利，而是原告张××在无法得到孙××全部损失赔偿的情况下，尽量为自己争取到最大利益。因此，被告认为原告张××已放弃对孙××请求赔偿权利的主张与案件事实不符，法院不予采信。被告××财产保险公司应当承担保险责任。

本案第二个争议焦点是被告应当承担多大的保险责任。本案中，孙××已向张××赔偿了13000元。原告认为这13000元应属车辆贬值损失费，被告认为这13000元应属第三者赔偿给原告的修车费。孙××签订协议的目的是给付张××13000元即可获取张××同意撤销车辆保全并在之后与其再无关联，而张××签订协议的目的是注明13000元是贬值损失就可向保险公司全额主张车辆损失。由此可见，双方签订协议的目的并不相同，而要求先行赔偿贬值损失不要求赔偿车辆损失的行为也不符合常理。因此，解决该争点的关键在于确认孙××赔偿张××13000元钱的性质：是车辆贬值损失费还是修车费？基于张××和孙××都认可13000元是以撤销车辆保全为对价，证明中不写"两清"是因为13000元不足修车费的事实，张××与孙××签订协议的真实意思并非是谋取或赔偿车辆的贬值损失，13000元应属车辆损失。所以，依据《保险法》第二条规定，保险的基本原则和目的是补偿功能，补偿被保险人因为意外而遭受的财产损失，被保险人不能也不应该因为发生事故而额外受益。因此，在损失补偿原则下，赔偿不得超过损失，即赔偿应以实际损失为限。虽然张××委托公估机构对车辆的损失进行了公估，但因其在此之前就已对车辆进行了修理，修理费用才是其车辆的实际损失，而公估的车损仅是对车辆损失的预估而非实际损失，故原告的实际损失应按修理费用确定。由于原告在修理车辆之后委托公估机构对车辆损失进行公估实非必要。其因此而产生的公估费用不仅不属于为确定车辆损失所支付的合理、必要损失，反倒是扩大了损失，该部分费用理应由原告自行承担。关于原告停车费用的诉讼主张，因其未向法院提供相关证据予以证明，故法院不予支持。

综上所述，对于原告张××向被告××财产保险公司主张全部修理费的诉讼请求，法院不予支持，依据《保险法》的规定及保险合同约定，被告××财产保险公司应当向原告张××赔付扣除第三者向原告赔偿的13000元后的车辆实际损失。

四、裁判结果

（一）一审法院裁判结果

一审法院依照《保险法》第二条、第十四条的规定，判决如下：

1. 被告××财产保险公司于本判决生效之日起10日内在机动车车辆损失险限额内给付原告张××保险赔偿金9862元。

2. 驳回原告张××的其他诉讼请求。

（二）二审法院裁判结果

一审法院宣判后，原告张××提出上诉，二审法院予以维持，现判决已发生法律效力。

五、案例评析

本案的审判要点在于，对于"贬值损失"的理解和认定。法院从被保险人与第三者签订"贬值损失"的目的探求合同双方签订合同的真实意思和贬值损失的真实性质，基于双方都认可贬值损失13000元是以撤销车辆保全为对价，约定中不写"两清"是因为13000元不足修车费的事实。法院认定双方签订协议的真实意思并非是谋取或赔偿车辆因碰撞造成的贬值损失，本案贬值损失的性质应属部分车辆损失。在损失补偿原则之下，赔偿不得超过损失，虽然原告委托公估机构对车辆的损失进行了公估，但因其在此之前就已对车辆进行了修理，修理费用才是其车辆的实际损失，而公估的车损仅是对车辆损失的预估而非实际损失，故原告的实际损失应按修理费用确定。

（一）本案被告是否应当承担保险赔偿责任

依据《保险法》第六十一条第一款的规定，保险事故发生后，保险人未赔偿保险金之前，被保险人放弃对第三者请求赔偿的权利的，保险人不承担赔偿保险金的责任。因此，判断该问题的关键在于确认原告张××是否已向第三者放弃了请求赔偿的权利。

首先，张××与孙××签订协议的原因是基于其认为孙××的被保全车辆价值不足13000元，保全没有意义，才与孙××签订协议，让孙××给付13000元，并同意撤销保全。

其次，张××和孙××都明知孙××赔偿张××的13000元不足修车费，但为了获得保险赔偿，所以协议中不写"两清"字眼。

最后，张××和孙××都明知协议中写"贬值损失"不写"两清"的目的并非真正索取贬值损失，而是张××还要继续保留向保险公司的索赔权。

由此可见，双方签订协议的目的及真实意思并不是证实双方权利、义务已经两清和放弃对孙××请求赔偿的权利，而是原告张××在无法得到孙××全部损失赔偿的情况下，尽量为自己争取最大利益。因此，被告认为原告张××已放弃对孙××请求赔偿权利的主张与案件事实不符，被告××财产保险公司应当承担保险责任。

（二）"贬值损失"13000元的性质

本案中，孙××已向张××赔偿了13000元。原告认为这13000元应属车辆贬值损失费，被告认为这13000元应属第三者赔偿给原告的修车费。孙××签订协议的目的是给付张××13000元即可获取张××同意撤销车辆保全并在之后与其再无关联，而张××签订协议的目的是注明13000元是贬值损失就可向保险公司全额主张车辆损失。而要求先行赔偿贬值损失不要求赔偿车辆损失的行为也不符合常理。因此，孙××赔偿张××13000元的性质：是车辆贬值损失费还是修车费？基于张××和孙××都认可13000元是以撤销车辆保全为对价，证明中不写"两清"是因为13000元不足修车费的事实，张××与孙××签订协议的真实意思并非是谋取或赔偿车辆的贬值损失，13000元应属车辆损失费。

（三）本案被告应当承担多大的保险赔偿责任及依据

依据《保险法》第二条的规定，保险的基本原则和目的是补偿功能，补偿被保险人因为意外而遭受的财产损失，被保险人不能也不应该因为发生事故而额外受益。因此，在损失补偿原则之下，赔偿不得超过损失，即赔偿应以实际损失为限。虽然张××委托公估机构对车辆的损失进行了公估，但因其在此之前就已对车辆进行了修理，修理费用才是其车辆的实际损失，而公估的车损仅是对车辆损失的预估而非实际损失，故原告的实际损失应按修理费用确定。由于原告在修理车辆之后委托公估机构对车辆损失进行公估实非必要，其因此而产生的公估费用不属于为确定车辆损失所支付的合理、必要损失，反倒是扩大了损失，该部分费用理应由原告自行承担。

案例供稿及评析人： 石家庄铁路运输法院　张璐璐

确定车辆损失的各项证据选择证明力认定

一、裁判要旨

确定车辆损失有两份证据存在，一份为定损报告，另一份为修车发票。两份证据同时存在的情况下，依据损失补偿原则，承担赔偿责任应以被保险人实际发生的损失为限。公估报告和被告的定损报告均为对损失的预估，若保险车辆已实际进行了修理，所产生的修理费即为原告的实际损失，故被告应以实际修理费用承担保险金的赔付责任。关于第一受益人，《保险法》仅对人身保险合同中的受益人做了规定，财产保险合同中约定受益人则无法律依据。

二、基本案情

（一）原告诉称

2016年1月9日，原告驾驶自己所有的冀AP××××轿车沿中华大街由北向南行驶至和平路口，黄灯亮起后进入路口，与信××驾驶的冀AZ××××车辆沿和平路由东向西行驶至此相撞，致车辆受损。本次事故经交警认定，原告负全部责任。本次事故造成原告车辆损失、施救费、公估费、拆验费等共计71200元，为维护自身合法权益特诉至法院，其诉讼请求为：（1）判令被告赔偿原告保险赔偿金共计71200元。（2）本案诉讼费用由被告承担。

原告张××向法院提交以下证据予以证明：

（1）交通事故认定书一份，证明事故发生时间、经过及责任划分；

（2）机动车保险单一份，证明原告、被告之间存在保险合同关系及原告在被告处投有车辆损失险，事故发生在保险期间；

（3）司机驾驶证、车辆行驶证各一份，证明司机具有合法驾驶资格，该车辆合格年检；

（4）河北××保险公估有限公司出具的公估报告一份、长安区××汽车维护中心维修发票及维修清单，证明车辆损失为58832元；

（5）石家庄××汽车救援服务有限公司出具的施救费发票一张，证明原告施救费为800元；

（6）河北×××保险公估有限公司出具的公估费发票一张，证明公估费用为3000元；

（7）长安区××汽车维护中心出具的拆验费收据一张，证明拆验费为4200元。

（二）被告辩称

原告车辆在保险公司投有车辆损失保险，事故发生在保险期间，保险公司同意在保险范围内对合理的费用予以赔偿；本案的保险合同约定了第一受益人为××银行股份有限公司石家庄分行，因此原告主张赔偿应取得第一受益人同意。

被告××财产保险公司向法院提交了定损报告及车辆修复前后的照片，证明事故车定损价值。

（三）法院经公开审理查明

2015年10月22日，张××在××财产保险公司为其自有车辆冀AP××××购买了保险金额为244900元的机动车损失保险，并含不计免赔险，保险期间自2015年10月23日起至2016年10月22日止。2016年1月9日，张××驾驶其自有的冀AP××××车辆沿中华大街由北向南行驶至和平路口时，与沿和平路由东向西行驶的由信××驾驶的冀AZ××××车辆相撞，两车受损。此次事故经石家庄市公安局交通管理局新华交警大队认定，张××负全部责任。2016年1月14日，××财产保险公司人员会同长安区××汽车维护中心修理人员在汽车修理厂对冀AP××××车辆进行了验车并协商汽车配件的更换及维修方式。2016年1月21日，长安区××汽车维护中心对冀AP××××车辆进行了修理，产生修理费用58832元。2016年2月17日，冀AP××××车辆修理完毕后，××财产保险公司人员再次会同汽车修理厂的工作人员对冀AP××××车辆进行了复勘，双方就该车更换的配件及维修金额没有争议。2016年4月12日，××财产保险公司向法院提出车损鉴定申请，法院依法委托××保险公估有限公司对冀AP××××车辆进行了损失鉴定。2016年6月3日，法院依法对长安区××汽车维护中心工作人员齐××、王××进行了调查核实，证实本案事故车冀AP××××确已实际维修、维修费用包含了拆验费用及××财产保险公司先后两次验车且对维修金额、维修方式和配件的更换均无异议的事实。

三、裁判理由

审理本案的法院认为，张××与××财产保险公司所签订的保险合同是双方当事人的真实意思表示，不违反法律、行政法规的强制性规定，合法有效。保险单及保险条款所约定的内容均为保险合同内容，双方当事人均应当依据该保险合同的约定享有权利、承担义务。保险车辆在保险期限内发生交通事故，致车辆损坏，该情形属于双方约定的车辆损失险的责任范围，被告应当在车辆损失险范围内承担赔偿责任。

本案的主要争议焦点在于车辆的损失应如何确定？法院认为，该案虽有两份车辆损失证据，一份定损报告、一份修车发票，但原告单方委托河北××保险公估有限公司出具的公估报告因不具有合法性，法院未予采信。××保险公估有限公司的公估报告、被告的定损报告及原告的修车发票均可以作为证据使用，但依据损失补偿原则，承担赔偿责任应以被保险人的实际损失为限。××保险公估有限公司的公估报告、被告的定损报告均为对损失的预估，而经法院调查核实，该保险车辆已实际进行了修理，所产生的修理费即为原告的实际损失，故被告应以实际的修理费用承担保险金的赔付责任。因原告单方委托所做的公估报告未被法院采用，因此，产生的公估费用则不属于为确定保险车辆损失程度所支付的必要的、合理的费用，故法院对原告要求被告赔偿单方公估费的诉讼请求不予支持。施救费依法属于为防止和减少保险标的的损失所支付的必要的、合理的费用，应由保险人承担，但原告提供的施救费发票因与本案不具有关联性而未被法院采信，鉴于本案车辆施救确属必要，法院对本案事故车施救费酌定500元。鉴于维修费用包含了拆验费用的事实，法院对原告另行主张的拆验费用不予支持。

关于该保险合同中约定第一受益人的问题，法院认为，根据《保险法》第十八条的规定：受益人是指人身保险合同中由被保险人或者投保人指定的享有保险金请求权的人。由此可见，保险法仅对人身保险合同中的受益人做了规定，财产保险合同中约定受益人则无法律依据。故法院对被告提出"需经受益人同意"的抗辩意见不予采信。

综上所述，原告张××要求被告××财产保险公司赔偿车辆损失、施救费的诉讼请求既符合合同约定又符合法律规定，法院予以支持。

四、裁判结果

法院依照《保险法》第二条、第十四条、第十八条第三款、第五十七条第二款的规定，判决如下：

1. 被告××财产保险公司于本判决生效之日起10日内给付原告张××保险赔偿金59332元。

2. 驳回原告张××的其他诉讼请求。

五、案例评析

本案的审判要点在于，在有两份车辆损失证据存在的情况下，一份定损报告、一份修车发票在案，应以哪份证据作为确定车辆损失的依据？

（一）确定车辆损失的理论基础——损失补偿原则

1. 保险合同的概念。保险合同是指保险合同的当事人即投保人与保险人约定权利与义务的协议。结合保险本身的商业行为特征，保险合同可具体描述为：投保人交付约定的保险费，保险人对保险标的因保险事故所造成的损失，在保险金额范围内承担赔偿责任，或在合同约定期限届满时，承担给付保险金义务的协议。《保险法》第二条规定："本法所称保险，是指投保人根据合同约定，向保险人支付保险费，保险人对于合同约定的可能发生的事故因其发生所造成的财产损失承担赔偿保险金责任，或者当被保险人死亡、伤残、疾病或者达到合同约定的年龄、期限等条件时承担给付保险金责任的商业保险行为。"该条虽为保险的界定，但实际上是对保险合同内容的说明。

2. 保险的价值和功能。保险在金融上是一种风险转移工具，在法律上，保险活动通过保险合同得以实现，即保险合同使得分散的个体的风险得以通过保险制度的安排由专业的风险承担者——保险公司来进行集中并转移。由此可见，保险的主要价值和功能在于填补损害，即使保险人因保险事故所遭受的损失全部得到补偿。根据合同的性质，财产保险合同为损失补偿合同，被保险人不能通过保险而获得额外利益，损失发生后，被保险人通过保险而得到的补偿应以其实际损失为限，即不应超过或少于其实际损失。

3. 损失补偿原则是确定车辆损失赔付的基本原则。在明晰了保险的概念、内涵、价值、功能以及保险合同的概念和性质后，我们可以得出这样的结论：在财产保险合同中，确定车辆损失的原则应为损失补偿原则，即确定车辆损失时，应以实际损失为限。

（二）本案事实的查清以及定案证据的最终选择

1. 重新鉴定的公估报告的证明效力。本案立案后，××财产保险公司向法院提出车损鉴定申请，法院依法委托××保险公估有限公司对事故车辆进行了损失鉴定。法院考虑允许对事故车辆损失进行重新鉴定的原因在于，原告单方委托的公估报告排除了保险人选择鉴定机构、提交证据材料和发表意见的相关权利，故而不具有客观公正性，法院对于原告单方的公估报告认为其不具有程序合法性和实体公正性，故对其不予作为证据采信。依据被告的申请，经原告、被告双方共同协商选定鉴定机构，法院依法委托公估公司对事故车辆损失进行了重新公估，法院认为，重新公估的公估报告具有程序的正当性，具有合法的证明效力，可以作为证据采用。

2. 保险公司的定损单能否作为证据使用？法院认为，保险公司对事故车辆损失的定损行为与被保险人的单方公估属于同一性质，即是在被保险人没有参与的情况下对事故车辆损失作出的单方估损，该行为排除了被保险人参与和发表相关意见的权利，故也不具有程序的正当性和实体的合法性，故法院对于保险公司出具的单方定损单也不作为合法有效的定案依据采信。

3. 维修清单及维修发票。在通常情况下，维修清单及维修发票能够证实被保险车辆的实际修理费用，能够反映被保险车辆的实际损失。依据损失补偿原则，确定车辆损失，应以车辆的实际损失为限。但在实践中，往往存在被保险人与修理厂恶意串通、虚高作价或更换配件，使维修金额与车辆的实际损失情况不符，致使修理厂开具的维修清单及维修发票不能真实地反映被保险车辆的实际损失情况。因此，在保险公司未对事故车辆进行实际验车、验损以及保险定损员未会同修理厂的车辆修理人员对车辆损失项目及配件金额进行协商确定的情况下，被保险人仅凭维修清单及发票主张车辆损失的，作者认为，在未查清上述事实的情况下，依然不应冒然予以支持。本案中，在未查清上述实际情况之前，法官在被告××财产保险公司申请对事故车辆损失进行重新鉴定、原告未提出异议的情况下，允许了被告的申请，依法委托公估公司对本案事故车辆损失进行了重新公估，但通过庭审调查以及庭下调查发现，本案事故车辆并未如被告所述已经变卖，且车辆不仅已在修理厂实际修理，且修理过程前后均有××财产保险公司定损员的实际参与，被告××财产保险公司的定损员不仅在事故车辆修理前对该车辆进行了实际查勘和验损，在事故车辆修理完毕后还进行了复勘，该事故车辆的配件更换及金额的确定皆由××财产保险公司定损员与修理厂的车辆修理人员协商确定，且双方并未产生分歧。于是，本案在查清上述事实的基础上，在证据的选定上，排除了公估报告以及定损单，将能够真实反映车辆实际损失和维修情况的维修单和发票作为了确定本案车辆损失的保险赔偿依据。

在本案中，相较于公估报告和定损单，车辆维修清单及发票能够真实地反映车辆的实际损失情况，公估报告和定损单只是对车辆损失的预估。尽管重新公估的公估报告较单方的公估报告在程序上更公正、实体上更客观，但也仅仅是对车辆损失的评估，只能说明重新公估的评估报告比单方的公估报告和定损单更接近真实。本案中车辆已进行了实际维修，维修程序上均有被告的定损人员参与，被告的定损人员并未对事故车辆的维修方式及金额提出异议，故本案维修清单能够反映本案事故车辆的实际损失情况。对于被告应当承担的保险赔偿责任，应以能够确定车辆实际损失的维修清单及修理发票为依据。

（三）关于第一受益人

被告辩称，本案的保险合同约定了第一受益人，原告向被告主张赔偿应先取得第一受益人的同意。根据《保险法》第十八条的规定：受益人是指人身保险合同中由被保险人或者投保人指定的享有保险金请求权的人。由此可见，《保险法》仅对人身保险合同中的受益人做了规定，财产保险合同中约定受益人则无法律依据。故法院对被告提出"需经受益人同意"的抗辩意见于法无据。

案例供稿及评析人：石家庄铁路运输法院　张璐璐

保险人不能以被保险人无证驾驶无行驶证的电动自行车为由免赔

一、裁判要旨

作为一个普通常人依据日常生活经验，并不会将电动自行车理解为通常意义上的"机动车"。而本案中，涉案车辆——宝岛电动自行车经相关技术部门鉴定，为第三类机动车。依据免责条款，无证驾驶机动车，保险公司免赔，但国家相关部门并未规定驾驶电动自行车需办理驾驶证，也无相关机构颁发此类驾驶证，故被保险人不仅无从得知且客观上也无法对电动自行车进行登记并取得号牌。因此，本案被保险人没有电动自行车驾驶证及电动自行车行驶证并非违反机动车管理办法的规定，也非被保险人的主观过错。故保险人以被保险人违反保险免责条款的约定，即无合法有效驾驶证驾驶无有效行驶证的机动车发生交通事故而主张免赔不具有合理性，该免责条款应属无效。

二、基本案情

（一）原告诉称

2015年5月18日，原告兰××在被告××人寿保险公司为其父亲兰YY投保××瑞鑫两全保险（分红型）（典藏版）、××附加瑞鑫提前给付重大疾病保险（典藏版）、××金账户两全保险（万能型），被告以格式合同予以承保，合同生效期分别为2015年5月20日和2015年5月19日，保险合同号分别为2015-132300-526-0153××××-1和2015-135100-268-0000××××-6，身故保险金受益人为兰××。其中，××瑞鑫两全保险（分红型）（典藏版）合同约定的基本保险金额为15000元，被保险人非于合同生效之日起180日内因疾病身故时，保险公司按基本保险金额的350%给付身故保险金。2015年10月15日14时20分许，郭××驾驶冀AF×××B小型普通客车在古城东路石材市场门前停车开门时，与兰YY驾驶的电动自行车相撞，造成兰YY受伤，经抢救无效于次日5时许死亡。经××市公安局交通管理局交警大队认定，郭××负此次事故的主要责任，兰YY负此次事故的次要责任。后原告向被告要求给付保险金52500元，被告无正当理由拒不赔付。据此兰××起诉××人寿保险公司。其诉讼请求为：（1）请求判令被告××人寿保险公司给付原告父亲兰YY的身故保险金52500元；（2）本案诉讼费用由被告承担。

（二）被告辩称

根据双方签订的保险合同条款第七条第五项约定：被保险人是在无合法有效驾驶证并驾驶无有效行驶证的机动车发生交通事故的，保险公司不承担责任，并且被告已按合同约定退还其保费2192.54元，请求驳回原告的诉讼请求。

（三）法院经公开审理查明

2015年5月18日，原告兰××在被告××人寿保险公司为其父亲兰YY投保××瑞鑫两全保险（分红型）（典藏版）（保险期间为30年，保险金额15000元）、××附加瑞鑫提前给付重大疾病保险（典藏版）（保险期间为30年，保险金额15000元）、××金账户两全保险（万能型）（保险期间为终身），合同生效期分别为2015年5月20日和2015年5月19日，保险合同号分别为2015-132300-526-0153××××-1、2015-135100-268-0000××××-6，身故保险金受益人为兰××。××瑞鑫两全保险（分红型）（典藏版）利益条款第六条第四项约定："被保险人于本合同生效之日起至年满十八周岁的年生效对应日前身故，本合同终止，本公司按本合同所交保险费（不计利息）给付身故保险金。被保险人于年满十八周岁的年生效对应日起身故，本合同终止，本公司按下列约定给付身故保险金：被保险人于本合同生效之日起180日内因疾病身故，本公司按本合同所交保险费（不计利息）×105%给付身故保险金；被保险人因前述以外情形身故，本公司按基本保险金额的350%给付身故保险金。"第七条免责条款约定："因下列任何情形之一导致被保险人身故，本公司不承担给付保险金的责任：……五、被保险人酒后驾驶、无合法有效驾驶证或驾驶无有效行驶证的机动车。"

2015年10月15日14时20分许，郭××驾驶冀AF××XB小型普通客车在古城东路石材市场门前停车开门时，与兰YY驾驶的电动自行车相撞，造成兰YY受伤，经抢救无效于次日5时许死亡。××市公安局交通管理局交警大队于2015年11月16日出具道路交通事故认定书认定：郭××驾驶机动车停车开门时，妨碍其他车辆通行，负此次事故的主要责任，兰YY未取得机动车驾驶证驾驶第三类机动车，负此次事故的次要责任。邯郸××司法鉴定中心于2015年10月26日接受××市公安局交通管理局交警大队的委托，于2015年11月2日出具了邯郸××〔2015〕鉴字第××号《关于宝岛电动二轮车技术状况的鉴定意见书》，鉴定意见：宝岛电动二轮车技术条件不符合GB17761-1999《电动自行车通用技术条件》中对电动自行车的相关要求，符合GB7258-2012《机动车运行安全技术条件》中对电动轻便摩托车的相关要求，属于机动车范畴。

另查明，《宝岛电动车用户手册》及销售（保修）登记单均显示本案车辆名称为"宝岛电动自行车"。××人寿保险公司已向兰××支付保单现金价值2192.54元。

三、裁判理由

审理本案的法院认为，对于被告提出的被保险人是在无合法有效驾驶证并驾驶无有效行驶证的机动车发生交通事故的，故依据保险合同免责条款不承担责任的辩解，虽然道路交通事故认定书中认定兰YY未取得机动车驾驶证驾驶第三类机动车，负此次事故的次要责任，但并不能据此说明兰YY的上述行为符合保险合同免责条款的免赔情形，被告可以据此免除赔偿责任。首先，作为一个普通常人依据日常生活经验法则，并不会将涉案车辆——宝岛电动自行车理解为通常意义上的"机动车"，且国家相关部门并没有要求驾驶电动自行车需办理驾驶证的规定，也无相关机构颁发此类驾驶证。其次，被保险人不仅无从得知且客观上也无法对涉案车辆进行登记并取得号牌。《道路交通安全法》第八条规定：国家对机动车实行登记制度。机动车经公安机关交通管理部门登记后，方可上道路行驶。但电动自行车的型号数据未进入车管部门颁发证照所依据的全国机动车辆产品公告查询服务系统，根据对机动车辆管理的规定，该车无法进行登记并取得机动车号牌及证照。因此，兰YY没有电动自行车驾驶证及电动自行车行驶证并非违反机动车管理办法的规定，也非被保险人的主观过错，实属主观不知、客观不能。该情形不属于保险条款中约定的无合法有效驾驶证并驾驶无有效行驶证的机动车发生交通事故，对被告依据保险合同免责条款不承担责任的抗辩意见，法院不予采纳。依据××瑞鑫两全保险（分红型）（典藏版）的保险合同约定："保险人于年满十八周岁的年生效对应日起身故，本合同终止，本公司按下列约定给付身故保险金：被保险人于本合同生效之日起180日内因疾病身故，本公司按本合同所交保险费（不计利息）×105%给付身故保险金；

被保险人因上述以外的情形身故，本公司按基本保险金额的350%给付身故保险金。"被保险人兰YY符合保险合同约定的按基本保险金额的350%给付身故保险金的情形，故被告应按基本保险金额15000元的350%向该保险合同受益人即本案原告兰××给付身故保险金。鉴于被告已向原告支付保单现金价值2192.54元的事实，原告要求被告给付被保险人兰YY身故保险金50307.46元的诉讼请求符合法律规定和合同约定，法院予以支持。

四、裁判结果

法院依照《保险法》第二条、第十四条、《道路交通安全法》第八条的规定，判决如下：

1. 被告××人寿保险公司于本判决生效后10日内赔偿原告兰××保险金50307.46元。

2. 驳回原告兰××的其他诉讼请求。

宣判后，原告、被告均未上诉，现判决发生法律效力。

五、案例评析

本案的审判要点在于，是直接依据对涉案车辆——宝岛电动自行车的鉴定结果（涉案车辆属于机动车），还是直接依照保险公司的免责条款"因无合法有效驾驶证或驾驶无有效行驶证的机动车而导致被保险人身故"判定保险公司免责？

（一）当免责条款中某个概念的含义超出民众普遍日常生活经验和认知范围的，除非保险条款对此概念超出民众普遍认知的部分作出了特别解释，否则应按照民众的普遍认知对其进行解释

1. 对于一个在日常生活中大众所熟知的概念，依据日常生活经验法

则，人们会对这一概念有一个共同的认知和理解范围，当保险免责条款中出现这个概念时，人们不会对它产生第二反应，即对其产生其他的理解和认识。如果这个概念还包含有超出普通常人依据日常生活经验常识而不能认知和判别的其他含义，那么，在保险免责条款没有特别注释和标明这些"其他含义"时，则不能要求被保险人对这个概念拥有超出普通常人的理解和认知，故而也不能要求被保险人因此而承担对其不利的后果。

2.《合同法》第四十一条明确规定："对格式条款的理解发生争议的，应当按照通常理解予以解释。对格式条款有两种以上解释的，应当作出不利于提供格式条款一方的解释。"本案涉案车辆——宝岛电动自行车虽然经邯郸××司法鉴定中心鉴定，符合 GB7258-2012《机动车运行安全技术条件》中对电动轻便摩托车的相关要求，认为属于机动车范畴。而现实情况是，在民众的普遍认知中，电动自行车不属于机动车。依据《合同法》关于免责格式条款的上述规定，本院认为，当鉴定意见和民众的普遍认知发生冲突时，应当依据民众的普遍认知进行解释。

3. 普通民众对于电动自行车不属于机动车的理解有其生活经验和现实依据，对电动自行车的解释应按照通常理解予以解释，不能依据鉴定结论简单地将其定义为机动车。

首先，无论是《宝岛电动车用户手册》还是销售（保修）登记单，均显示本案车辆名称为"宝岛电动自行车"，从名称上理解，本案涉案车辆按照通常理解应属于自行车范畴。

其次，本案涉案车辆——宝岛电动自行车在道路上通常与自行车一同行驶于非机动车道，民众按照日常生活常识判断，其也应属于自行车范畴而非机动车范畴。

最后，电动自行车无须办理驾驶证及行驶证。关于驾驶证，国家相关部门并没有关于驾驶电动自行车需办理驾驶证的规定，也无相关机构颁发此类驾驶证，普通民众不仅无从得知且客观上也无法对该类车进行登记并取得号牌。关于行驶证，电动自行车的型号数据未进入车管部门颁发证照所依据的全国机动车辆产品公告查询服务系统，根据对机动车辆管理的规定，电动自行车也无法进行登记并取得机动车号牌及证照。因此，现实情况是，驾驶电动自行车上路行驶的大众群体均没有驾驶证及行驶证，而这种现象并非驾驶人自身存在过错，而是国家并没有对于电动自行车上路行驶需办理驾驶证及行驶证作出相关规定并设立办证机构。

（二）免责条款中对被保险人的义务设定超出其能力范围的，不应适用

1.《合同法》第四十条明确规定："提供格式条款一方免除其责任、加重对方责任、排除对方主要权利的，该条款无效。"《保险法》第十九条规定："采用保险人提供的格式条款订立的保险合同中的下列条款无效：（一）免除保险人依法应承担的义务或者加重投保人、被保险人责任的；（二）排除投保人、被保险人或者受益人依法享有的权利的。"上述法律对合同条款的无效情形和保险合同条款的无效情形均作出了明确的规定，其条文背后的精神价值是公平原则。法律之所以进行上述规定，其法理基础在于保险格式条款的拟定方——保险人具有强势地位，格式条款内容仅反映拟定方的单方意志，因此，鉴于合同的主体平等性原则，对强势一方单方拟定的格式条款，有必要对其内容的实质公平性作出要求，以平等的维护合同双方的利益。

2. 本案中，国家相关部门并没有关于驾驶电动自行车需办理驾驶证的规定，也无相关机构颁发此类驾驶证，普通民众不仅无从得知且客观上也无法对该类车进行登记并取得号牌。电动自行车的型号数据也未进入车管部门颁发证照所依据的全国机动车辆产品公告查询服务系统，根据对机动车辆管理的规定，电动自行车无法进行登记并取得机动车号牌及证照。故而要求驾驶电动自行车的被保险人取得驾驶证和行驶证，属于"不能实现的义务"，超出了其能力范围。首先，作为一般普通常人，在认知上不可能应当知道驾驶电动自行车需要办理行驶证和驾驶证，法律并未有相关规定。其次，作为一般普通常人，客观上也无从得知在何处、应如何办理电动自行车的驾驶证和行驶证，故即便谁想办个证，也找不着单位和相关法律规定。被保险人未能取得驾驶证和行驶证，并非其主观存在过错，而是客观上无从取得、无法取得。

3. 依据保险条款，若将电动自行车纳入机动车范畴，又在免责条款中明确约定，无合法有效驾驶证或驾驶无有效行驶证的机动车，导致被保险人身故，保险公司不承担给付保险金的责任，实质上是强加给了被保险人一个不能实现和完成的义务，暗合了《保险法》第十九条的条款意义——加重了投保人、被保险人的责任，免除了保险人依法应承担的义务。因此，保险公司的上述行为，实际上属于《合同法》第四十条所规定的加重对方责任和《保险法》第十九条加重被保险人责任的情形，应属无效条款，不应适用。

4. 不符合免责条款的目的和意义，违反公平原则的免责条款，不应适用。

（1）依据《合同法》的相关规定，免责条款是指当事人以协议排除或限制其未来责任的合同条款。其作用是排除或者限制一方当事人或双方当事人未来的责任。其本意是合同双方在订立合同的过程中或格式合同提供者提供合同时，为免除或限制一方当事人或双方当事人责任而设立的条款。免责条款以意思表示为要约，以限制或免除当事人未来责任为目的。

（2）保险合同免责条款的目的和意义。实际上，保险合同免责条款与保险合同条款的目的和意义在根本上是一致的。保险合同条款主要对于何种保险事故发生时，保险人应当对投保人或被保险人承担什么样的保险责任进行约定，而保险合同免责条款则主要针对投保人或被保险人在何种情况下发生保险事故，保险人不承担保险责任进行约定。一是约定免责条款是为了更明确地界定保险事故的赔偿范围和情形。只有更清楚、更全面地界定具体什么情形下不赔，在适用条款时，才能更好地判断某个保险事故是否属于保险赔偿责任范围。二是约定免责条款是为了防止无限扩大保险人的义务和责任，同时明确被保险人的义务和责任也有利于被保险人自身利益的保障和维护。三是约定免责条款可以更好地防范和控制风险，敦促被保险人更好地维护保险标的的安全，减少损失的发生，提高经济效率。

（3）法官在适用和解读保险免责条款时，应从条款背后的目的和价值入手，本着公平原则，分析某一具体免责条款的具体目的和价值，再行判断是否应当予以适用、如何适用以及适用的后果。本案中，让被保险人承担其并无过错且超出其能力范围的义务明显有违公平原则，且即便适用了免责条款，对于普通民众和被保险人来说，也起不到防范和控制风险以及惩戒的目的和作用。因此，本案中的对于适用该免责条款毫无价值和意义，若单凭鉴定结论认定的本案宝岛电动自行车属机动车，进而依据生效的免责条款判定被告免赔，则有违法律的公平价值精神，不利于维护司法权威，也有违保险合同安全保障、转移风险和损失补偿的初衷。因此，本案中的免责条款实质上有违免责条款设定的根本目标和意义，故法院认为该免责条款无效，对其不予适用。

案例供稿及评析人： 石家庄铁路运输法院　张璐璐

车辆因涉水熄火后造成的车辆损失
不属于车损险保险责任的范围

一、裁判要旨

车辆因涉水熄火后造成的车辆损失是否属于车损险保险的责任范围？根据××财产保险公司的保险条款中保险责任项第五项的约定：雷击、暴雨、雹灾、洪水、海啸等情形属于保险责任范围。结合本案，原告仅仅提供了造成车辆损失的涉水原因方面的证据，而未提供是由暴雨或洪水所致的证据，因此不属于车损险赔偿范围，对于该部分车辆损失，法院不予支持。

二、基本案情

（一）原告诉称

2016年3月18日，张××作为投保人和被保险人，以登记于其本人名下的轿车为保险标的，与被告××财产保险公司订立了保险合同，××财产保险公司承保机动车损失保险、指定修理厂特约险、发动机特别损失险、不计免赔等险种。2015年5月2日晚零时左右，张××的司机洪××驾驶被保险车辆从石家庄市鹿泉区上庄出发，由西向东行驶到中山西路西三环地道桥处时，在跟随前方车辆通过过程中在地道桥接近出口处突然熄火，驾驶员随即下车查看情况，发现车辆已无法启动，随后便拨打报警电话及保险公司电话，被告未派员到场，后原告张××将车拖至4S店准备进行维修。在维修之前，被告曾派员对受损车辆进行了查勘、拍照。被告的查勘意见：现场勘查，情况属实。原告车辆经4S店维修，共计支付维修费137374.56元及拖车费800元，被告对原告支出的费用及维修项目均认可，但是称事故发生之日为小雨天气，不能对车损进行赔偿，只能按发动机损失险进行部分赔付。后被告核定原告发动机维修项目支出81527.9元及拖车费800元，并按照80%的比例赔付了65862.32元。张××认为，其与被告××财产保险公司订立的保险合同有效，被保险车辆涉水受损属于保险责任范围之内的保险事故，××财产保险公司应当承担全部车损的赔偿责任。据此，张××起诉××财产保险公司，其诉讼请求为：请求法院判令××财产保险公司赔偿保险金72312.24元。

（二）被告辩称

对于原告张××保险责任范围内的损失，被告已经赔付完毕，不再承担任何其他赔偿责任，因该事故既非暴雨所致，也非碰撞事故，不属于保险责任范围，因此不同意张××的诉讼请求。

（三）法院经公开审理查明

2016年3月18日，张××作为投保人，以登记于其本人名下的机动车为保险标的向××财产保险公司投保，××财产保险公司同意承保并签发了保险单，保险单载明以下内容：（1）被保险人为张××；（2）××财产保险公司承保机动车损失保险，保险金额为1123470元；（3）××财产保险公司承保附加险"不计免赔特别约定"；（4）保险期间为自2015年3月20日起至2016年3月19日止。2015年5月2日晚零时左右，张××的司机洪××驾驶被保险车辆从石家庄市鹿泉区上庄出发，由西向东行驶到中山西路西三环地道桥处时，因地道桥下地面泛水导致车辆被淹后熄火，无法启动。随后张××的员工李××便拨打报警电话及保险公司电话，被告××财产保险公司未派员到场。后原告张××将车拖至4S店进行维修，共计支出换件及维修费137374.56元及拖车费800元，被告对原告支出的费用及维修项目均认可，但是称事故发生之日为小雨天气，不能对车损进行赔偿，只能按发动机损失险进行部分赔付。后经被告××财产保险公司核定，其中，事故车辆发动机的维修费用共计81527.9元，拖车费为800元，两项损失合计82327.9元，经双方协商，××财产保险公司按照损失额的80%赔付了原告发动机维修项目支出81527.9元及拖车费800元，并按照80%的比例赔付了张××保险金65862.32元。

另查明，被告××财产保险公司保险条款第四条保险责任项载明："保险期间，被保险人或其允许的合法驾驶人在使用被保险机动车过程中，因下列原因造成被保险机动车的损失，保险人依照本保险合同的约定负责赔偿：（一）碰撞、倾覆、坠落；（二）火灾、爆炸；（三）外界物体坠落、倒塌；（四）暴风、龙卷风；（五）雷击、雹灾、暴雨、洪水、海啸；（六）地陷、冰陷、崖崩、雪崩、泥石流、滑坡；（七）载运被保险机动车的渡船遭受自然灾害（只限于驾驶人随船的情形）。"被告公司发动机特别损失险条款第一条保险责任项载明："在保险期间，投保了本附加险的被保险机动车在使用过程中，因下列原因导致发动机进水而造成发动机的直接损毁，保险人负责赔偿：（一）被保险机动车在积水路面涉水行驶；（二）被保险机动车在水中启动；（三）发生上述保险事故时被保险人或其允许的驾驶人对被保险机动车采取施救、保护措施所支出的合理费用。"第二条第二项载明："本保险每次赔偿均实行20%的免赔率。"

三、裁判理由

审理本案的法院认为，本案的争议所涉及的保险合同有效。以此为基础本案的争议焦点在于：张××对于造成被保险车辆受损事件的性质、原因与损失程度应该承担怎样的证明责任？××财产保险公司是否应当对被保险车辆的所有损失承担赔偿保险金的义务？

（一）××财产保险公司的保险责任

《保险法》第二条规定："本法所称保险，是指投保人根据合同约定，向保险人支付保险费，保险人对于合同约定的可能发生的事故因其发生所造成的财产损失承担赔偿保险金责任，或者当被保险人死亡、伤残、疾病或者达到合同约定的年龄、期限等条件时承担给付保险金责任的商业保险行为。"

本案争议所涉及的保险险种为机动车损失保险。按照《保险法》第二条的规定，××财产保险公司在合同项下的义务在于，承担与被保险车辆有关的"约定范围之内的危险"，并且按照合同的"约定"，对于特定事件造成的被保险车辆的损失承担赔偿保险金的义务。由此，"合同的约定"是××财产保险公司承担危险以及赔偿损失的基本依据，××财产保险公司所承担的危险，以合同约定的保险责任范围为限。某一危险，如果并非基于合同约定的由××财产保险公司承担，即应由被保险人自行承担，该危险所造成的被保险车辆的损失，××财产保险公司也无须承担赔偿保险金的责任。机动车辆保险作为高度定型化的保险产品，保险责任应当以保险条款所列明、确定的责任范围为限，不能将××财产保险公司的保险责任解读为"对被保险车辆的一切损失结果负责"。

（二）张××的证明义务

《保险法》第二十二条第一款规定："保险事故发生后，按照保险合同请求保险人赔偿或者给付保险金时，投保人、被保险人或者受益人应当向保险人提供其所能提供的与确认保险事故的性质、原因、损失程度等有关的证明和资料。"

依据《保险法》的规定，被保险人张××在行使保险金请求权时应当承担证明义务。该证明义务的具体内容和要求是，被保险人张××在请求××财产保险公司赔偿时，应该证明保险事故的性质、原因和损失程度。其中，被保险人证明保险事故的性质和原因，是××财产保险公司承担保险赔偿责任的前提；被保险人证明被保险车辆的损失程度，决定了××财产保险公司承担赔偿保险金义务的具体数额。依据《保险法》的规定，由保险金请求权利人承担证明义务的理由在于，保险标的的危险虽然由××财产保险公司按照保险合同的约定承担，但是保险标的依然由被保险人控制、管理和使用，因此由被保险人承担证明责任符合公平原则，并且有利于防止道德风险。

在本案审理过程中，张××向法院陈述了造成被保险车辆损失的原因是，驾驶人洪××驾驶被保险车辆行驶到中山西路西三环地道桥下时，因地道桥下地面泛水导致车辆被淹后熄火，无法启动，从而导致被保险车辆损坏的事故。原告车辆在积水路面涉水行驶导致发动机损坏的事故符合双方签订的"发动机特别损失附加险"约定的保险责任范围。因此，经过双方协商，原告、被告就此达成了赔偿协议，被告依照该协议已经在发动机特别损失险限额内一次性赔付了原告的损失65862.32元，原告要求被告在车辆损失险限额内赔付其他损失，应当提供证据证明该部分损失是由暴雨或洪水所致，因涉水所致的损失则不属于车损险的赔偿范围，由于原告所举证据仅能证明车辆损失是因涉水所致，故原告要求被告在车辆损失保险限额内赔付车辆其他损失72312.24元的诉讼主张缺乏事实及法律依据。上述情形导致的法律后果是，张××在本案诉讼中，没有向法院证明被保险车辆的损失是保险责任范围内的保险事故所造成，据此由××财产保险公司对该损失承担保险赔偿责任的条件不具备，法院对张××的诉讼请求不予支持。

四、裁判结果

法院依照《保险法》第二条、第十四条及《民事诉讼法》第六十四条第一款的规定，对本案判决如下：

驳回原告张××的诉讼请求。该案宣判后，双方当事人均未提起上诉，现该判决已经发生法律效力。

五、案例评析

本案的审判要点在于，在保险人与相对人就保险赔付发生纠纷的情况下，原告的车辆因涉水熄火后造成的车辆损失是否属于本案车损险保险责任范围？法院如何分配当事人的证明义务。具体而言，应当由被保险人证明致损原因属于承保危险？抑或由保险人证明免责事由成立？

（一）证明义务是保险金请求权利人的法定义务

《保险法》第二十二条规定的是保险相对人的证明义务。该义务是法定义务，即便保险合同未就此作出约定，保险相对人也应当承担。保险有关证明义务的规定，是"谁主张，谁举证"规则的具体体现。保险相对人向保险人提出保险金请求必定在保险事故发生之后，且保险人不可能见证保险事故的发生。因此，为了避免保险相对人故意制造保险事故、谎称发生保险事故、夸大损失等道德危险和保险欺诈行为，《保险法》课以保险相对人证明保险事故的性质、原因与损失程度的责任，该证明义务能否完成，证明目的能否实现，直接影响保险人的保险赔付责任。

按照《保险法》第二十二条第一款的规定，投保人、被保险人、受益人均应当承担证明义务，这是由于上述保险相对人均可能参与到保险理赔的过程之中。然而对于诉讼实务而言，提起保险金给付诉讼的原告只能是被保险人或者受益人，投保人若不兼为被保险人或者受益人，即便加入诉讼，其身份也是证人而不是证明义务人。

（二）保险人对于相对人履行证明义务的协助

在保险相对人履行证明义务的过程中，保险人应当承担通知义务，《保险法》第二十二条第二款规定："保险人按照合同的约定，认为有关的证明和资料不完整的，应当及时一次性通知投保人、被保险人或者受益人补充提供。"保险人上述通知义务的实质，是协助相对人完成其证明责任。由保险人承担上述协助义务的理由在于，保险人比相对人具有更为丰富的保险专业知识，更清楚完成理赔程序需要哪些证明资料。因此，保险人应当出于诚实信用原则，善意的将实现证明目的所需要的证据提示给相对人，由相对人完成证据的提交，避免由于知识匮乏而陷入索赔困境。《保险法》有关保险人上述通知义务的规定是倡导性的，不能由于保险人未履行通知义务即判定其无条件承担保险赔付责任，保险相对人的证明义务为根本，保险人的通知义务为辅助，两者不可本末倒置。判定保险人由于未履行协助义务而承担保险赔付责任，应当以保险相对人的证据在诉讼中占有优势地位为条件，并保险相对人的证据应当足以支持法官形成"保险事故属于保险责任范围"的心证。

（三）保险相对人提供证明资料的范围

按照《保险法》第二十二条第一款的规定，保险相对人有义务提供的证据是其"能提供的"，并且该证据应当与确认保险事故的性质、原因和损失程度有关。佐证保险事故的性质、原因和损失程度，是保险法规定保险相对人承担证明义务的目的，保险相对人是否完成了证明义务，衡量标准在于上述证明目的是否可以实现，因此证据既无须拘泥于类型，也无须拘泥于数量。例如，许多机动车辆保险条款约定，"被保险人在索赔时应当向保险人提交由公安交通管理机关出具的事故认定书"。这一约定无疑在很大程度上具有合理性，但是如果被保险车辆自带有行车录像装置，清晰拍摄了交通事故发生的过程，保险人或者法院即完全可以依据该视频资料对于保险事故作出认定，不能以被保险人没有提交公安机关出具的事故证明为由不支持其保险金请求。

法院在判定保险相对人提交证据的范围时，出发点和归宿皆在于证明保险事故的性质、原因和损失程度。在审判实务中，应当依据案件的具体情形，公平合理地判定保险相对人提交证据的范围：首先，与证明目的无关的证据，保险相对人无须提供；其次，保险相对人已经获得的和可以获得的有利于认定案件事实的证据，应当要求其尽量提供；最后，某些证据如果保险相对人确实难以提供，法院也无须强求，依据最高法院证据规定，法院可以基于当事人的申请调查取证，也可以自行调查取证，还可以通过鉴定等方法认定案件事实。

（四）保险相对人的证明程度

在诉讼活动中，如果保险相对人提交的证据不能佐证保险事故的性质、原因和损失程度，其诉讼请求不应当获得法院的支持，此为结果意义上的举证责任——证明义务人因其未完成证明义务而承担不利后果。

在美国的司法实践中，法官对于提供损失证明义务的要求往往比较宽松，保险人若想以投保人、被保险人、受益人未尽到损失证明义务为由主张免除保险赔付责任非常困难。法官经常认为，只有保险人能证明被保险人未及时提供损失证明给其带来损害时，才可以主张免除赔付责任，这种举证责任对保险人而言非常困难，因为保险人可以通过许多其他途径获得相关证据。[①]国内也有学者认为，只有当投保人、被保险人、受益人未提供损失证明是由于故意或重大过失，并且保险人能够证明该

---

① 任自力主编. 保险法学[M]. 北京：清华大学出版社，2010：119.

义务的违反造成了保险事故的性质、原因和损失程度难以认定的，保险人对无法确认的部分，才不承担保险责任。①

作者认为，在我们社会诚信意识普遍不足的客观情形下，对于保险相对人履行证明义务的要求不宜过分宽松。保险金请求权利人在请求保险赔付时所提交证据的证明作用，至少应当达到促使法官就保险事故的性质、原因和损失程度形成初步心证的效果，使法官大体相信保险责任范围内的保险事故已经发生（或者非常可能已经发生）并且造成了损失，保险人应当承担保险责任。此时举证责任发生转移，由保险人对其免责抗辩承担证明义务，该证明义务实为对保险人的最后救济，如其不能证明保险事故或损失为虚假或存在重大瑕疵，承担保险赔付责任则将在所难免。至于保险人与相对人各自提交证据的证明力的大小，由法官依据案件具体情况综合判断。

对于财产保险、人身保险和保险金请求权利人，其证明义务各有侧重：

第一，对于人寿保险而言，需要证明的事项多为被保险人死亡或生存至约定年龄。需要说明的问题是，法院宣告被保险人死亡的文书，同样可以实现证明被保险人死亡的目的，保险人不能以"宣告死亡"不是"客观死亡"为由拒绝赔付保险金。不过，被保险人在法院宣告其死亡后被发现仍然生存的，受益人或者继承人应当退还已经领取的保险金。

第二，对于定额给付型的健康保险而言，需要证明的事项多为被保险人罹患约定范围之内的重大疾病。需要说明的问题是，所谓"重大疾病"是保险合同意义上的而不是生活常识意义上的，其种类范围、认定标准均以合同约定为准。某些严重的足以致人死亡的疾病（如艾滋病），

---

① 任自力主编. 保险法学[M]. 北京：清华大学出版社，2010：119.

并不属于重大疾病保险合同的保障范围。

第三，对于定额给付型的意外伤害保险而言，需要证明的事项主要包括两方面：其一，被保险人受到意外伤害的事实；其二，伤害事件造成了被保险人死亡、伤残的结果。所谓意外伤害，未必指一切外来因素造成的被保险人死亡、伤残结果（如冰毒感染）。在日本保险法上通常认为，引起伤害保险补偿的保险事故，必须具备外来性、急剧性和偶然性这三个条件。[①]为避免争议，国内××财产保险公司可以参照上述思路在保险条款中明确"意外伤害"的定义。

第四，对于费用补偿型的健康保险与意外伤害保险而言，需要证明的事项包括两个方面：其一，被保险人患病、受到意外伤害并因此接受治疗的事实；其二，上述保险事故造成被保险人支出费用或减少收入的事实。

第五，对于财产损失保险而言，需要证明的事项为保险责任范围之内的保险事故发生，以及该保险事故造成保险标的的损失的程度。

第六，对于责任保险而言，需要证明的事项为被保险人对第三者依法承担民事责任的事实，具体包括导致被保险人对第三者承担民事责任的基础事由、被保险人所承担的民事责任的合法性，以及被保险人对第三者的债务是否已经实际履行。

六、本案解读

本案争议所涉及的保险业务为车辆损失保险，该保险业务是个别险，不是一切险，由此意味着并非被保险车辆的所有损失均首先被纳入保险责任，而后由保险人负责免责证明。个别险的保险责任是列举式

---

① 沙银华. 日本保险经典判例评释[M]. 北京：法律出版社，2011：147.

的，一切险的保险责任是统括式的，在证明义务上，个别险有利于保险人——相对于就事故属于责任范围承担证明义务；一切险则有利于保险相对人——保险人就免责事由承担证明义务。鉴于车辆损失险属于个别险，被保险人张××在请求保险赔付时应当向法院证明，被保险车辆的损失是由暴雨或洪水所致，即该事故属于保险责任范围内的保险事故，此为判定保险人承担保险金赔付义务的基本点。本案的实际情形是，被保险人可以证明被保险车辆的损失程度，但没有证明造成损失的原因属于保险责任范围内的保险事故。在此情形下，损失结果的证明没有意义，法院据此判决驳回被保险人张××的保险金赔偿请求。

案例供稿及评析人：石家庄铁路运输法院　杨敬忠

被保险车辆悬挂过期临时牌照上路致损，保险公司不应赔偿

一、裁判要旨

机动车未取得合法牌照上路行驶是道路交通安全法明令禁止的行为，对于法律明确禁止的行为，保险人根据免责条款免责时，只要证明对该条款已尽到了提示及告知义务即可，无须履行特别的明确说明义务。

二、基本案情

（一）原告诉称

2013年8月10日，韩××驾驶原告康××所有的（临）冀A×××××轿车，沿西三环路最右侧车道由南向北行驶时与熊××驾驶的冀AP××××重型半挂牵引车和冀A×××P重型仓栅式半挂车相撞，造成车辆受损的交通事故。该事故经石家庄市公安交通管理局××交警大队认定：韩××负事故的主要责任。原告所有的（临）冀A×××××轿车在××财产保险公司投保了880570元的机动车损失险及不计免赔，保险期间自2013年5月30日起至2014年5月29日止。事故发生后，康××向××财产保险公司申请理赔，××财产保险公司以"临牌过期"为由拒绝赔付。故原告诉至法院，请求法院依法判令被告××财产保险公司赔付原告康××保险理赔款103333.3元并承担本案诉讼费用。

（二）被告辩称

根据保险条款，公司只对属于保险责任范围内的车辆损失进行赔偿，（临）冀A×××××轿车悬挂的是临时号牌，因该临时号牌已过期，不在保险责任范围内，故公司拒绝赔付。

（三）法院公开审理查明

2013年8月10日，韩××驾驶康××所有的悬挂冀A×××××临时牌照的轿车，沿西三环路最右侧车道由南向北行驶，与熊××驾驶的冀AP××××重型半挂牵引车和冀A×××P重型仓栅式半挂车相撞。经石家庄市公安交通管理局××交警大队认定：韩××驾驶未按规定安装号牌的轿车，变道行驶，未让所借车道行驶的车辆先行……韩××承担事故的主要责任。冀A×××××临时牌照的有效期至2013年7月27日。康××为该轿车在××财产保险公司投保了880570元的机动车损失险及不计免赔，保险期间自2013年5月30日起至2014年5月29日止。康××在投保单上进行了签名并交纳保险费28393.9元。事故发生后，康××在石家庄××汽车销售服务有限公司对车辆进行了维修，并于2014年1月23日委托河北×××保险公估有限公司对车辆损失进行了评估，其维修费用与估损金额均为147619元。2014年1月14日，××财产保险公司以"临牌过期"为由拒绝赔付。

另查明，××财产保险公司家庭自用汽车损失保险条款第六条第十项规定：除另有约定外，发生保险事故时被保险机动车无公安机关交通管理部门核发的行驶证或号牌，不论任何原因造成被保险机动车损失的，保险人不负赔偿责任。保险合同条款中对上述内容进行了加黑、加粗。

三、裁判理由

法院裁判认为：原告康××与被告××财产保险公司对于签订保险合同这一事实，均表示认可，且康××足额交纳了保险费用，因此，该保险合同是双方当事人的真实意思表示，不违反法律、行政法规的强制性规定，合法有效。投保单、保险单及保险条款均为保险合同的重要组成部分，其内容对双方当事人具有约束力。一般情况下，保险事故发生后，被保险人有权要求保险人承担相应的保险责任。但根据保险合同条款的约定，保险事故发生时被保险机动车无公安机关交通管理部门核发的号牌，保险人则不负责赔偿。

本案的争议焦点在于：被保险车辆悬挂已经过期十余日的临时号牌上路，保险公司能否依据保险合同中的免责条款不予赔付？案件审理过程中康××承认在投保时由其本人在投保单上进行了签名，但否认保险公司对其履行了提示及明确说明义务。本案中，保险人拟定的保险合同条款用加黑、加粗的字体对"未上牌车辆上路不予赔付"的免责条款予以了提示，可以认定××财产保险公司已对免责条款进行了初步的提示。《道路交通安全法》第八条明确规定：国家对机动车实行登记制度。机动车经公安机关交通管理部门登记后，方可上道路行驶。尚未登记的机动车，需要临时上道路行驶的，应当取得临时通行牌证。根据上述条款，机动车辆未经过公安机关交通管理部门登记上道路行驶是法律明确禁止的，而非保险合同根据具体情况所作的特别约定。车辆悬挂的临时牌照一旦过期，就意味着没有牌照，即不再具备合法上路的条件。已经通过法律予以明确禁止、为普通公众所熟知的条款应当认定为保险人已经明确说明。即使保险人未将无牌上路的定义、法律后果等作出明确解释，康××作为车主、韩××作为车辆驾驶人也应当知道法律禁止无号牌机动车辆上路行驶的规定，即应当知道被保险车辆无牌上路是违法行为，不会对免责条款的理解产生歧义。因此，××财产保险公司无须再对该条款进行明确说明。

综上所述，车辆临时牌照已经过期，康××在未到公安机关交通管理部门进行登记或补办临时号牌的情况下，仍然允许该车辆上路行驶，不仅违反了法律的禁止性规定，也符合保险合同中所约定的免责情形。故××财产保险公司不应当对康××的违法行为承担赔偿责任，康××的诉讼请求于法无据，法院不予支持。

四、裁判结果

法院依照《保险法》第二条、第十四条，《最高人民法院关于适用〈中华人民共和国保险法〉若干问题的解释（二）》第十条、第十一条第一款的规定，判决驳回原告康××的诉讼请求。

五、案例评析

对于机动车悬挂过期的临时牌照上路行驶造成交通事故，保险公司应否赔偿，司法实践中有很大争议，主要集中在以下三种不同的观点：

第一种观点认为，该约定条款属于排除原告主要权利，免除被告责任的条款，应依照《保险法》第十九条的规定认定为无效。即使免责条款不当然无效，被告也应当针对该条款内容对原告尽到提示和说明义务，仅在投保单中将该条款内容以加粗、加黑方式进行的提示，不能导致免责条款生效。

第二种观点认为，驾驶悬挂过期临牌的车辆上路，应当按照所驾车辆无牌照认定。根据《道路交通安全法》的规定，无牌行驶是法律明确禁止的行为，免责事由的内容可推定为社会公众普遍知晓，原告具有合法驾驶证，应当推定对该部分禁止性规定予以了解和掌握，故对于该类免责条款，被告仅需尽到提示义务，免责条款即可生效。本案中，保险人拟定的保险合同条款用加黑、加粗的字体对"未上牌车辆上路不予赔付"的免责条款予以了提示，可以认定保险公司已对免责条款进行了提示义务，免责条款发生效力。

第三种观点认为，道路交通安全法对上路行驶的车辆应悬挂有效牌照的规定属于管理强制性规定，而非效力强制性规定。行为人驾驶悬挂过期临时牌照的车辆上路仅仅是违反了管理强制性规定，而该行为本身既不会使保险车辆的危险程度增加，同时也与事故发生的原因没有直接因果关系，在没有加重保险人承保风险和保险标的出险概率的情况下，保险公司依据该免责条款拒赔有违公平原则。

作者同意第二种观点。行为人驾驶悬挂过期临时牌照的车辆上路的行为属于"未经行政机关赋权，擅自从事未经许可的活动"，是一项违法行为。保险人将"临牌过期上路行驶"的情形纳入免赔范围，并未排除保险人的主要权利，在保险人依法尽到提示说明义务的情况下，该免责条款合法有效。"临牌过期"与保险事故发生是否具有因果关系并不影响"临牌过期上路行驶"免责条款是否生效的认定。

（一）"临牌过期"免责条款并未排除被保险人的主要权利

保险法的基本原则是损失补偿原则，在车辆损失保险合同中被保险人最主要的权利就是要求保险人支付保险金，以弥补交通事故所造成的损失。相应的，保险人最主要的责任也是给付保险金。就保险合同而言，无论是《合同法》中的主要权利还是《保险法》中的法定权利，都应当是被保险人基于保险合同的性质而应享有的法定或约定权利。同时，任何的权利边界都不是无限扩大的，当某种权利的行使影响到他人的合法权利或者整个社会秩序时，这种权利就应当受到限制。对于"临牌过期"行为而言，《道路交通安全法》对"上路行驶的车辆应当进行依法登记或取得临时通行牌证"的规定是明确而具体的，因此驾驶临牌过期车辆上路行驶的行为违反了国家对机动车的管理及登记制度，是对社会秩序的破坏，具有毫无争议的违法性。如果在这种情形下，仍然将给付保险金作为保险人的责任或者义务，看似起到了弥补损失的作用，但从长远角度看，实则是纵容了违法行为的发生，传递了错误的价值取向，将使得国家对机动车的登记管理制度形同虚设。因此，在"临牌过期"的情形下，被保险人依旧驾驶车辆上路行驶引发保险事故的，被保险人享有要求保险人支付保险金的权利已然不具有权利行使的正当性。因此，保险合同将其列为免责条款，并未排除投保人、被保险人或受益人的主要权利或法定权利。

（二）"临牌过期上路行驶"作为免责事项并未违反公平原则

保险合同中免责条款的设置不仅要考虑特定行为对保险标的出险概率的影响，还要从保险的本质出发考量免责条款的合理性与公平性。保险共同团体得以维系，保险能够稳定发挥其社会保障功能，关键在于损失的合理分摊，通过对保险费率的科学合理设定，使每个保险团体成员的负担相对公平。由此，就每一个具体的保险理赔案件而言，理赔所支付的赔偿金实质上也都来源于其他投保人所支付的保费。假若要求保险公司对"临牌过期上路行驶"这一违法行为所造成的事故损失依旧给予保险理赔，那么可以预想虽然被保险人的损失在个案中得到了弥补，但保险公司考虑到成本支出的平衡以及经营风险的核算，必然会对保险费率的设置进行相应调整，从而将该风险实质转嫁给所有投保人，并最终由所有投保人共同为"临牌过期上路行驶"的违法行为买单，这不仅对其他投保人不公平，也不符合保险立法的初衷。因此，从保险行为的本质来看，保险条款将"临牌过期上路行驶"行为设置成免责情形具有其内在的合理性与公平性。

（三）免责条款说明义务履行的认定标准

虽然"临牌过期上路行驶"免责条款不因排除投保人的主要权利或有违公平原则而无效，但基于最大诚信原则的要求，保险法明确规定，保险人对含有免除其责任的格式条款应当尽到明确说明义务，即对于相应免责条款，不仅要在保单上作出足以引起投保人注意的提示，还需对该条款的内容以书面或口头形式向投保人作出明确说明，以构成保险人和投保人合意的基础，并确保保险合同因双方意思表示一致而成立，此是保险法对保险人苛以免责条款明确说明义务的一般原则。

对于已在法律、行政法规中列为禁止性规定的情形，由于公众一般均能较易理解，因此对于保险条款中将该类禁止性规定作为免责事由的，保险公司的明确说明义务也有别于一般原则。《最高人民法院关于适用〈中华人民共和国保险法〉若干问题的解释（二）》第十条规定，对于将法律、行政法规中的禁止性规定作为免责事由的条款，保险人只需对该条款作出必要的提示，使投保人知晓被保险人违反禁止性规定将导致保险人免责的法律后果，即应当视为保险人已尽到最大诚信原则的要求，投保人及保险人之间合意的基础即已形成。如本案中无临时牌照不得上路行驶的规定就是每一个驾驶人所应当知道的法律法规。被告在保单上对涉案免责条款采取了加粗、加黑等方式进行了突出标识，已充分提示投保人在"临牌过期上路行驶"情形下发生的保险事故将无法获得保险理赔，应当认定为被告对"临牌过期"属于免责情形已经尽到了法律要求的提示和说明义务，该免责条款依法生效。

（四）意思自治原则在保险合同中的体现与维护

意思自治原则是民商事合同所应遵循的基本原则，鉴于保险法律关系的特殊性，决定了保险合同难以仅仅依靠缔约双方的自力平衡而完成对合同的履行，因此必须通过法律的强制性干预进行调整。从这一意义上讲，对于在合同订立过程中处于优势地位的保险人赋予其对免责条款相应的说明义务即是法律对合同缔约过程的合理干预。但是应当明确，法律的干预是对当事人缔约能力的校正，而非对当事人真实合意的取代，商事合同意思自治的原则仍需得到保险法律关系当事人的恪守和遵循，这是维持正常的商事交易活动所必须的。因此，在考虑双方当事人缔约能力失衡的同时，也绝不能将意思自治束之高阁。本案中，被告向原告出具并交付了保单，同时也已履行了对"临牌过期上路行驶"行为法律后果的提示义务，应当认定该条款是双方自愿达成的，是合法有效的。原告理应通过阅读保险条款进一步明确其权利与义务，而不得以未阅读含义明确的条款加以抗辩，其疏于阅读条款的后果应自行承担。

综上所述，无论是从商事立法的本意还是从保险功能的分析来讲，都不应将违法行为所致的保险损失无限制扩大到保险人的责任承担范围之内。对于该类型免责条款只要保险人尽到了相应的提示义务，该免责条款即生效。

案例供稿及评析人：石家庄铁路运输法院　付丽萍

车辆转卖情形下，保险标的物损失的确定标准

一、裁判要旨

保险事故发生后，被保险人对于事故发生的原因、性质、损失程度负有初步举证责任。在案件进入诉讼阶段，车辆却已经转卖的情形下，保险合同各方当事人对损失程度存在较大分歧时，应结合双方当事人的过错及损失补偿原则对标的物的损失数额作出综合认定。

二、基本案情

（一）原告诉称

2014年2月12日，原告张××驾驶其所有的冀A30×××轿车行驶至邯郸镇时，因避让行人，与路边电线杆发生碰撞，致使车辆及线路受损。该事故经××市公安交通警察大队认定：张××负事故的全部责任。张××为冀A30×××轿车在××财产保险公司购买了25.3万元机动车车辆损失险、30万元机动车第三者责任险及不计免赔险等险种，保险期间自2013年8月13日起至2014年8月12日止。故请求法院依法判令××财产保险公司在保险限额内赔付张××的车辆等各项损失231186元并承担本案的诉讼费用。

（二）被告辩称

依据保险合同条款的约定，在限额内赔偿张××合理、合法的损失。

（三）法院公开审理查明

2014年2月12日，张××驾驶其本人所有的冀A30×××轿车行驶至邯郸

镇时，因避让对面行人，与路边电线杆发生碰撞，致使车辆及线路受损。该事故经××市公安交通警察大队认定：张××负事故的全部责任。张××于事故当日在××市公安交通警察大队的调解下，赔偿第三者损失6674元。2013年8月12日，张××为冀A30×××轿车在××财产保险公司购买了25.3万元机动车车辆损失险、30万元机动车第三者责任险及不计免赔险等险种，被保险人为张××，保险期间自2013年8月13日起至2014年8月12日止，交纳保险费9842.95元。2014年3月25日，经张××申请，法院依法委托河北×××保险公估有限公司对冀A30×××轿车的车辆损失进行了公估鉴定，鉴定结论确定该车的估损金额为217612元，公估费为6900元。2014年3月28日，经××财产保险公司申请，法院依法委托河北×××保险公估有限公司对冀A30×××轿车的残车价值进行了公估鉴定，鉴定结论确定该车出险当月现有价值为237799.8元，残车价值为98380.8元。

另查明，张××在冀A30×××轿车发生交通事故以后并未进行修理，而是直接将车转卖。

三、裁判理由

法院裁判认为：原告张××与被告××财产保险公司所签订的保险合同是双方当事人的真实意思表示，不违反法律、行政法规的强制性规定，合法有效。保险单及保险条款所约定的内容均为保险合同内容，双方当事人应当依据保险合同的约定履行各自的义务。保险车辆在保险期限内发生交通事故，致使车辆受损，该情形属于双方约定的保险责任范围，张××作为被保险人对保险车辆依法享有保险利益，有权要求××财产保险公司给予相应的赔偿。但根据《保险法》第二条的规定，保险的基本原则和目的就是补偿功能，补偿被保险人因为意外而遭受的财产损失，被保险人不能也不应该因为发生事故而额外受益。因此，在损失补偿原则下，赔偿不得超过损失，即赔偿应以实际损失为限。由此可见，如何确定实际损失是本案的关键。而本案的实际情形是，张××在保险事故发生后，既没有对车进行修理，也没有将车提交保险公司予以定损，而是直接把车转卖他人。张××的这种不当行为不仅给确定车辆的实际损失造成了困难，也使对车辆进行修理成为不可能。在本案审理过程中，张××申请对车辆的损失进行鉴定，以确定车辆的修理费用；××财产保险公司申请对残车进行鉴定，以确定发生保险事故后残车的现有价值。既然车辆已经被转卖他人，对于张××而言，就不存在修理车辆这一事实，如果将预估的修理费用（车辆的估损金额）确定为车辆的实际损失，其与残车价值之和将远远超过车辆的实际价值，从而导致张××额外受益，这样显然违反了《保险法》的损失补偿原则。因保险事故的发生，使其车辆的价值由出险当月现有价值降为残车价值。因此，将出险当月现有价值扣除残车价值来确定车辆的实际损失比较符合客观实际。

综上所述，张××要求按照车辆损失鉴定数额赔偿保险金的诉讼请求于法无据，于理不通，法院不予支持。而××财产保险公司要求按照车辆的实际价值扣除残车价值予以赔付的抗辩主张与损失补偿原则相一致，法院应予采信。关于本案的鉴定费用，因张××申请的车辆损失鉴定结论未被法院采信，其因此而产生的鉴定费用就不属于为查明和确定保险标的的损失程度所支付的必要费用，故该费用应由张××自行负担。

四、裁判结果

法院依照《保险法》第二条、第十四条的规定，作出如下判决：

1. 被告××财产保险公司于本判决生效之日起10日内在机动车车辆损失险限额内给付原告张××车辆损失保险赔偿金139419元。

2. 在机动车第三者责任险限额内给付原告张××保险赔偿金6674元。

3. 驳回原告张××的其他诉讼请求。

案件宣判后，双方均未上诉，判决已发生效力。

五、案例评析

本案的争议焦点在于车辆实际损失的确定标准问题，在事故发生后，由于原告既没有对涉案车辆进行实际维修，也没有将车辆提交保险公司予以定损，而且在进入诉讼阶段前被保险人就直接将车辆进行了转卖，因此，在确定标的物损失的标准上双方当事人便存在较大争议。

（一）车辆未实际维修不影响保险公司进行理赔

首先需要明确，"车辆是否实际维修"并不是认定被保险人是否实际遭受损失的依据，也不是保险人是否进行理赔的依据。在司法实践中，保险公司经常以事故车辆未实际修理进行抗辩而怠于履行其赔偿义务。理论上，即使涉案车辆未实际修理，但车辆损失是客观存在的，且法律法规中也没有规定保险车辆必须实际修理才能赔付保险金。因此，在原告未实际修理车辆的情形下，法院完全可以依据依法作出的公估报告来确定车辆损失及赔付标准。应当明确的是，公估报告所确定的损失数额是车辆损失的预估金额，在一般情形下由第三方作出的公估数额与实际维修数额差别应当不大。因此，一般案件中的公估报告与维修发票对于法院据以确定车辆损失并无差别。

（二）损失补偿原则在财产保险中的运用

所谓损失补偿原则是指当保险事故发生时，被保险人从保险人处得到的赔偿正好填补保险人因保险事故所造成的保险金额范围内的损失。损失补偿原则是保险法的基本原则之一，是由保险的经济补偿功能决定的，也是委付制度与代位求偿权制度的基础。损失补偿原则的具体含义可以分为两个层面：一是质的规定，即只有保险事故的发生造成了保险标的的毁损，从而致使被保险人遭受经济损失时，保险人才承担损失补偿原则。否则，即使在保险期间发生了保险事故，如果被保险人没有遭受损失，那么其也无权要求保险人进行赔偿。二是量的规定，即被保险人可获得的补偿量仅以其保险标的在经济上恢复到保险事故发生之前的状态为限，而不能使被保险人获得多余或少于损失的补偿，禁止被保险人通过保险理赔获得额外收益。

1. 保险赔偿金额应当公平合理。所谓公平合理，是指保险人在保险事故发生后的具体赔偿数额应当有利于保险人和被保险人的双方利益。一方面，要充分补偿被保险人的实际损失，达到保险保障的目的；另一方面，不能使赔偿数额超过实际损失，使被保险人获取额外收益而损害保险人的合法权益。

2. 保险人履行损失补偿责任需要把握以下三个限度：一是以实际损失为限，即当投保财产遭受保险责任范围内的损失时，保险人按合同规定承担赔偿责任，其所支付的保险理赔金不应超过被保险人的实际损失；二是以保险金额为限，即保险金额是保险人承担赔偿责任的最高限额，保险理赔金不能超过保险金额，只能低于或等于保险金额；三是以保险利益为限，即保险利益是保险保障与保险理赔的最高限度，保险理赔款不得超过被保险人对遭受损失的财产所具有的保险利益。

3. 损失补偿原则在计算赔偿时的体现。理论上，在保险车辆足额投保的情形下，损失补偿原则体现在标的物的赔偿额与残值之和应不超过保险标的发生事故时的实际价值。实践中，由于车辆并不属于价值恒定的物品，受车型、年限等影响这种理论上的对等关系可能会存在偏差。在各大保险公司的保险条款中一般都规定当事故车辆损失数额达到车辆实际价值的80%时，即推定为全损，但是这种理论在司法实务界很少被采用。一般情况下，只要损失数额没有超过事故发生时的实际价值，且被保险人已对车辆进行了实际维修，则法院一般按实际维修数额确定被保险人的损失。此情形下，据实赔付并不突破保险法的损失补偿原则，当然也不存在道德风险的可能。本案中的情形则更为复杂，被保险人既未对车辆进行实际维修，同时又在未经勘验定损的情况下将车辆进行了转卖，由于转卖车辆的金额无法核实，则如果按照被保险人诉请依据公估机构对涉案车辆损失作出的预估损失鉴定来确定损失数额，则其与残车价值之和将远远超过车辆的实际价值，同时也极易出现车辆的损失数额与转卖金额之和远大于车辆的实际价值，从而导致被保险人从事故中获利，引发道德风险，这样显然违反了保险法关于损失补偿原则的规定。因此，在这种情形下，对事故车辆进行残车价值鉴定，以实际价值扣减残值的方式确定车辆损失对于平衡双方利益，体现公平原则具有必要性与重要性。

总之，保险司法实践中要严格遵循损失补偿原则，这既有利于真正发挥保险的经济补偿功能，同时又能够避免将保险演变为赌博行为，防止道德风险的发生。保险作为社会保障的一种重要手段，其本质目的在于降低风险，而非盈利。如果允许被保险人通过保险来获利，则不仅是对损失补偿原则的违背，而且极有可能引发较大的道德风险，进而对社会安定和经济发展造成影响。

（三）保险法最大诚信原则的体现

最大诚信原则是保险法的基本原则之一，贯穿于保险合同投保、承保、经营、理赔的全过程。《保险法》第五条规定："保险活动当事人行使权利、履行义务应当遵循诚实信用原则。"其要旨在于要求保险合同双方当事人在订立及履行保险合同的过程中，必须以最大的诚信全面而完整地履行自己应尽的义务，互不欺骗和隐瞒有关保险标的的重要情况，严格遵守保险合同的约定和承诺。

最大诚信原则对于保险人而言，其义务主要包括如实说明义务与给付保险金的义务；对于投保人而言，则主要体现为如实告知义务和保证义务。值得注意的是，保证义务是指投保人或者被保险人向保险人作出的保证作为或者不作为某些事项、肯定或者否定某些事项存在的承诺，当投保人或者被保险人违反其作出的承诺时，保险人则可据此解除合同，保证的种类分为明示保证和默示保证两种，其目的在于控制未来可能发生的危险，确保保险标的的稳定，进而保证保险合同目的的实现。在保险实践中，一些投保人在投保时不履行如实告知义务，使保险公司难以根据投保标的的风险状况确定是否承保以及该以什么条件承保；有些被保险人或受益人故意虚构保险标的或保险事故骗取保险金；有些则是夸大保险损失，歪曲事故原因，采取各种手段伪造损失财产有关的资料和其他证据骗取保险金……这些都是对保险法最大诚信原则的违背。

《保险法》第二十一条规定："投保人、被保险人或者受益人知道保险事故发生后，应当及时通知保险人。故意或者因重大过失未及时通知，致使保险事故的性质、原因、损失程度等难以确定的，保险人对无法确定的部分，不承担赔偿或者给付保险金的责任，但保险人通过其他途径已经及时知道或者应当及时知道保险事故发生的除外。"由于保险人不可能在事故发生后的短时间内就对保险标的的现状、所处的客观环境等重要情况进行全面掌握，因此，基于最大诚信原则的要求，在保险事故发生后，被保险人应当及时通知被保险人，同时保护好受损标的物，以方便保险人进行定损赔偿。本案中，被保险人在既未对车辆进行维修也未通知保险人查勘定损的情况下就将车辆转卖，导致车辆实际损失无法核实，主观上明显存在过错。由于被保险人未对受损标的进行实际维修，因此按照一般案件的处理方式，以维修标准并仅参照公估机构的鉴定结论进行预估损失没有切实依据，也不符合保险法的最大诚信原则。在此情形下，法官以最大诚信原则为标准，综合权衡、考量当事人的主观过错，以保险标的出险当时的实际价值扣减残车价值来确定车损金额对于防范道德风险、体现公平原则具有重要意义。诚实信用原则作为民法通则的基本原则，其在保险法中的规定为我国保险法未来的发展提供了更为广阔的空间，能够更好地弥补法律的刚性，使保险法的制定更加合理化、人性化。

案例供稿及评析人：石家庄铁路运输法院　付丽萍

属于保险事故是
保险公司承担赔偿责任的前提

一、裁判要旨

保险事故是指保险合同约定的保险责任范围内的事故，也即保险人依保险契约所负责任的事由。保险人承担保险责任的前提是所发生的事故属于保险事故，即可归属于保险责任赔偿范围内所列的各项事故。对于已发生事故的原因和性质，被保险人负有相应的举证责任，若无法确定为保险事故，则保险人依法可以拒绝赔付。

二、基本案情

（一）原告诉称

2013年4月22日，原告张××与被告××财产保险公司签订了保险合同，为张××所有的冀A××F××轿车投保了机动车车辆损失险及不计免赔率等险种，保险期限自2013年4月23日起至2014年4月22日止。2013年7月9日凌晨，张××驾驶被保险车辆由北向南行驶至石家庄市翟营大街与东岗路交叉口时，车突然熄火，后经救援公司拖至石家庄××汽车销售服务有限公司，经该公司检测，汽车发动机报废。事故发生后，张××及时联系了××财产保险公司，商谈赔偿事宜，但××财产保险公司拒不赔偿。故依法诉至法院，请求法院依法判令××财产保险公司赔付张××车辆损失

141500元并承担本案诉讼费用。

（二）被告辩称

该车仅投保了车损险和不计免赔率等险种，张××没有证据证明其发动机损坏在保险责任范围内，因此保险公司拒绝赔偿因发动机损坏所造成的损失。

（三）法院公开审理查明

2013年4月22日，原告张××与被告××财产保险公司签订了保险合同，为张××所有的冀A××F××轿车投保了机动车车辆损失险及不计免赔率等险种，张××足额交纳了保险费用，保险期限自2013年4月23日至2014年4月22日止。2013年7月9日凌晨，石家庄××汽车销售服务有限公司与××财产保险公司分别接到了关于冀A××F××车辆进水的报案。石家庄××汽车服务有限公司在石家庄市翟营大街与东岗路交叉口附近将冀A××F××轿车拖至石家庄××汽车销售服务有限公司。2013年7月9日上午，××财产保险公司验损员到石家庄××汽车销售服务有限公司进行验损，经拆检，冀A××F××车的发动机缸内进水，缸体受损。石家庄××汽车销售服务有限公司对冀A××F××轿车的发动机进行了更换。××财产保险公司拒绝赔偿。

另查明，保险合同中机动车辆保险条款第一部分第二章第一条所约定的内容是："在保险期内，被保险人或其允许的合法驾驶人在使用保险车辆过程中，因下列原因造成保险车辆的损失、保险人按照本保险合同的规定负责赔偿：（一）碰撞、倾覆；（二）火灾、爆炸，按照保险合同约定为非营运企业或机关车辆的自燃；（三）外界物体倒塌或坠落、保险车辆行驶中平行坠落；（四）雷击、暴风、龙卷风、暴雨、洪水、海啸、地陷、崖崩、雪崩、雹灾、泥石流、滑坡；（五）载运保险车辆的渡船遭受本条第（四）项所列自然灾害（只限于有驾驶人随船照料者）。"

三、裁判理由

法院裁判认为：对于签订保险合同这一事实，双方当事人均表示认可，且张××足额交纳了保险费用，因此，该保险合同是双方当事人的真实意思表示，不违反法律、行政法规的强制性规定，合法有效。投保单、保险单及保险条款均为保险合同的组成部分，其内容对双方当事人具有约束力。保险事故发生后，被保险人有权要求保险人承担相应的保险责任。根据《保险法》的规定，保险责任应当在保险合同中进行约定。一方面，被保险人可以借此获得相应的权利；另一方面，保险人可以通过其管理危险和控制危险，以此实现承担责任与收取保险费之间的对价平衡。故保险人承担保险责任仅以保险合同中所约定的保险责任为限，如果不属于保险合同所约定的保险责任范围，即便保险标的发生了毁损，保险人也无须承担保险赔偿责任。也就是说，保险人承担保险责任的基础在于发生了符合合同约定的保险事故，而并非所有情形下的车辆毁损保险人都须承担保险赔偿责任；保险金请求权人对于保险事故的性质、原因和损失程度等负有举证责任。

就本案而言，双方的争议焦点主要在于：张××的车辆发生毁损是否属于保险责任范围？由于双方当事人在机动车辆保险条款第一部分第二章第一条中对保险责任进行了明确的约定。所以，张××若想获得保险赔偿就必须要举证，证明其车辆的毁损属于该条所列明的任一事项。另外，保险合同约定保险责任的条款，不是免责条款，即便保险人在订立合同的过程中没有就该条款进行提示、说明，该条款也仍然有效。综上所述，张××所举证据只能证明其车辆发生了毁损，却没有证据证明发生毁损的原因以及该原因与平安机动车辆保险条款第一部分第二章第一条中所列明的任一事项相符。因此，张××要求××财产保险公司赔偿车辆损失的诉讼请求于法无据，法院不予支持。

四、裁判结果

法院依照《保险法》第二条、第十六条第七款、第十八条第一款、《民事诉讼法》第六十四条第一款、《最高人民法院关于民事诉讼证据的若干规定》第二条的规定，作出如下判决：

驳回原告张××的诉讼请求。

案件宣判后，双方均未上诉，判决已发生效力。

五、案例评析

保险责任范围的划定是保险条款的重要组成部分，保险责任范围内的事故也即保险事故的发生是保险公司承担保险责任的前提。在司法实践中，就发动机进水损失是否属于保险事故，保险公司应否承担相应的赔偿责任，处理方法上一直存在很大争议。

（一）对于保险事故的理解

我国《保险法》第十六条第七款规定："保险事故是指保险合同约定的保险责任范围内的事故。"也就是说，保险事故即指"保险人依保险契约所负责任的事由，也即保险人应负担的风险。"保险的社会保障功能决定了保险事故本质上的偶发性与不可确定性。只有所发生的事故属于"保险事故"的范畴，保险公司才应该承担相应的赔偿责任。

对于何种事故属于保险事故，一般在保险条款中都以列举形式明确说明。本案中，保险合同中机动车辆保险条款第一部分第二章第一条就保险责任的范围作出如下约定："在保险期内，被保险人或其允许的合法驾驶人在使用保险车辆过程中，因下列原因造成保险车辆的损失、保险人按照本保险合同的规定负责赔偿：（一）碰撞、倾覆；（二）火灾、爆炸，按照保险合同约定为非营运企业或机关车辆的自燃；（三）外界物体倒塌或坠落、保险车辆行驶中平行坠落；（四）雷击、暴风、龙卷风、暴雨、洪水、海啸、地陷、崖崩、雪崩、雹灾、泥石流、滑坡；（五）载运保险车辆的渡船遭受本条第四项所列自然灾害（只限于有驾驶人随船照料者）。"作为合同条款的重要组成部分，保险公司承担赔付责任的范围不应突破合同条款中针对保险事故类型的列举式约定。同时对于所发生的事故是否属于保险事故范畴，投保人或者被保险人负有相应的举证责任，举证不能的，应当承担相应的不利后果。

（二）契约自由与意思自治的体现

保险合同虽然从性质上具有一定的社会保障功能，属于典型的格式合同，但是本质上其首先是商事合同，遵循契约自由与意思自治的基本原则。只要保险合同内容合法有效，不违反法律和行政法规的规定，则合同当事人应当严格按照合同内容行使权利与义务，这是保障商事交易安全，体现商事立法主旨的必然要求。本案中，对于保险事故的范围在合同条款中有明确而具体的约定，由于针对本次事故中发动机进水的损失原因原告并不能举证证明属于保险责任范围内的任一项，因此对于不属于保险责任范围内的损失，保险公司可以拒绝承担赔付责任。同时，对于发动机涉水损失在保险合同中设置了专门的"发动机涉水损失险"，根据保险条款的界定，投保了发动机涉水损失险并交纳相应保险费后，对于保险期内被保险车辆在使用过程中因发动机进水后导致的发动机的直接毁损，保险人负责赔偿。"发动机涉水损失险"作为一种典型的附加险，在投保当时投保人有机会选择投保，当然也可以不进行投保，保险人按照投保人的意愿收取已投保项目的保险费，并履行相应的保险责任，这是遵循契约自由与意思自治的表现，如果对于不属于保险事故的发动机进水损失依旧要求保险人承担责任，则会打破商事交易主体之间的平衡状态，从长远看不利于商事交易活动的正常发展。

（三）近因原则在界定"保险事故"中的应用

近因原则是判断风险事故与保险标的的损失之间是否存在直接的因果关系，从而确定保险赔偿责任的一项基本原则。近因是指风险和损失之间导致损失的最直接、最有效以及起决定作用的原因，而不是指时间上或空间上最接近的原因。按照近因原则，当保险人承保的风险事故是引起保险标的损失的近因时，保险人应负赔偿（给付）责任。长期以来，近因原则是保险实务中处理理赔案所遵循的重要原则之一。实践中，发动机进水引发的损失是否属于保险公司应当承担责任的范围，在处理方法上多有争议。一般情况下，根据对发动机进水原因的剖析，通常形成不同的观点。在判断是否应当赔偿时，最常用的是近因原则。

1. 单一原因造成的的损失，该单一原因即为近因。如果该原因属于保险责任范畴，则保险公司应承担相应的赔偿责任，反之，保险公司有权利拒绝赔偿。假设引起发动机进水损失的原因是暴雨、倾覆等可归属于保险事故的单一原因，则保险人一般抗辩称保险条款中约定了发动机进水导致的损失保险人不负责赔偿的免责条款，因此拒绝赔偿。在这种情形下，法院一般应考虑以下两点：一是引起事故的原因是暴雨、倾覆等，属于保险事故，因此其本身属于保险人承担责任的范围；二是保险合同中约定的发动机进水损失不予赔偿属于免责条款，保险人在订立合同时，对于免责条款应当作出足以引起投保人注意的提示并就其内容向投保人作出明确说明。保险人未尽到明确说明义务的，免责条款不生效。保险人应当依据合同约定承担相应的赔偿责任。反之，如果引起事故发生的单一原因不属于保险责任范围，则保险公司有权利拒绝赔偿，而对于事故是否属于保险事故，应由投保人或被保险人举证证明，本案中的情形即属于该情形。由于投保人无法提供证据证明引起发动机进水的原因属于保险条款中保险责任范围列明的任一事项，因此，无法认定该事故属于保险事故，保险公司承担保险责任的前提也就不复存在。

2. 多种原因造成的损失，其中持续地决定或有效作用的原因为近因。如果该近因属于保险责任范围，保险人就应当承担保险责任，而在存在多种原因时，准确判断引起事故的近因就较为复杂。

如果多种原因均属于保险责任范围，则保险公司理应进行赔偿；反之，如果多种原因均不属于保险责任范围，则保险公司也有充分的理由拒绝赔偿。较为复杂的是，当引起事故发生的多种原因中既有保险责任又有除外责任时，若其导致的损失能够分清，则保险公司只对承保危险造成的损失进行赔偿，若其导致的损失无法分清，则司法实践中法官一般会根据案件特点由保险人和被保险人分摊损失或者保险人不负赔偿责任。如果保险标的由于连续发生的多个原因致损时，各原因之间因果关系未中断，则最先发生的原因为近因。

以"发动机进水致损"为例，假设暴雨过后，如果车辆驶入积水较深区域停放，可能造成发动机进水，这是常识，在这种情形下，驾驶人追求或放任这种结果的发生，其主观故意构成发动机损失的近因，保险公司不负赔偿责任；同样，当地面积水到达一定高度时，涉水行驶也可能造成发动机进水，如果驾驶人对这一结果持轻率大意或放任不顾的态度，暴雨与发动机进水之间的因果关系链条也被切断，保险公司不负赔偿责任。反之，如果保险车辆被车流裹挟前行，或在交警的命令下径直前行，非驾驶人的主动行为，作为初始原因的暴雨依然是导致损失的近因，因果关系并未中断，保险公司应当对发动机损失承担赔偿责任。在发动机进水损失中需要特别注意的是，当驾驶人轻率驾车涉水行驶导致发动机进水熄火时，如果不实施二次打火强行启动发动机，发动机发生损坏的可能性并不大。因此，如果发动机进水后，驾驶人进行二次打火，则其二次打火的行为是导致保险车辆发动机损失的近因，保险公司对此情形均不承担赔偿责任。

综上所述，如何确定保险人的保险责任，在司法实践中需要同时契合多个条件，诸如被保险人必须具有保险利益，引起损失发生的原因可归属于保险事故等。通过近因原则，准确厘定引起事故发生的近因属于保险事故，即可归属于保险责任范围列明的各项危险因素是保险公司承担保险责任的前提。保险事故的范围约定是保险合同的重要组成部分，也是商事主体双方当事人合意的重要内容之一，对于合同的履行与结果起着至关重要的作用。因此，对于保险事故的界定应当从严掌握，不宜粗暴运用格式合同的不利解释原则，破坏商事交易主体之间的平衡，干扰商事交易活动的正常进行。

案例供稿及评析人：石家庄铁路运输法院　付丽萍

运输途中货物损失数额的司法认定

一、裁判要旨

交通事故中发生的货物损失数额如何确定？法院认为，根据保险法的规定，在保险事故发生后，原告对货物的损失程度负有举证义务，被告负有及时核定的义务。原告以其向收货人赔付了138000元为确定损失的依据。首先，其向收货人赔付的数额不能等同于货物的损失数额；其次，原告赔付收货人的证据因缺乏客观真实性而未被法院采信。因此，原告主张货物损失为138000元不符合客观实际。原告司机是事故现场的第一见证人，其出庭作证证明货物损失为整车货物1/3的事实应视为原告承认对己方不利的事实，法院对该证言依法予以确认。被告在保险事故发生后派员到场，却未向法院提交定损清单、定损报告等相关证据，故法院根据原告、被告举证责任的分配及相关证据的认定情况，依法认定货物的损失为车上货物总价值的1/3，即63000元。

二、基本案情

（一）原告诉称

2015年7月11日，原告李××所属车辆冀ABB×××牵引冀A××LD挂重型半挂车在山西省永和县境内翻入山沟内，车上大部分货物损坏。原告就事故车辆在被告××财产保险公司投保了国内公路货物运输保险，保险期限为自2014年11月1日起至2015年10月31日止。被告委托其在山西的分公司到现场勘查，确认该车发生了事故，造成货物损坏。事故发生后被告赔付了公路设施的损失。因货主扣押着原告的车辆不让走，原告只好先行赔付了货物损失款138000元。之后，原告向被告××财产保险公司申请赔付，但是被告拒绝。故要求被告赔付货物损失款138000元，诉讼费及律师代理费由被告承担。

（二）被告辩称

被保险人李××在保险公司承保的是国内公路货物运输险，限额为20万元，合同约定每次事故的绝对免赔额为3000元或损失金额的10%，两者以高者为准；核实司机的驾驶证、行驶证等相关证件合法有效，以及在无条款规定的相关免责的前提下，同意对原告合理必要的损失予以赔偿；诉讼费及律师费不属于事故造成的直接损失，保险公司不予承担。

（三）法院公开审理查明

2014年10月31日，李××为其所有的冀ABB×××和冀A××LD挂车投保了国内公路货物运输险，保险期限自2014年11月1日起至2015年10月31日止。该运输险的被保险人为李××，启运地约定为石家庄，目的地为山西、陕西、宁夏、甘肃等全国范围，保险标的为百货、机器设备、树脂粉、板材、化工原料、PVC、铝锭等。该运输保险的保险单对免赔说明也作出了规定"除另有约定外，本保险合同的每次事故绝对免赔额为3000元或损失金额的10%，两者以高者为准。"作为保险单的有效组成部分，"国内公路货物运输保险特别约定清单"中也特别约定"每次事故绝对免赔额为3000元或损失金额的10%，两者以高者为准"。李××交纳了保险费用。上述文字与保险单上的其他文字一致。保险条款第五条对责任免除作出了规定"由于下列原因造成保险货物的损失，保险人不负赔偿责任：战争、敌对行为、军事行动、扣押、罢工、暴动、哄抢。"该条款的文字进行了加黑、加粗。2015年7月10日，顺达物流与李××签订了货物运输协议书，由李××的司机张××将1420张板材运送到陕西省延安市安塞县，收货人为米××，顺达物流的经手人为高××，李××一方的经手人为张××。2015年7月9日，文安县海维木业出库单显示，出库杨木生态板1120张，金额共计168000元，该出库单有高××的签字。2015年7月10日，龙海木业有限公司销售出货单显示，出库中密度板300张，金额21000元，该出货单有高××的签字。两份出库单、出货单的货物总共为1420张板材，总价189000元。2015年7月11日6时50分许，李××的司机张××驾驶装载有上述货物的冀ABB×××和冀A××LD挂车在山西永和县境内发生侧翻，致使货物损坏。事故发生后，张××通知了李××，并向当地交警部门报案。××财产保险公司在接到李××的报险后，委托其在山西的分公司到现场进行勘查，确认了事故及货物损坏情况。2015年8月4日，××财产保险公司又对司机张××进行了询问，了解事故发生的经过及造成的损失情况。2016年5月24日，张××作为原告李××的证人出庭作证，证明货物损失为总货款的1/3。

三、裁判理由

原告李××与被告××财产保险公司所签订的保险合同是双方当事人的真实意思表示，不违反法律、行政法规的强制性规定，合法有效，法院予以确认。在保险期间，被告承保的货物在运输途中发生交通事故并致损，该事故属于保险合同约定的保险责任范围，被告应当在相应的保险责任限额内赔偿原告的损失。

本案的争议焦点主要在于：货物的损失数额如何确定？法院认为，根据保险法的规定，在保险事故发生后，原告对货物的损失程度负有举证义务，被告负有及时核定义务。原告以其向收货人赔付了138000元为确定损失的依据。首先，其向收货人赔付的数额不能等同于货物的损失数额；其次，原告赔付收货人的证据因缺乏客观真实性而未被法院采信。因此，原告主张货物损失为138000元不符合客观实际。原告司机是事故现场的第一见证人，其出庭作证证明货物损失为整车货物1/3的事实应视为原告承认对己方不利的事实，法院对该证言依法予以确认。被告在保险事故发生后派员到场，却未向法院提交定损清单、定损报告等相关证据，故法院根据原告、被告举证责任的分配及相关证据的认定情况，依法认定货物的损失为车上货物总价值的1/3，即63000元。关于被告要求"扣除绝对免赔额及被哄抢部分免除其赔偿责任"的抗辩意见，法院认为，投保单中没有原告的签名，虽然"绝对免赔额"在保险单中有约定，"哄抢免赔"在保险条款中也有约定，但是保险单中"绝对免赔额"的字体、字号与其他文字并无不同，不足以引起投保人的注意，而保险条款中就"哄抢免赔"的相关约定尽管进行了加黑、加粗处理，被告却无证据证明其已将该保险条款向原告进行了有效交付和明确说明。由此可见，被告对上述免责条款均未履行明确的提示、说明义务，该两项免责条款依法不生效。法院对被告的免责抗辩意见不予采纳。

综上所述，原告李××要求被告××财产保险公司赔偿其货物损失的诉讼请求，符合法律规定，法院予以支持。

四、裁判结果

法院依照《保险法》第二条、第十二条、第十七条、第二十二条、第二十三条的规定，判决如下：

1. 被告××财产保险公司于本判决生效之日起10日内赔偿原告李××保险金63000元。

2. 驳回原告李××的其他诉讼请求。

五、案例评析

在货物运输保险中，原告、被告双方争论最大、法院判决难度最大的就是货物损失数额的确定问题。无论是哪种类型的运输方式，因为事发突然、驾驶人法律意识淡薄、运输行业惯例及事发地法律环境等方方面面的影响，造成了运输人员通常先行赔付货物所有人的实际损失，再向保险公司请求赔偿保险金时遇到了证据不足等实践中经常出现的难题，这也给审判工作造成了不小的障碍，无法切实有效地保护投保人或者被保险人一方的权益。

同样，本案的货物损失数额是案件审理过程中的焦点和难点。原告向法庭提交了14份证据，用以证实己方在运输途中遭受了138000元的损失。被告向法庭提交了2份证据，用以证实本案发生了哄抢，而哄抢属于免赔范围。

（一）原告向法庭提交的证据

1. 交通事故认定书，证明事故发生时间、经过及责任划分；

2. 公路货物运输保险单，证明原、被告存在保险合同关系；

3. 公路货物运输特别约定清单，证明车辆信息及承保货物、名称、范围，涉案车辆所拉货物、路线在承保范围内；

4. 损失清单，证明所拉货物没有超过保险限额20万元，损失了138000元；

5. 收款凭证，证明原告已经赔付货主138000元；

6. 出货单、出库单，证明货物的装载地点、装载数量、装载价值；

7. 原告身份证复印件，证明原告真实身份；

8. 驾驶证、从业资格证、行驶证、运输证，证明车辆在有效期内有合法上路资格，司机具有合法驾驶资质；

9. 现场照片，证明事故发生的真实性，没有哄抢；

10. 货物运输协议书，证明货主雇佣原告车辆运输货物的真实性；

11. 收款人个人基本信息，证明货主身份真实性；

12. 米××出具的证明2份，证明郭××为米××的员工，5月13日原告找到当事人米××，核实了损坏情况及收款情况的真实性；

13. 证人张××的证言，证明事故发生后货物没有被哄抢、货物损失为总货物的1/3；

14. 证人李成某的证言，证明货物没有被哄抢。

（二）被告向法庭提交的证据

1. 调查询问笔录，证明司机张××能够证实货物被哄抢的事实；

2. 保险条款第五条、第九条、第十四条、第十五条的约定，证明被告公司对于哄抢的货物免赔、原告请求赔偿应遵循的条件。

结合双方提交的证据，法院经庭审质证，被告××财产保险公司对原告李××提交的证据1、证据2、证据3、证据7、证据8、证据13、证据14均无异议，法院予以确认。被告对证据4的真实性、关联性有异议，该损失清单是原告方单方出具的，且与被告方查勘时的损失清单不一致。法院认为，该证据虽签有"米××"三字，但不能证明确是米××本人所签，故法院对该项证据不予确认。被告对证据5的真实性、关联性有异议，收款凭证一份为手写，一份为银行转账，手写收款凭证中的收款人是否实际收到89600元赔款并无其他相关证据证明，且被保险人实际赔付的过程并未通知保险公司；银行转账凭证中的收款人为郭××，该转账凭证仅能证明转账交易的事实，不能证明与本案具有关联性。法院认为，署名"米××"的收据真实性无法核实，户名"郭××"的转账信息，无法证实与本案具有关联性，故法院对该项证据中的两份收款凭证均不予确认。被告对证据6的真实性有异议，认为由原告方单方出具的，该价格不能真实反映损失货物的实际价值。法院认为，该项证据有单位公章，且出库时间早于事发时间，具有真实性、客观性和合法性，法院予以确认。被告对证据9的关联性有异议。法院认为，该项证据客观上能反映事发后货车侧翻的事实，法院予以确认。被告对证据10的真实性有异议，根据协议显示收货人为米××，并不能证明米××是实际货物所有人。法院认为，米××是否为货物所有人与该项证据的真实性无关，故法院对该证据予以确认。被告对证据11的关联性有异议，该证据并不能证明米××属于李××应赔偿的货物所有人，也无法证明其与李××之间存在赔偿的事实及金额。法院认为，该项证据是复印件，原告未提交与之相符的原件，故法院不予确认。被告对证据12的真实性、合法性和关联性有异议，该两份证据属于言词证据且原告单方取证，证人未到庭接受询问，无法证明此证据是米××本人提供。法院认为，该项证据无法核实真实性，法院不予确认。

原告李××对被告××财产保险公司提交的证据1有异议，询问笔录为一人所写，不能说明其真实性；法院认为，该询问笔录由两名工作人员在场进行，有证人张××即事故发生时的司机的签字且张××对此确认，因此具有真实性、合法性和关联性，法院予以确认。原告对证据2有异议，保险条款是指货物，并没有指车辆，故不予确认关联性。法院认为，保险条款作为保险合同的组成部分，与本案具有关联性，故对于该项证据予以确认。

综上所述，对于原告提交的证据，除去证据4、证据5、证据11、证据12均采纳；对于被告提交的证据均采纳。虽然原告李××声称已经赔付了收货人各项损失共计138000元，但是其向收货人赔付的数额不能等同于货物的损失数额，且原告李××并未提供有力证据证实收货人米××确实收到了138000元的赔偿款，所以法院对原告李××要求被告赔偿138000元损失的诉讼请求不予支持。案件审理至此，陷入一种两难境地，无法支持原告的诉请，但是被告也未能有力反驳原告的主张。后原告、被告双方一致申请由事故发生时的驾驶员张××出庭作证。经过法庭依法传唤，驾驶员张××作为证人出庭，张××对被告保险公司出示的询问笔录的部分内容认可，即认可货物损失只达到了全部货物价值的1/3。法院认为，证人张××作为原告李××聘用的司机，且是事故现场的第一目击证人，其出庭作证过程中对于原告李××不利的证言应视为原告承认对己方不利的事实，被告无须再证明货物的实际损失数额，《最高人民法院关于适用〈中华人民共和国民事诉讼法〉问题的解释》第九十二条规定，一方当事人在法庭审理中，或者在起诉状、答辩状、代理词等书面材料中，对于己不利的事实明确表示承认的，另一方当事人无须举证证明。对于涉及身份关系、国家利益、社会公共利益等应当由人民法院依职权调查的事实，不适用前款自认的规定。自认的事实与查明的事实不符的，人民法院不予确认。法院采纳实际货物损失为货物总价值138000元的1/3的意见，即原告的实际货物损失为63000元。

案例供稿及评析人： 石家庄铁路运输法院　李明玉

自燃导致车辆损失的认定与赔偿

一、裁判要旨

保险合同中免责条款约定"被保险机动车因自燃以及不明原因火灾造成的损失，保险人不负责赔偿。"根据保险法第十七条第二款的规定，对保险合同中免除保险人责任的条款，保险人在订立合同时应当在投保单、保险单或者其他保险凭证上作出足以引起投保人注意的提示，并对该条款的内容以书面或者口头形式向投保人作出明确说明；未作提示或者明确说明的，该条款不产生效力。本案中，保险人未举证证明其就免责条款尽到提示说明义务，故该免责条款不产生效力。

对于车辆实际价值的认定，机动车车辆损失险保险合同均为不定值保险，发生损失时，应当按照保险事故发生之时保险标的的实际价值计算赔偿，但要把握一个审判原则，即赔偿金额不能超过合同约定的保险金额。对于被保险机动车在事故发生时的实际价值的确定应当遵循如下规则：如果被保险机动车处于可评估的状态，则可委托鉴定部门对出险时车辆的实际价值进行评估；如果车辆已经无法评估，则按照新车购置价减去保险车辆已使用月数的折旧价格确定。

二、基本案情

（一）原告诉称

2015年6月11日，原告刘××为其所有的冀A×××××越野车在被告××

财产保险公司购买了机动车交通事故责任强制保险和机动车商业险，其中车辆损失险保险金额为572050元，并附加不计免赔特约保险，保险期间自2015年6月19日至2016年6月18日止。2015年9月21日18时50分，原告刘××的司机董××驾驶投保车辆行驶至京港澳高速公路石家庄方向205公里附近时，因车辆右后轮胎故障引燃周围可燃物，导致火灾，车辆全损。事故发生后，原告刘××及时向被告××财产保险公司报案，被告××财产保险公司无正当理由拒赔。为维护原告刘××的合法权益，特向法院提起诉讼，要求被告××财产保险公司赔偿原告刘××各项损失共计60万元，并承担本案的诉讼费用。

原告刘××向法院提交以下证据予以证明：

1. 事故证明，证明车辆引燃的原因；

2. 火灾事故认定书，证明事故发生原因；

3. 拒赔通知书，证明被告拒赔的事实，且对自燃进行了定义，我方事故不属于被告定义的自燃，所以被告应当予以赔偿原告的损失；

4. 购车发票，证明原告购买该车花费824000元；

5. 石家庄××汽车租赁有限公司出具的收据及租车合同，证明原告因事故车辆损坏后，租赁石家庄××汽车租赁有限公司汽车花费84000元。

（二）被告辩称

本案中原告刘××的车因自燃导致的损失不属于保险责任，不属于车辆损失险承保的范围，对于原告刘××的损失，被告××财产保险公司不予承担；同时，诉讼费也不予承担。

被告××财产保险公司向法院提交以下证据予以证明：

1. 保险条款，证明原告车辆损失不属于保险责任；

2. 司法鉴定意见书，证明原告车损是由于自燃造成的，并非其他火灾造成。

（三）经法庭审质证

被告××财产保险公司对原告刘××提交的证据1~4无异议，法院予以确认；被告对证据5的真实性有异议，认为租赁合同是复印件，应提供正式的票据，且租赁车型应与原告车型相一致，对该费用不予认可。法院认为，原告未提供证据原件，根据《民事诉讼法》第七十条的规定，书证应当提交原件，且其票据也不是正规发票，故法院对该证据不予采信。

原告刘××对被告××财产保险公司提交的证据1无异议，法院予以确认；原告对证据2有异议，该意见书是被告单方委托进行的鉴定，且存在几处瑕疵，从该意见书显示车辆是由于右后轮胎故障引起的火灾，与保险合同约定的自燃不符。法院认为，该司法鉴定意见书是具有相应资质的鉴定机构作出，具有真实性和合法性，与本案具有关联性，且原告未提出重新鉴定，故法院对该证据予以确认。

（四）法院经公开审理查明

2015年6月11日，原告刘××为其所有的冀A×××××车在××财产保险公司购买了机动车商业险，其中机动车损失险保险金额为572050元，并附加投保不计免赔率特约保险，保险单上载明新车购置价为572050元，保险期间自2015年6月19日起至2016年6月18日止。××财产保险公司家庭自用汽车损失保险条款第四条载明，保险期间，被保险人或其允许的合法驾驶人在使用被保险机动车过程中，因下列原因造成被保险机动车的损失，保险人依照本保险合同的约定负责赔偿：……（二）火灾、爆炸；……；第七条载明，被保险机动车的下列损失和费用，保险人不负责赔偿：……（五）自燃以及不明原因火灾造成的损失……第十条载明，……投保时被保险机动车的实际价值根据投保时的新车购置价减去折旧金额后的价格确定……；第三十七条载明，火灾：指保险车辆本身以外的火源引起的，在时间或空间上失去控制的燃烧（即有热、有光、有火焰的剧烈的氧化反应）所造成的灾害；自燃：指在没有外界火源的情况下，由于本车电器、线路、供油系统、供气系统等被保险机动车自身原因发生故障或所载货物自身原因起火燃烧。

2015年9月29日，河北省高速公路公安交通警察总队保定支队××大队出具冀公高交证字〔2015〕××号道路交通事故证明，经其调查该起交通事故得到以下事实：2015年9月21日18时50分许，原告刘××的司机董××驾驶冀A×××××车沿京港澳高速公路石家庄方向行驶至205公里附近，行驶中车辆右后轮胎起火导致车辆燃烧，造成该车损坏与路产损失的道路交通事故。2015年9月29日，××市公安消防大队出具定公消火认字〔2015〕第××号火灾事故认定书，经其调查，认定起火原因为汽车的右后轮胎处故障引燃周围可燃物，引发火灾。原告刘××申请对冀A×××××车残值进行鉴定，法院予以准许，经原告、被告协商，法院依法委托河北××保险公估有限公司进行鉴定，确定冀A×××××车残值为4000元，原告刘××花费鉴定费3000元。2012年6月，原告刘××购买该车花费为824000元（含税）。

另查明，被告××财产保险公司未就保险条款中免责条款对原告刘××尽到提示说明义务。

三、裁判理由

审理本案的法院认为，原告刘××与被告××财产保险公司所签订的保险合同是双方当事人的真实意思表示，不违反法律、行政法规的强制性规定，合法有效，法院予以确认。在保险期间，被保险车辆发生保险事故，属于本案保险合同约定的保险责任范围，被告应当在相应的保险责任限额内赔偿原告的损失。被告辩称因自燃导致的原告损失不属于保险责任及车辆损失险承保的范围，故不予赔偿。

法院认为：首先，自燃免赔属于保险条款中的免责条款，但被告未举证证明其就该免责条款尽到提示、说明义务，根据《保险法》第十七条的规定，该免责条款对原告不产生法律效力；其次，依照通常理解，自燃属于引起火灾的一种形式，根据保险条款第四条的约定，火灾致保险车辆损失，被告作为保险人应当承担保险赔偿责任。故对于被告的抗辩意见，法院不予采纳。关于车辆损失，2012年6月，原告购买该车花费824000元（含税），在投保时，原告、被告在保险单中协商约定了新车购置价为572050元，并约定以新车购置价作为机动车损失保险的保险金额，该约定是双方当事人的真实意思表示，该金额是保险合同双方当事人约定的保险金的最高限额，也是被告收取保险费的计算基础，被告以572050元为标准收取了保险费，应当承担与该金额相应的保险责任。实际上保险单中约定的机动车损失保险金额是原告、被告在初始新车购置价824000元的基础上计算折旧后协商而成的，为避免重复计算折旧，故该车的折旧应从本次投保时间开始计算，该车的实际价值应为保险单中约定的新车购置价减去折旧金额，即561753.1元（572050元–572050元×3个月×0.6%），公估报告书中确定该车的残值为4000元，故被告应当赔偿原告车辆损失为557753.1元（561753.1元–4000元）。关于公估费用3000元，该费用是原告为查明和确定保险车辆损失所支付的必要的、合理的费用，依法应由被告予以赔付。对于原告主张的交通代步损失84000元，因保险合同中并未约定该项损失，且其提交的证据不符合证据规则的相关规定，故法院不予支持。

　　综上所述，原告要求被告在保险限额范围内支付其车辆合理损失、公估费的诉讼请求，符合法律规定，法院予以支持。

四、裁判结果

法院依照《保险法》第二条、第十四条、第十七条、第六十四条，《民事诉讼法》第七十条的规定，对本案判决如下：

1. 被告××财产保险公司于本判决生效之日起10日内给付原告刘××保险金560753.1元。

2. 驳回原告刘××的其他诉讼请求。

五、案例评析

（一）本案争议的焦点是保险人是否就保险合同中的免责条款尽到了提示说明义务，免责条款是否生效

保险条款第七条载明，被保险机动车的下列损失和费用，保险人不负责赔偿：……（五）自燃以及不明原因火灾造成的损失……该条款属于免责条款。《保险法》第十七条第二款规定："对保险合同中免除保险人责任的条款，保险人在订立合同时应当在投保单、保险单或者其他保险凭证上作出足以引起投保人注意的提示，并对该条款的内容以书面或者口头形式向投保人作出明确说明；未作提示或者明确说明的，该条款不产生效力。"本案中被告未举证证明其在订立合同时在投保单、保险单或者其他保险凭证上作出足以引起投保人注意的提示，并对该条款的内容以书面或者口头形式向投保人作出明确说明，故该免责条款不产生效力。

保险条款第四条载明，保险期间，被保险人或其允许的合法驾驶人在使用被保险机动车过程中，因下列原因造成被保险机动车的损失，保险人依照本保险合同的约定负责赔偿：……（二）火灾、爆炸；……该条款属于保险责任条款，保险人依据该条款对车辆的损失进行赔偿。本案保险合同车辆损失险条款中已经明确保险公司承担的保险责任范围中有火灾这一内容，在释义部分，火灾是指保险车辆本身以外的火源引起的，在时间或空间上失去控制的燃烧（即有热、有光、有火焰的剧烈的氧化反应）所造成的灾害；自燃是指在没有外界火源的情况下，由于本车电器、线路、供油系统及供气系统等被保险机动车自身原因发生故障或所载货物自身原因起火燃烧。但保险人未举证证明其将保险条款交付给投保人，且对于火灾、自燃存在不同的解释，根据《合同法》第四十一条的规定，对格式条款的理解发生争议的，应当按照通常理解予以解释。对格式条款有两种以上解释的，应当作出不利于提供格式条款一方的解释。依据普通大众的理解，自燃应属于引起火灾的一种形式，车辆自燃引起的燃烧属于火灾事故，故属于保险责任赔偿范围，被告作为保险人应当承担保险赔偿责任。

（二）本案在实际审判案件过程中存在分歧的是车辆实际价值的计算问题

因为在实际生活中，投保时所谓新车购置价并非是按照保险合同订立时的市场价格，基本上是投保人和保险公司在车辆初始购买价格的基础上计算折旧后协商而成，此时的新车购置价实际上与车辆的实际价值基本吻合。保险公司在事故发生后主张车辆折旧以投保时新车购置价为基础，从车辆初始购买之日起算，就等于将被保险机动车的价值在投保时折旧的基础上重复计算折旧，显然是不公平的。因此，对于车辆已使用月数的起算应当从保险合同签订时开始，这样计算出的被保险机动车的实际价值更符合客观事实，更能均衡保护保险合同双方当事人的合法权益。同时，对于车辆的实际初始购买价格和购买时间也有必要查清，作为计算折旧时车辆实际价值的衡量因素，以防止出现的投保人故意购买二手车辆高额投保谋取不当利益的情况出现。

（三）关于保险公司责任免除条款的明确说明义务

根据《保险法》第十七条规定的"明确说明"，是指保险公司在与投保人签订保险合同之前或签订保险合同之时，除了在保险单提示投保人注意外，还应当对有关免责条款的概念、内容及法律后果等，以书面或者口头形式向投保人或其代理人作出解释，以使投保人明了该条款的真实含义和法律后果。判断保险公司对责任免除条款是否已尽到提示义务和明确说明义务的标准，应该考虑以下三点：一是免责条款提示和明确说明的法定时间点；二是保险公司提示义务的认定；三是保险公司对责任免除条款明确说明的主动性。保险公司对明确说明的方式应当采用"免责附单""投保人声明"等书面形式，对保险条款中的每一条免责条款都用不同字体、颜色或者下划粗线标出，并由投保人抄写"投保人声明"的相关内容并署名和填写日期，如果是单位的，由单位盖章并填写经办人员的名字和日期。如果是由电话营销或网络营销的，在通话录音或网页说明中应包含对免除责任条款明确说明的具体内容，并设置由投保人选择接听、录音或浏览网页的选择权。

案例供稿及评析人：石家庄铁路运输法院　吕　伟

免责条款 "实习期内驾驶车辆"
在实践中的适用问题

一、裁判要旨

保险合同中关于"驾驶人在实习期内驾驶机动车牵引挂车造成的损失保险人不负责赔偿"的条款是否有效。法院认为，首先，该条款属于免责条款，保险人即本案被告应当向投保人履行提示和说明义务后才能生效；其次，对该免责条款的文字采用了加黑、加粗处理，且投保人河北××汽车贸易有限公司在投保单上加盖了印章，确认保险人已向其"详细介绍并提供了投保险种所使用的条款，并对其中免除保险人责任的条款（包括但不限于责任免除、投保人被保险人义务、赔偿处理及附则等），以及本保险合同中付费约定和特别约定的内容向本人做了明确说明"，其"充分理解并接受上述内容，同意以此作为订立保险合同的依据，自愿投保上述险种"，投保人盖章确认的行为足以说明被告已对其履行了提示、说明义务。最后，保险人、投保人是保险合同的当事人，根据合同相对性原则，保险人仅对投保人负有提示、说明义务。由此可见，保险合同的免责条款依法生效。被告要求依据合同条款免除其赔偿责任的抗辩意见符合法律规定及合同约定，法院予以采纳。

二、基本案情

（一）原告诉称

2015年6月25日，原告享有所有权的车辆冀ATH×××与××财产保险公司签订了车辆商业保险合同，其中包括320000元的机动车损失保险及不计免赔，承保日期为自2015年6月25日零时至2016年6月24日24时。2015年10月7日，张××驾驶原告所有的冀ATH×××和冀××××挂车辆在京昆高速北京方向305公里+430米处发生追尾事故，经交警部门认定，张××负全责。本次事故造成本车车损11700元，因××财产保险公司拒不理赔，故诉至法院，请求法院依法判决。

（二）被告辩称

本案车辆驾驶人张××在实习期内驾驶牵引车属于保险责任的免除事由，保险公司不承担赔偿责任。

（三）法院公开审理查明

2015年6月25日，河北××汽车贸易有限公司为车辆冀ATH×××在被告××财产保险公司投保了车辆商业保险，被保险人为原告郭××，其中机动车损失险为320000元且不计免赔，保险期限自2015年6月25日至2016年6月24日。2015年10月7日，原告的司机张××驾驶原告投保的车辆冀ATH×××在京昆高速发生交通事故，司机张××负事故全部责任，造成车辆损失11700元。事故发生时，司机张××处于增驾A2实习期内。

三、裁判理由

审理本案的法院认为，本案的争议焦点在于：保险合同中关于驾驶人在实习期内驾驶机动车牵引挂车造成的损失保险人不负责赔偿的条款是否有效。

法院认为：首先，该条款属于免责条款，保险人即本案被告应当向投保人在履行了提示、说明义务之后才能生效；其次，对该免责条款的文字以加黑、加粗处理的方式进行了提示，且投保人河北××汽车贸易有限公司在投保单上加盖了印章，确认保险人已向其"详细介绍并提供了投保险种所使用的条款，并对其中免除保险人责任的条款（包括但不限于责任免除、投保人被保险人义务、赔偿处理及附则等），以及本保险合同中付费约定和特别约定的内容向本人作了明确说明"，其"充分理解并接受上述内容，同意以此作为订立保险合同的依据，自愿投保上述险种"，投保人盖章确认的行为足以说明被告已对其履行了提示、说明义务。最后，保险人、投保人是本案保险合同的当事人，根据合同的相对性原则，保险人仅对投保人负有提示、说明义务。由此可见，保险合同的免责条款依法生效。被告要求依据合同条款免除其赔偿责任的抗辩主张符合法律规定及合同约定，法院予以采纳。

四、裁判结果

法院依照《保险法》第二条、第十二条、第十七条的规定，判决如下：驳回原告郭××的诉讼请求。

五、案例评析

本案的审判要点在于，保险合同中关于驾驶人在实习期内驾驶机动车牵引挂车造成的损失保险人不负责赔偿的条款是否有效。

在案件审理过程中，原告向法院提交了以下证据：

1. 交通事故认定书，证明事故发生的时间、经过以及责任划分；

2. 机动车保险单，证明原告、被告之间的保险合同关系，事故发生在保险期间；

3. 车辆行驶证、司机驾驶证、运输证、从业资格证，证明车辆具有合法上路资格和驾驶人具有合法驾驶资质。被告向法庭提交了投保提示、投保单、拒赔通知书、保险条款各一份，证明被告保险公司已经向投保人履行了明确的提示说明义务，根据保险条款，实习期驾驶牵引车属于免赔内容。

被告提交的《营业用汽车损失保险条款》第六条载明，"第六条 下列情况下，不论任何原因造成被保险机动车损失，保险人均布负责赔偿：（一）地震及其次生灾害；（二）战争、军事冲突、恐怖活动、暴乱、扣押、收缴、没收、政府征用；（三）竞赛、测试、教练，在营业性维修、养护场所修理、养护期间；（四）利用被保险机动车从事违法活动；（五）驾驶人饮酒、吸食或者注射毒品、被药物麻醉后使用被保险机动车；（六）事故发生后，被保险人或其允许的驾驶人在未依法采取措施的情况下驾驶被保险机动车或者遗弃被保险机动车逃离事故现场，或故意破坏、伪造现场、毁灭证据；（七）驾驶人有下列情形之一者：1. 无驾驶证或驾驶证有效期已届满；2. 驾驶的被保险机动车与驾驶证载明的准驾车型不符；3. 实习期内驾驶公共汽车、营运客车或者载有爆炸物品、易燃易爆化学物品、剧毒或者放射性等危险物品的被保险机动车，实习期内驾驶的被保险机动车牵引挂车；4. 持未按规定审验的驾驶证，以及在暂扣、扣留、吊销、注销驾驶证期间驾驶被保险机动车；5. 使用各种专用机械车、特种车的人员无国家有关部门核发的有效操作证，驾驶营运客车的驾驶人无国家有关部门核发的有效资格证书；6. 依照法律法规或公安机关交通管理部门有关规定不允许驾驶被保险机动车的其他情况下驾车；（八）非被保险人允许的驾驶人使用被保险机动车；（九）被保险机动车转让他人，被保险人、受让人未履行本保险合同第三十三条规定的通知义务，且因转让导致被保险机动车危险程度显著增加而发生保险事故；（十）除另有约定外，发生保险事故时被保险机动车无公安机关交通管理部门核发的行驶证或号牌，或未按规定检验或检验不合格。"

对于实习期内驾驶车辆作出了相应规定，即驾驶人员在实习期内驾驶被投保车辆时被告保险公司享有免责的权利。法院认为该保险条款的第六条属于免责条款的范畴。《最高人民法院关于适用〈中华人民共和国保险法〉若干问题的解释（二）》第九条规定：保险人提供的格式合同文本中的责任免除条款、免赔额、免赔率、比例赔付或者给付等免除或者减轻保险人责任的条款，可以认定为《保险法》第十七条第二款规定的"免除保险人责任的条款"。保险人因投保人、被保险人违反法定或者约定义务，享有解除合同权利的条款，不属于《保险法》第十七条第二款规定的"免除保险人责任的条款"。根据此条法律规定，实习期内驾驶车辆不予赔偿的规定属于免责条款。但是免责条款的生效，有适用的前提要素，《保险法》第十七条规定：订立保险合同，采用保险人提供的格式条款的，保险人向投保人提供的投保单应当附格式条款，保险人应当向投保人说明合同的内容。对保险合同中免除保险人责任的条款，保险人在订立合同时应当在投保单、保险单或者其他保险凭证上作出足以引起投保人注意的提示，并对该条款的内容以书面或者口头形式向投保人作出明确说明；未作提示或者明确说明的，该条款不产生效力。

一要"足以引起投保人的注意"，二要"已用口头或者书面的形式向投保人作出了明确的说明"。作者认为，要满足这两个要素，判决标准应从以下两个方面入手：

（一）形式判断标准

形式判断是以保险人说明义务的履行形式进行判断。根据《保险法》的规定，形式判断需要具备两点，即"醒示""醒意"。综观审判实践，保险人通常采取的做法无非以下两种方式：

其一，保险人为证明已经履行了提示义务，会在保险凭证，如投保单上以醒目的方式提示投保人进行阅读，如加大、加黑的字体、不同颜色的文字。保险单或者投保单中还有"注意事项""投保须知""特别约定"等栏目，提醒投保人仔细阅读免责条款。有时保险人会将免责条款等重要事项另订成册，单独印制为投保提示书。

其二，保险人通过让投保人签字、盖章的方式证明自己履行了明确的提示、说明义务。保险业实践中，保险单中印有"投保人声明"，申明保险人已对免责条款作出明确说明，投保人也已阅读并充分理解相关内容。投保人需专门对此声明进行签字确认。

上述两种方式能否达到形式判断标准的证明要求？作者以为，在司法实践中，不宜对形式判断的标准把握的过于严苛，否则将陷入两个极端：标准要么根本不具备可行性，要么终将依据经济原理转嫁到被保险人头上。

（二）实质判断标准

实质判断以个人理解为基准，又细分为保险人理解标准、投保人理解标准及理性人标准。保险人理解标准、投保人理解标准不足取，因为基本立场的对立导致利益考量的片面性；第三种标准，理性人标准则是从中立的、普通大众的立场出发，能够在衡平的基础上完成对投保人的保护，维护保险人的营业基础。至于如何综合掌握理性人标准，作者以为，从以下几方面入手，或许能对实践有些许帮助。

1. 语言的通俗易懂程度。由于保险条款本身使用的是法律语言，再加之保险的专业性和技术性，保险条款的内容必然深涩而枯燥；而理性人标准是建立在"平均合理理解水平"之上的制度设计。由于每个投保人的智力水平、知识储备、生活经历不同，对保险条款的理解程度会存在较大差异，因而司法实践中，普适标准在个案中的适用方式往往只能通过保险合同条款本身来进行判断。鉴于此,保险人在制定条款时应尽量使用明确、通俗、流畅的语言文字,内容表达应完整、严谨,防止投保人在理解上产生歧义。

2. 主要内容是否包含在主要内容之中。由于保险的专业化以及简化保险条款的需要,保险专业术语、概念在保险合同条款中必不可少。保险人应当对免责条款所涉及的术语概念、权利与义务内容及其法律责任等重要内容向投保人作出解释,以使其明了该条款的真实含义和后果。

3. 说明的方式应以主动说明和被动答疑方式相结合。正如前文所述,修订后的《保险法》只规定了主动说明一种情形。从理论上讲,一方面在信息的单向传输中,由于接受者无法控制信息内容,因而传输者享有很充分的选择空间,可以挑拣对自己单方有利的信息或者屏蔽对对方不利的信息。在以最大诚信原则为指导的保险合同领域,这样做的结果必然导致平衡机制的失灵;另一方面,信息的传输者无从知晓接受者的具体需求,会导致传输带有某种程度的盲目性。从实践来看,出于经济利益最大化的动机驱使,保险人对明确说明义务的履行并不容乐观,往往避重就轻,虚实结合。事实上,保险产品不同于证券等其他金融产品,没有统一的计算公式,只能通过文字描述予以界定。而保险的专业性强、技术含量高,如果仅依赖保险人一方将所有免责条款的含义都严格地予以明确说明,也是难以实现的。因此,课以保险人被动答疑的义务,既可将主动权赋予投保人一方,让其根据自己的需求有针对性地深入了解信息,又可避免严格标准的适用所带来的不公平。

具体到本案,被告××财产保险公司提交的营业用汽车损失保险条款中"责任免除"部分的文字字体进行了加黑、加粗处理,这部分内容的明显程度远远高于条款中其他非加粗、非加黑的内容;被告××财产保险公司也向法庭提交了"投保提示",该投保提示为《河北省保险行业协会机动车保险投保提示（2013版）》，第三部分明确记载：仔细阅读条款。投保前请认真阅读保险条款，重点关注保险责任、责任免除、投保人和被保险人义务、赔偿处理、免赔率或者免赔额等内容。保险公司应对免责条款、服务承诺向您作出明确说明。该投保提示右下角河北××汽车贸易有限公司盖章，盖章时间为2015年6月24日。根据该投保提示，被告××财产保险公司向河北××汽车贸易有限公司对责任免除的相关事宜履行了明确的提示、说明义务。原告郭××认为，自己作为被保险人，对事故车辆享有保险利益，被告保险公司虽然可能履行了明确的提示、说明义务，但是履行对象针对的是河北××汽车贸易有限公司，并非自己，所以其对免责条款根本无从知晓，且河北××汽车贸易有限公司也未向其说过免责条款的事情。法院认为，保险合同的签订，受到合同相对性原则的约束，保险人仅对投保人负有提示、说明义务，对于保险公司履行了说明义务，视为对于被保险人也履行了相应的义务，故该案中的免责条款依法生效。法院依法判决驳回原告郭××的诉讼请求。

案例供稿及评析人： 石家庄铁路运输法院　李明玉

后 记

近年来，保险消费悄然进入千家万户，保险业为广大消费者提供了众多的风险保障，起到了社会减压阀和社会稳定器的作用，大到作为社会风险防范、灾害防范等重大自然灾害的最后防线，小到为普通家庭和个人提供医疗救助、意外补偿、大病诊疗等的雪中送炭服务。保险消费、保险服务和保险保障成为我们国家经济发展中不可或缺的"毛细血管"，为我国社会经济的平稳发展默默提供保障力量。与此同时，保险行业的纠纷也随之增多，多种多样的保险纠纷考验着保险审判机关、保险消费者和保险人对保险的理解，如何更好地指导保险审判、保险消费和保险服务，是我们编撰此书的题中应有之义。

经过一年的酝酿、征稿、审核、筛选，再组稿、审核、修改、完善，《河北省保险纠纷典型案例汇编》终于呈现在广大读者面前。通过前期成立编撰委员会、建立工作机制，中期多次调研商讨，严格挑选保险案例，后期组织专家学者进行案例评析整理。历时一年的辛勤工作，凝聚成册，汇聚了河北保险业和全国保险理论研究者的辛劳，特别是汲取了一线保险审判、理赔、法务、科研工作人员的宝贵经验。作者们从不同的角度出发，对保险行业产寿险领域多个层面的法律纠纷、投诉案例进行了阐释、解读，提出了有益的意见和建议，为广大保险消费者、保险司法工作者、保险实务工作者和保险教学、理论研究工作者提供了实务参考和理论研究素材。

本书编撰过程中，得到了全国保险业司法、实务、科研等专家学者的大力支持，在这里特别感谢河北省保险行业协会领导对此书的支持和关怀，王继庭常务副会长、赵学忠秘书长、郭菊主任总体的统筹谋划；石家庄铁路运输法院的法官们，在百忙之中撰写、分析案例；河北凌众律师事务所主任李同建律师、武叔红律师、史妍妍律师，他们对稿件提出了很多有益的看法和法律建议，丰富了此书的内容，展现了保险专业律师的素养；河北省司法厅司法鉴定和国家司法考试处孙光处长、河北省人民检察院主任法医师谷建平博士对此书从保险理赔司法鉴定方面进行分析，提供有益案例及解读；河北农业大学经贸学院王卫国教授联系众多中国保险法学研究会理事组织对案例进行研讨，并对全书进行了把关审阅；还要特别感谢此书的执行主编石家庄铁路运输法院赵毅庭长、付丽萍法官和我的同事梁东，为本书出版付出了大量时间和精力，与他们一起工作是一种美好的享受。最后，感谢我的夫人谷新女士，每当我伏案校稿疲惫之时，让我感受到家庭的温暖，激励我前行。

感谢河北省高级人民法院党组副书记、常务副院长杨泰安先生为本书做序。

在此，我们对参与书稿编审中所有的领导、专家及编务工作者表示衷心的感谢。

由于保险理论和工作水平有限，谬误之处还请读者批评指正。

是为记。

河北省保险行业协会 高永飞

2017年11月